上海打响“四大品牌”

MADE IN SHANGHAI

上海制造

新时代 新征程

中共上海市经济和信息化工作委员会
人 民 网
编著

上海人民出版社

编 委 会

序1

改革开放再出发　上海制造新征程

1978、2018，两个数字，跨越40年。

40年栉风沐雨，中国改革开放举世瞩目，成就斐然。上海，无疑是最具代表性的城市。

在这波澜壮阔的40年里，上海的经济体制、社会结构都发生了深刻变革，全市人民生活水平显著提高，为国家经济发展作出了重要贡献。

在这极不平凡的40年中，具有光荣革命传统的上海产业工人不辱使命，在中国共产党的坚强领导下和党的十一届三中全会精神指引下，上海产业结构由适应性调整转向战略性调整，产业结构日趋合理，特别是高新技术产业发展取得了许多重大成就，培育了汽车、电子信息、成套设备、石油化工及精细化工、精品钢材、生物医药六大支柱产业，发展了新一代信息技术、智能制造装备、生物医药与高端医疗器械、新能源与智能网联汽车、航空航天、海洋工程装备、高端能源装备、新材料、节能环保九大战略性新兴产业，推动了上海经济健康发展。

上海，改革开放排头兵，创新发展先行者。新时代有新使命、新机遇、新舞台。

在习近平新时代中国特色社会主义思想和党的十九大精神指引下，按照市委、市政府的部署要求，上海正在加快建设具有全球影响力的科技创新中心，全力打响“上海制造”品牌，坚持服从服务国家发展大局，主动承接国家重大任务，落实制造强国、网络强国战略，以推进供给侧结构性改革为主线，以迈向全球产业链、价值链高端为目标，加快“上海制造”高端化、品牌化发展。

在迎来改革开放40周年之际，为铭记上海产业在艰难中起步、在探索中发展、在新的起点上扬帆再启航，传承上海产业工人敢为人先、迎难而上、无私奉献的精神，坚定“上海制造”追求卓越的发展取向，坚定“上海制造”再出发的战略思维，坚定“上海制造”大有可为的信心决心，中共上海市经济和信息化工作委员会与人民网上海频道等联合举办“改革开放再出发，上海制造新征程”系列宣传活动，以上海制造的昨天、今天和明天为发展脉络，选取上海48家代表性的企业、行业、园区，通过展现和讲述产业和信息化领域的首创、奋斗和品牌故事，让广大党员干部和群众共同见证上海产业和信息化发展的沧桑巨变，共同了解上海产业和信息化员工无私奉献的动人故事，共同分享上海产业和信息化建设的辉煌成就。

上海是年轻的，年轻就是用来奋斗的。

为激励系统广大党员干部和群众顽强拼搏、奋发向上的昂扬斗志，我们将工作成果编撰成《上海制造：新时代　新征程》一书，形成打造“上海制造”品牌的生动缩影，目的是汲取打响“上海制造”品牌继续前进的力量，营造敢创造、能创造、善创造的浓厚氛围，始终保持充满激情、富于创造、勇于担当，共同擦亮“上海制造”这块金字招牌。

新时代，新征程，上海豪情满怀，活力迸发。

我们凝聚在中国特色社会主义伟大旗帜下，坚持和加强党的全面领导，坚持推动高质量发展、创造高品质生活，决心在新一轮改革开放的实践中，再起宏图、颠覆超越、脱胎换骨、精细极致，共同谱写新时代上海制造发展新篇章，奋力创造上海制造发展新传奇！

中共上海市经济和信息化工作委员会书记

2018年12月

序2
筑牢产业之基　彰显“世界会客厅”魅力

大江奔流，昼夜不息。

上海，作为舞动长江经济巨龙的“龙头”，正在以改革开放排头兵和创新发展先行者的姿态，大踏步迈向卓越的全球城市。

改革开放40年，特别是浦东开发开放之后，上海取得了巨大成就，但面对新时代新使命，上海始终有着形势逼人、形势催人的紧迫感和责任感。如今，上海举全市之力塑造四大“金字招牌”：上海服务、上海制造、上海购物、上海文化，要把上海的特色勾勒得更加清晰。

一座城市有一座城市的品格，而开放、创新、包容正是上海最鲜明的品格。2018年11月，首届中国国际进口博览会的成功举办，昭示着上海已经成为名副其实的世界“会客厅”。

这座“会客厅”的美，不仅仅在于写满历史传奇的外滩建筑群、洋溢着现代气息的陆家嘴摩天森林，同样也体现在那些曾经引领时代风潮、留存于无数国人记忆里的“上海制造”上。

大白兔奶糖、凤凰自行车、回力鞋……一个个瞬间就能把人拉回时间隧道的“金字招牌”，让“上海制造”成为优质、时尚的代名词。

东方风来，春满大江。

事实上，一直以来，“上海制造”就是上海的基因。不仅在历史上声名远播，如今的上海高端制造也正发力崛起，大飞机、智能码头等已陆续展现出强大的国际影响力。

“上海制造”40年，可书写、可记录的事件、人物不胜枚举，但我们不想写成“鸿篇巨制”，不想用“全景式”回顾来泛泛总结，于是，便有了上海市经济和信息化工作委员会与人民网上海频道等媒体，历时近一年，深入调研采访后推出的48个典型故事，希望借此能够让读者从中感知到“上海制造”的昨天、今天和明天，对上海产业和信息化发展的沧桑巨变有所了解，有所思考。

在这些作品中，我们可以看到上海石化人如何终结布票30年“而立之命”解决8亿人穿衣问题的艰辛创业历程，也能读出上海航天人为“长二丁”金牌火箭缔造发射奇迹的那份自豪与骄傲，更能感同身受江南造船工程师们为中国海军“走向深蓝”护航的中国自信与力量。

同样，在上海主动加快推进“四个品牌”建设，尤其是提高“上海制造”美誉度的举措，给更多的新兴产业带来了加大研发和创新的动力和信心。走进校园做起“助教”的未来伙伴机器人“能力风暴”、攻坚核心技术打响高端医疗设备中国品牌的联影医疗，正在不断成长壮大踏上国际红毯，上海的技术正在借助国家项目和“一带一路”建设的东风，带着更高的美誉度走向世界。

正如上海市委书记李强同志所言，当前，上海正在加快建设科创中心，全力打响“上海制造”品牌，坚定发展高端制造业尤为重要，既要拿出新的高端产品解决“有没有”的问题，又要推出更多优质产品解决“好不好”的问题。

曾经，“上海制造”给人们留下美好记忆。我深信，如今的“上海制造”，在传承产业优秀基因和打响“四大品牌”的契机下，必将增加新的内涵，实现新的发展，让“世界会客厅”更有活力与魅力。

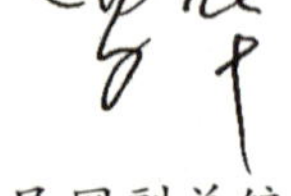

人民网副总编辑

2018年12月

目录

未来篇

充满激情　富于创造　勇于担当
不断开创新时代上海制造新局面

上海是中国近代重要的民族工业发祥地、民族品牌发源地和集聚地。当前，上海正在进入高质量发展的关键期，如何打响新时代“上海制造”品牌，加快迈向全球卓越制造基地，成为2018年市经信工作党委需要再学习、再认识、再突破、再创新的重点内容。党委围绕上海制造新时代新征程，坚持把习近平总书记在首届中国国际进口博览会开幕式上的主旨演讲和考察上海时的重要讲话精神作为根本遵循和行动指南，开展大学习、大调研、大讨论，注重从回顾发展历程中深化对“上海制造”再认识，从新时代新背景新要求中思考推出打响“上海制造”品牌的新举措，从加快提升城市能级和核心竞争力中续写“上海制造”的新篇章，努力成为实践新一轮改革开放、推动高质量发展的排头兵和先行者。

一、充满激情，砥砺奋进

2018年是改革开放40周年。为从这特殊年份中汲取打响上海制造品牌的继续前进力量，年初始，市经信工作党委以上海制造的昨天、今天和明天为发展演变脉络，选择48家曾解决人民生活必需品短缺问题、上海的六大支柱产业和九大战略性新兴产业的，以及符合上海制造三年行动计划的各种类型企业、行业、园区等代表，结合大调研工作，采取集体调研产业集群和分头深入企业、行业、园区的做法，召开不同类型多场次的座谈研讨会，回顾上海制造的光辉历程和激情岁月，凝练上海制造服务大局、勇挑重担、精益求精、无私无畏等精神内核，联系当前形势和担负的职责使命，结合深入调研的具体案例，在交流体会中共同感到：

始终具有敢为人先、舍我其谁的担当精神。核心技术靠“化缘”是要不来的，唯有自力更生、打破垄断、填补空白。正是这种勇挑重担的民族精神使得上海制造不断突破。在过去四十年的中国国家级的大型工程和尖端领域中，总有上海企业的身影：在关乎国计民生的重大领域中，有为西气东输工程提供设备的上海电机厂、上海广电电气和上海电气阀门有限公司；在支撑大国崛起的国之重器中，有为C919项目提供关键技术支持的中国航空无线电电子研究所、让“中华神盾”奔向大海的江南造船厂、研发缔造发射奇迹“长二丁”金牌火箭的上海航天；更有为中国核电事业提供坚实支撑的上海核电等等，成为上海制造自力更生的经典。

始终具有专心致志、精益求精的工匠精神。振华重工成为全球最大的港口机械制造商，为全球的各大港口提供了各种类型的港口起重机械；药明康德更是在全球的医药研发领域中成为领先者，即便在医药研发水平最高的美国，过去三年美国FDA批准上市的新药中，70%来自药明康德的合作伙伴；而中国医药工业研究总院不仅在西药的研发和制造上跻身世界先进水平，更是在多个领域内打破国外医药公司垄断，降低药品成本，让患者受益。这些成绩的背后，是一种为国家重大项目服务与奉献的使命感和责任感，一种为上海、为国家与外国企业争一争、比一比的民族情感，激励着企业家们改革创新勇往直前，激励着科技工作者们不眠不休研发创新，激励着广大一线产业工人精益求精钻研工艺。

始终具有为国为民、无私无畏的奉献精神。90年代前期，为了彻底转变传统制造业的结构，上海痛下“壮士断臂”的决心，以减锭10万枚代表，大规模压缩了纺织、仪电等老产业的规模，提出重点发展汽车制造、通信设备、微电子和计算机制造、电站设备制造、石化工业、机电工业等战略性新兴行业，承担起新时期中国经济转型发展的责任。上海工人为上海经济的发展和产业结构调整付出了极大代价，100 万员工下岗。面对下岗大潮，上海又在全国率先探索建立再就业服务中心，从一定程度上培育起了上海的民营经济。

与此同时，在上海周边地区兴起了大量的乡镇企业，其中不少成为了日后的中国著名制造企业，但当时这些乡镇企业普遍起点低、设备差、技术弱，上海的企业在转型困境中开始了与江浙企业联营的尝试，利用上海的品牌和技术，与江浙民营企业走出了一条互利共赢的道路。其间，上海众多工程技术人员利用休息日为江浙民营企业提供技术支持，“星期日工程师”成了长三角靓丽的风景，使上海制造精益求精的工匠精神得以快速、广泛传播。

二、富于创造，敢闯敢试

上海制造业创造过辉煌。如何顺应潮流、把握规律，坚定正确方向、保持战略定力，脚踏实地、专心致志推进高质量发展，市经信工作党委围绕发挥开路先锋、示范引领、突破攻坚的作用，聚焦彰显“上海制造”美誉度，专题学习和反复领会中央、市委的精神要求，专题研讨更好地在新一轮改革开放实践中探路先行，进行思路举措再梳理、再细化，对标各项工作进行再审视、再谋划、再提升，明确目标定位，创新发展新路。

坚持追求卓越发展。当前，发达国家纷纷实施再工业化和制造业回归战略，力图抢占高端市场并不断扩大竞争优势，新兴经济体依靠资源、劳动力等比较优势大力发展加工制造业，与我国形成同质竞争，我国制造业面临着前有阻击后有追兵的双重挤压。同时，我国经济正处于增长速度换挡和结构调整阵痛的叠加期。党委在学习研讨中感到，要坚持对标顶级、创造一流，注重战略引领、整体协同和深化改革，立足优势领域，主攻国家急需，强化技术攻坚，带动产业集聚，研究制造代表国家未来竞争力的高端优质产品，建立健全特色鲜明的现代产业体系，不断提升城市能级和核心竞争力。

坚持抢抓产业布局。上海制造之所以能持续开拓进取，不断创新突破，关键是在重点领域支撑上，汽车、化工、钢铁和计算机等上海制造业的传统重点领域持续保持产业优势和技术优势，通过不断技术创新和生产革新引领制造业持续发展，确保在产业结构转型和社会转型关键时期的稳定增长。通过集体研讨感到，成绩的背后，就是抓住了率先布局。联系当前实际，就是要抓住全球制造业正经历颠覆性变革和产业链、创新链、价值链深度重构的重大机遇，坚定不移发展先进制造业，重振上海制造声誉。

坚持不懈探索创新。“上海制造”要掌握产业链价值链核心环节的高端制造，满足市场多元化需求的品质制造，融合人工智能和互联网因子的智能制造，体现资源高效集约利用的绿色制造。党委结合学习调研，提出“四名六创”10个专项行动。在主体培育上，着力培育以世界一流企业、“独角兽”企业、“隐形冠军”为核心的卓越制造企业群体；在产业体系上，构建根植本地、面向全球布局的创新、生产和服务网络，加快新一代智能制造模式应用；在园区布局上，推动临港、漕河泾、张江、化工区、国际汽车城打造世界级品牌园区。全力打造汽车、电子信息两个世界级产业集群，积极培育民用航空、生物医药、高端装备、绿色化工4个世界级产业集群；在平台建设上，加快引进国际标准组织和总部落地上海，重点布局上海智能制造研发与转化功能型平台，开展智能制造关键共性技术和装备研发、标准建设以及技术成果转化，力争建设成为具有国际影响力的智能制造协同创新平台。

三、勇于担当，再创辉煌

有多大担当才能干多大事业。带头推动经济高质量发展，是市经信工作党委、市经信委应担的使命。党委始终牢记自身的站位和责任，不忘初心、牢记使命，勇于挑最重的担子、啃最难啃的骨头，立足上海实际，提升制造能级，扑下身子、真抓实干，努力打造“上海制造”品牌新优势、新高地。

弘扬传统。传承和发展“上海制造”勇挑重担的民族精神、精益求精的工匠精神、无私无畏的奉献精神和甘于服务的协作精神，并从中汲取重振“上海制造”雄风、打响“上海制造”品牌的精神力量。市经信工作党委开展了“改革开放再出发、上海制造新征程”系列宣传活动，举办了“上海工业改革开放40年500例成果展”，出版了讲述《上海制造：新时代　新征程》故事书等，通过有形的载体，强化传统传承，竖起高端、品质、智能和绿色导向，全方位、全产业链提升竞争力和影响力。

主动发力。重振“上海制造”，一方面是要保证制造业的必要规模，尤其是抑制“脱实向虚”冲动，坚决做实实体经济；同时更要向产业价值链高端迈进，着力把“高端制造”做大做强。为把思考付诸行动，打造人无我有、人有我优、人优我特的产业核心竞争力，市经信委推出了《上海市产业地图》，聚焦融合性数字产业、战略性新兴产业、现代服务业和现代农业，立足空间维度和产业维度，绘制形成上海产业70张现状图、31张未来图，明确了上海未来产业重点、中心城区和郊区特色定位，前瞻布局高端高新产业，着力打造上海的产业地标。

引领发展。站在“四个伟大”的高度，发挥党的建设新的伟大工程的决定性作用，贯彻新发展理念，狠抓实体经济、科技创新、现代金融、人力资源协同发展的产业体系建设，在技术、产业、政策、导向、人才上共同发力，踏踏实实加快发展先进制造业，推动互联网、大数据、人工智能和实体经济深度融合，促进资源高效率配置、推动产业高质量发展。在新一轮产业园区建设上，重点布置当前和未来最需要的产业，在关键领域实现突破。在培育最优市场环境上，注重发挥企业主体作用，激发创新动能，培育壮大新兴产业和创新型企业。在落实“两个毫不动摇”上，既服务好国资国企的发展，又支持民营企业的发展，出台了《关于全面促进民营经济健康发展的若干意见》，建立了联系服务民营企业工作制度，营造更好更快发展的广阔舞台和良好环境。

上海制造：新时代 新征程

起步篇

“中华神盾”奔向大海　走向深蓝

人民海军48艘战舰铁流奔腾，76架战机振翅欲飞，1万余名官兵雄姿英发；水下蓝鲸潜行，海面战舰驰骋，天上银鹰翱翔，汇成一部雄浑的海天交响曲……

4月12日，这场新中国历史上规模最大的海上阅兵，是新时代人民海军的豪迈亮相，让世界见证了中国自信与中国力量，也让每一位中国人心中的自豪油然而生。

当看到中共中央总书记、国家主席、中央军委主席习近平登上检阅舰长沙舰时，有一群人心中的热火被点燃了，眼眶湿润了……

长沙舰，舷号173，是中国自主研制的舰船，这一型号的驱逐舰被军迷誉为“中华神盾”。不仅如此，南海阅兵中的48艘战舰，有近五分之一由同一个地方建造——江南造船。

这究竟是一家怎样的船厂，能够建造如此厉害的舰船？这一艘艘钢铁巨人，又是在怎样的环境中诞生？

缔造中国民族工业的奇迹和神话

江南造船，一个诞生于1865年的民族工业企业。153年以来，第一艘铁甲军舰、第一支步枪、第一门钢炮、第一艘万吨轮、第一台万吨水压机、第一艘潜艇、第一艘护卫舰、第一艘航天远洋测控船……上百个中国第一从

江南制造总局大门

这里诞生，成为不同时期中国先进制造技术的见证，更是新中国成立后海军装备建设的中坚力量。

2008 年，为支持上海世博会以及今后的长远发展，江南造船从黄浦江畔整体搬迁到长兴岛，开始二次创业。

“搬迁 10 年来，厂里通过大力推进现代造船模式在军民品建造中的应用，实现了造船理念与造船模式的彻底革命，造船效率大大提升，一大批当今先进的造船工艺工法得到应用推广。”进厂几十年，一位从质检员成长起来的质量师以自己的亲身经历告诉记者。

“自上岛后，厂里建造能力更是大幅提升，同期可以制造多艘高附加值的船型。时至今日，中国造船市场占有率全球第一，造船能力处于世界一流水平。”该公司一位与造船行业相伴 50 年的首席专家表示。

如今，这个百年老厂依然保持着青春活力，为祖国海军提供着坚强支撑。

从“十年磨一舰”到快得像“下饺子”

造船体量和型号不断创新，搭载的设备从引进为主发展为完全自主研制，改革开放以来，江南造船以服务国防建设为使命，高质量地完成多种型号军工船舶的研制任务。

20 世纪 80 年代初，我国决定自力更生研制第二代新型导弹驱逐舰。江

112 舰

113 舰在巡航

南造船接到任务后上下齐心，历时 11 年，将第二代导弹驱逐舰 112 舰交付海军使用，两年后，其姊妹舰 113 舰也加入人民海军舰队行列。

此后，承担多型装备建造任务的江南造船，交船速度越来越快。

2005 年，海军 170、171 舰分别入列，这两艘船被誉为“中华神盾”。自此开始，“中华神盾”成为了江南造船建造的标志性水面战斗舰艇。

2008 年搬迁上岛后，江南造船开始了新模式下的驱逐舰建造工程。如今，这批“中华神盾”成为中国海军的神兵利器，为我国海军走向深蓝，强大国防，提供了装备支持。

专家告诉记者：“我们用 30 年时间，追平了与先进造船国家 50 年的差距。很多人形容近几年江南造船交船速度之快，像‘下饺子’一样。”

“中华神盾品牌一直作为一个精品工程开展，我能够从事国家的重点工程非常自豪。而在整个过程中，创新驱动尤为重要。”该系列船设计人员告诉记者，“必须要在精字上下功夫！”

“精字总结起来，包含了三个方面。”该专家介绍，一是精确设计，为此开创了区域造船的创新模式，编制了区域设计的标准模式，为提高设计准确率打下基础。二是精确建造，从顶层策划角度去做，以顶层精度控制体系和精度分配原则，极大提高了施工的效率。三是精简和量化流程，试验技术上通过量化设计来精简兵力保障，通过优化和简化兵力保障，为缩短试验周期、提高试验成功率打下非常好的基础。

据介绍，自交付以后，“中华神盾”系列舰船多次执行国家战略，2008 年 12 月 26 日，“武汉”号同“海口”号一起赴亚丁湾，维护索马里海域和平，并打击海盗，此后该系列舰船多次作为主力战舰赴亚丁湾执行任务。2012 年以来，“中华神盾”系列舰船还曾多次参加中俄海上联合演习以及多国海军联合演习。

然而，其中的攻坚克难和一次次的挫折，也只有背后的江南造船人知道。

身为80后的某型船建造师回忆起当年团队齐心协力建造首艘万吨级轮船并顺利下水的情景，万分感慨："一名质量师为了工程，日夜加班，顾不上病危的老母亲，直到看着轮船下水才匆匆回了趟家；一生产部门的一名主管部长身体不佳仍坚守岗位，直到累趴下了，连夜去了急诊，第二天又出现在了工作现场……"

某年的一次试航经历，让参与建造者仍记忆犹新。"作为新型号的第一条船，都是新装备，试验周期压力非常大。时值12月底，台风刚经过试航海域，如果此次试航不出去，原定任务就无法按期完成。但台风刚过，船体过去又非常危险。"试验指挥顶着压力，决定一定要出去。

开始，有些同志内心有抵触情绪，但是到了试验地点，所有人的精气神马上起来，通过各方努力的合作，经过几天几夜的攻克，终于成功完成试验，为成功交船打下坚实的基础。

"那次试验非常辛苦，由于客观因素，必须夜晚进行，白天睡不着，晚

172舰被称为"中华神盾"

上又要做试验。不仅要有魄力，还要有扎实的技术功底，有了这些才能完成国家交给我们的任务。”试验指挥回忆道。

此后，在“中华神盾”系列舰船建造的基础上，江南造船又建造了新型万吨级驱逐舰，于2017年6月28日成功实现下水，引起了全社会的广泛关注，被称为中国海军迈向深蓝的标杆装备。

“新型驱逐舰外观线型特别平滑流畅。”入厂几十年的该系列船总质量师向记者介绍了其中的奥秘，“焊缝质量至关重要，是船体结构的保障，现在可以通过新技术来保障质量和效率了。以往是工人来控制设备，现在是设备控制人。最新的数字化焊接质量管控系统能涵盖所有的焊接方法。通过把工艺参数预设到系统中，控制焊接过程中电流、电压，工人有操作误差系统会自动报警，甚至自动中止操作。通过人机组合的控制，实现船体的精密制造。”

延续不变的梦想，奔向大海，走向深蓝

从历史深处走来，乘着中华崛起的风云之势，带着中国造船业百年的辉煌与荣耀。面对未来，江南造船将强化巩固“中国第一造船军工企业”战略地位，全力推动产品战略、科技创新、管理流程三大领域转型升级。全面践行高端精品、本质安全、创新发展、提质增效、军工报国五大发展理念。通过核心竞争力的提升打造更优质的“中华神盾”系列舰船。

“我们将延续不变的梦想，始终牢记历史责任、长久保持创业激情、不断锤炼攻坚本领，切实落实军民融合国家战略，努力为海军提供更多性能先进、质量可靠的高技术舰船装备，在海军‘走向深蓝’的历史征程中，再立新功、再创佳绩。”该公司相关负责人表示。

创新发展不忘初心　绘出“绿色石化”新篇章

20 世纪 70 年代初，肩负解决全国 8 亿人民穿衣问题的神圣使命，从选址、围海造地到点火试车，开拓者们用了 5 年多时间，在杭州湾北畔的金山卫海滩上建成了我国最大的现代化石油化纤生产基地——上海石化。

短短 12 年的奋斗，上海石化人终结了布票 30 年的“而立之命”，用一代多人的智慧和汗水，实现了全国人民的“丰衣”理想。

深受“铁人精神”滋养的上海石化人，在将“穿衣工程”进化为“丰衣

涤纶厂纺丝车间

工程”的同时，孕育了“金山精神”，创造了“金山速度”，开创了“金山道路”，奉献了“金山效益”。

肩负重担的上海石化人如何一步步用工业文明完成了农业文明无法实现的“丰衣”使命？如何克服重重困难，实现“弯道超越”并崭露头角？

海滩上建起的“穿衣”工程

70年代，“的确良”风靡全国。因其挺括、耐穿且免烫，深受老百姓的青睐。上海绸布店最早供应出口转内销的“的确良”面料，只要一上柜台就被抢购一空。在当时，能穿上“的确良”衣服是件很时髦、很了不得的事情。

据年近九旬的石化“老法师”马大卫回忆，1971年，毛泽东主席坐专列南下视察，途经上海稍作休息，到了开车时间，专列乘务员才纷纷一路小跑赶回车上。看到年轻人气喘吁吁的样子，主席随口问：“干什么去了？”乘务员们报告主席，利用休息时间购买“的确良”去了，因为这东西只有上海买得到。

听到这些年轻人大谈“的确良”的好处，主席沉默不语。回到北京后，毛主席就和周恩来总理说，我们能不能也搞点化纤？不要让老百姓穿衣这么千辛万苦。后来国务院明确提出“为了保障人民生活和适应工业生产、出口援外需要”，“拟引进化纤新技术设备四套”。

1972年12月25日，来自上海市金山县和浙江省平湖县的15个乡镇的5万余名农民工担着扁担、箩筐、锄头、铁锹等农具来到金山卫海滩，在上海石化第一代建设者的指挥下，在“潮来水汪汪、潮去白茫茫”的盐碱地上奏响了建设序曲……

1974年，上海石化一期工程破土而出，之后每年生产10万吨化纤产品，

1979 年，涤纶二厂原貌

1979 年，涤纶网络丝试制成功

1980年，涤纶二厂第一根桩

相当于250万亩高产棉田的年产量，可向全国人民提供人均3尺的化纤织物原料。1980年二期工程开工建设，化纤产量翻番，提供化纤织物原料的能力增加到人均9尺，实现了不占耕地、给人民提供更好生活的愿景。

在物资匮乏年代，人们穿衣是“新三年，旧三年，缝缝补补又三年”，自从有了“的确良”之后，衣服上常见的补丁不见了，衣服变得讲究、美观、漂亮了。“的确良”对中国人来说，是穿旧衣时代的终结，穿新衣时代的开始。

困境路上的“触底反弹”

然而，1985年之后，上海石化厂遇到了前所未有的压力——原料进口的涤纶竞争不过国外厂商、设备长期运转导致老化、库存大量积压……

面对困境，石化人没有气馁，“我们坚持产业结构调整，坚决淘汰规模小、能耗高、产品缺乏竞争力的装置。”上海石化副总工程师任国强表示，企业在工程建设中，始终坚持走“发展、创新、改革”的路子。

1987年5月，三期工程正式开工建设；1990年4月，上海30万吨乙烯投产庆典在金山举行，它的建成投产，使上海石化的原油利用率提高至

62%，年利税达20亿元，而且使之成为中国国内最大的“油、化、纤、塑”并举的石油石化生产基地。三期工程建设前后，还涌现了陈耀章等产业科研领军人物、戎光道等一批优秀基层管理者和全国劳动模范。

1988年，三期火炬一次安装成功

而三期工程行将结束时，上海石化迎来了发展史上又一次崭新的战略机遇和重大转折——总厂实施股份制改制。1993年6月，上海石油化工股份有限公司揭牌，这在1997年党的十五大召开并对股份

1988年，第二套聚丙烯合同签字仪式

1989 年，乙二醇保温施工

1989 年，三十万吨乙烯装置投料试车剪彩仪式

1993 年，股份公司创立大会

制进行政治性肯定之前，无疑是走在时代前列的解放思想的壮举。

市场竞争中的创新发展

进入 21 世纪后，面临我国加入世界贸易组织（WTO）后的新挑战，上海石化聚焦“创新驱动、转型发展”，加快了创新发展的步伐：

四期工程建设，大大缩小了我国乙烯、聚乙烯、聚丙烯、腈纶装置单线生产能力与国际先进水平的差距。

五期工程建设，使上海石化初步完成结构调整，成为国内芳烃和乙烯最大生产能力的企业之一，跻身千万吨级炼油基地行列，为保证国内市场成品油供应，发挥了积极作用。

上海石化现状

2010 年以炼油改造和技术进步项目为主体的六期工程正式启动，进一步开启了上海石化建设“国内领先、世界一流”炼化企业的新航程。

“多年来，上海石化从引进装置、自有装置到产品开发，不断根据市场需求，快速反应。”涤纶部经理沈伟以瓶片标签为例指出，PVC 不太环保，而聚酯收缩率在 70% 以上，而且回收方便，可降解，可利用。“我们的小装置新产品，不仅在性能上达到标准，成本上还有优势，投入市场 3 个月就获得用户认可。”

“上海石化坚持消化吸收、自主创新，不断开发、应用新技术、新产品，提升装置的技术水平和产品附加值。”任国强指出，目前根据市场需要，常年安排约 80 只新产品的生产；开发了碳五分离、腈纶、聚酯、PTA、碳纤维等成套技术，不仅满足了人们的日常需要，还对接国家的战略需求。

任国强强调，特别是 15 万吨 / 年碳五分离技术已成功在境内外转让 5

家，高性能碳纤维在油田领域得到产业应用，成为上海石化创新发展的一张靓丽名片。

对标最高标准打造绿色石化

2007年，服役了32年、曾是全国规模最大的石化配套自备电厂、上海石化总厂建设标志之一的一期工程电厂燃油机炉“功成身退”，每年可减少二氧化硫排放8000吨。

在近年来国际油价不断攀升、国内成品油价格不到位、炼油业务经常亏损的不利情况下，上海石化以保市场为己任，稳产、增产成品油，为保持国民经济发展和社会稳定作出了重要贡献。

历经46年改革创新，上海石化始终不忘“关注民生、服务民生、改善民生”，“解决全国人民穿用问题”，“爱我中华，振兴石化，为美好生活加油”的初心和使命，实现了从单纯解决全国人民穿衣难问题到全方位解决全国人民穿用问题的转型，产品从原来单一的化纤织物，到今天的功能型纤

上海石化现状

维、绿色环保功能性聚酯、高品质油品……上海石化产品已覆盖社会和生活的方方面面。

“奋斗就会有艰辛，艰辛孕育新的发展”。46 年，只是历史长河中短暂的一瞬，对于上海石化来说，也只是发展历程中的一个阶段。

上海石化负责发展规划研究和制定的领导表示，对于未来，上海石化将坚持向先进水平挑战，向最高标准看齐，用最先进的环保指标、最严格的质量指标、最高效的用能指标，倾力打造世界级的能源、高端材料、精细化学品生产基地，把上海石化建设成为“国内领先，国际一流”的安全、低碳、高端、智能型炼油化工基地型企业。

“长二丁”缔造发射奇迹 “金牌火箭”创新再启航

说到“长二丁”，或许你会感到陌生，但一提到“悟空”“墨子”“张衡一号”“高景一号”等等这些“网红”卫星来，很多人都会印象深刻。事实上，它们奔向太空的伟大旅程中，都有一个共同的座驾——长征二号丁火箭。

自1992年首飞至今，长征二号丁火箭已成功发射43次，将91颗卫星送入预定轨道，成功率100%，被誉为“金牌火箭”。

2018年计划8次发射任务，刷新了长征二号丁火箭年度发射次数新纪录。近期更是实现了60天内五战五捷、五天之内两个基地连续2次成功发射，完成中国航天高密度发射的新挑战……

这是一型怎样的火箭，为何能创下发发成功的奇迹？如此骄人的成绩背后，是一支怎样的团队在支撑？

三次“龙抬头”奇迹 为中国航天“提气”

“上世纪80年代末90年代初，我国火箭发射连遭失利，航天事业陷入困局。”现任长征二号丁火箭总指挥谈学军介绍，长征二号丁团队背负着巨大的压力，领受了“只能成功、不许失败、没有退路”的军令状。

在这种情况下，长征二号丁背水一战，1990年立项，1992年8月9日首飞成功，连续三发三成，被称作中国航天的三次“龙抬头”。

当时的国防科工委要求团队提炼成功经验，在全国军工系统中大力推广。当时以首任总设计师孙敬良院士为代表的长征二号丁团队总结出了型号研制“六严”航天文化，即：严格执行上级的各项规定，严格按研制程序办事，严格技术要求，严格地面试验，严格落实行政、技术两条指挥线的岗位责任制，严格全过程质量控制。

7年前，35岁的洪刚被任命为长征二号丁运载火箭型号副总设计师，成为当时中国最年轻的运载火箭副总设计师之一。而如今，刚刚40岁出头的他已经有3年的总设计师任职经历。洪刚自1998年加入上海航天团队，20年矢志不渝，一直奋战在长征二号丁研制最前线，见证并参与了37次火箭成功发射的完美时刻。

“20多年过去了，‘六严’航天文化，我们依然在这么做。每一个‘严’都对应着大量的工作和试验，只有脚踏实地奋斗，才能确保运载火箭的每一

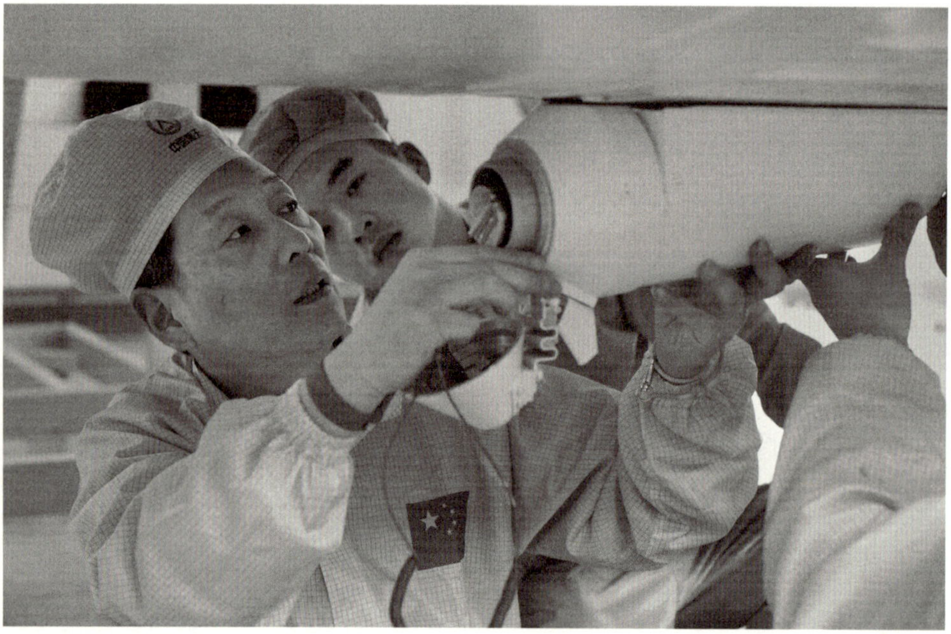

箭上设备测试检查

次成功发射。”洪刚从一名普通的技术员成长为火箭系统的总设计师，就是在这样的航天文化熏陶下成长起来的。

尽管长征二号丁已是一枚非常成熟的火箭，但每一次发射，洪刚都严阵以待，坐镇现场，从不缺席。“从去年底到今年初，我们实现了 60 天内五战五捷，辗转酒泉、太原两个基地，很多队员一直奔波在外地。”他带领试验队把每一次发射都看作全新的开始，杜绝懈怠心理，始终保持清醒的头脑，每一次发射成功后都以饱满的激情和干劲投入到下一次发射任务中，不断续写长征二号丁火箭的新辉煌。

“牵一发而动全身” 要像机器人一样精准

“失之毫厘，谬以千里”，“牵一发而动全身”……洪刚说，用这些词形容航天人的工作再合适不过。

“当大家看到火箭矗立塔架或直刺云霄时的震撼场景，一定想不到火箭伟岸靓丽的身躯是由几十个舱段、上百台单机、上百根导管、上百束电缆、上千个螺钉和上万个标准件，经过几千个连接点的定力安装、几百个电连接器的插接，一丝不苟精心细致组装出来的。”总装团队成员马璎告诉记者。从一个螺钉、一根导管、一束电缆、一台单机、一个舱段到组装出一发完美的火箭，任何环节都不能出差错，他们需要“像猴子一样灵敏，像机器人一样精准”，否则就有可能“千里之堤，溃于蚁穴”。

马璎是团队里的“花木兰”，她所在的总装团队出差任务重。“每一次的发射任务，我们还承担了火箭的千里押运和装卸工作。从上海到酒泉，专列一般需运行 5 天 6 夜，专列车厢是现在铁路上难得一见的绿皮车。寒冬滴水成冰，夏日酷暑难耐，大家必须按时检查产品状态，确保火箭沿途安全。今年的大年初五，本应还沉浸在阖家团圆的喜悦中时，我们的总装团队已经再度出发了。”记者了解到，这个团队只有 20 人，且绝大多数为 85 后、90 后，平均年龄不到 32 岁。

与总装团队一样，杨勇所在的总体团队也是出差多、进场多、外出跟产多。“总体团队也是一支年轻的队伍，有不少‘新晋奶爸’。我印象比较深刻的是，有两三个同志，在小孩出生不到三个月的时候，就奔赴酒泉卫星发射中心执行任务了。”

总体工作的特点就是协调的系统多、单位多，对外与卫星、发射场和测控等系统进行协调，对内与箭体结构、控制、遥测、推利、外安等系统进行沟通。为解放设计师队伍，缩短发射场工作周期，总体团队通过提高工作效率、优化工作流程，打破传统，通过减少冗余工作项目、一人多岗等形式，

长二丁团队

对发射场工作程序进行优化。

“总体无限责任。”总体主任设计师朱亮聪说，“这是院长对我们的要求，也就是说整个火箭，不管是几千个紧固件中的一个小螺栓，还是上万个元器件里的一个二极管出了问题，总体都有相应的责任。在这种质量要求下，逐渐让我们形成了职业病，以至于大家每次上车前都会检查下轮胎是否正常、下车后会拉拉车门看看是否已锁牢。”

朱亮聪谈起去年年底，在太原卫星发射基地执行任务的时候，室外冰天雪地，温度已经降到零下35摄氏度，站在室外的塔架上，一会儿就全身冻透。这时推进剂的温度也还处在能接受的范围，但为了数据更理想、任务更完美，他们扶着冰冷的扶手，踏着哐当作响的铁楼梯，一晚上从楼底到四十多米的塔顶来来回回至少要十几趟。“我们为的只是测控大厅那一声‘长征二号丁运载火箭发射任务取得圆满成功’。”

技术创新融进血液　敢于“第一个吃螃蟹”

2018年2月2日，当长征二号丁遥十三运载火箭在酒泉卫星发射基地发射取得圆满成功时，除了以往的喜报外，许许多多上海航天人的朋友圈还充盈着不舍与自豪交织的情绪。因为，这是曾荣获“上海市科技成果一等奖”的“小平台”的第八十一次任务，也是它的最后一次任务。

长征二号丁火箭在90年代实现的三次“龙抬头”，就离不开小平台的功劳。小平台，又叫动力调谐陀螺平台，是运载火箭控制系统中的核心单机，常被比喻为运载火箭的“眼睛”，可以感受火箭的实时速度、位置、姿态，很大程度上决定着火箭的入轨精度。

1988年，刚踏上工作岗位的房红就加入了这个团队，被分配在平台组。在这个团队里，她不断提升着自己的技术水平，也从懵懂的小姑娘成长为高级技师，并被任命为平台组组长。长征二号丁遥十三运载火箭发射任务是房红参与的第 39 次发射任务。

在小平台之前，中国所有的运载火箭都是采用大平台。但大平台体积大，质量重，在一定程度上制约了运载火箭有效载荷的增加。上海航天控制技术研究所的专家们很早就看出了大平台的这一弊端，下定决心要研制出具有我国自己特色的小平台。

1994 年 7 月 3 日，一个激动人心的时刻，随着火箭点火发射，小平台以完美的方式完成了它的首秀。这次发射不仅一扫此前中国航天接连失败的阴霾，更使火箭入轨精度提高了一个数量级。

小平台即将退役，房红也即将退休。回忆与小平台的不解之缘，房红写道：“我的职业生涯从平台开始，也将与平台一起结束。”她用十二个字“表白”航天：十分幸运、无比自豪、无怨无悔。

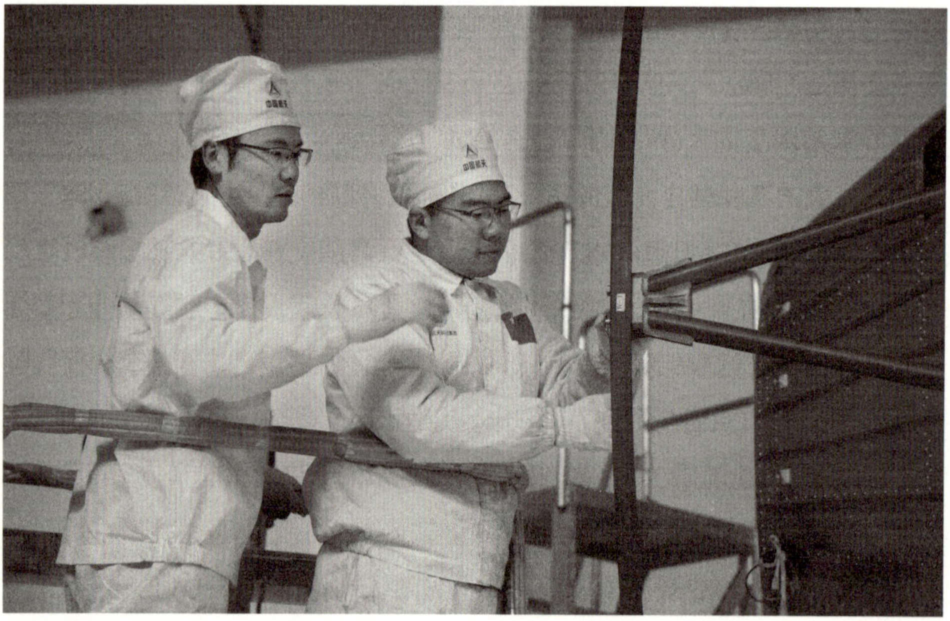

箭体结构安装检查

从 1994 年的首发，到 2018 年的退役，小平台走过了 24 年的光辉岁月，铸就了 81 发发发成功的丰功伟绩，尽管它的成绩如此耀眼，但在对尖端技术近乎偏执的航天人眼里，它并不是完美的。随着航天事业的发展，火箭发射任务逐年增加，小平台的缺点越发明显，它的制造工艺、加工流程仍需要精雕细琢，它越来越难以适应现今的高密度发射任务了。

如今，小平台退役，航天人不仅研制出了高可靠、低成本的光纤惯组，更有高精度、长寿命的半球陀螺组合。它们的技术指标不仅国内领先，更是达到了国际一流水平。

就如同小平台的启用和退役一样，长征二号丁火箭首飞成功以来的 26 年，持续的技术改进和管理创新理念早已深深地融入进这支队伍的血液里。

为了提高火箭运载能力，长征二号丁火箭通过加长二子级并改进发动机等方式，同时采用各种规格的整流罩，适应了更重的卫星以多种串并联形式

火箭转运

进入空间的能力；

为了适应各种商业搭载卫星的需求，长征二号丁火箭设计了标准搭载接口，满足了各种用户的搭载需求，曾经利用距发射前不足 3 个月的时间创造性地完成了某微小卫星的搭载发射，而一般型号的搭载任务至少要提前 6 个月明确；

为了提高火箭入轨精度，长征二号丁火箭应用组合导航技术，并通过控制和选配单机精度，使火箭入轨精度均达到了百米量级，卫星入轨精度得到大幅提高，前不久发射的卫星实现了半长轴入轨偏差仅 50 米、入轨轨道倾角零偏差，创造了中国航天入轨精度的新纪录，为卫星实现快速组网创造了条件……

不气不馁不放弃 “金牌火箭”迈向国际

当下，是全球竞争的时代，长征二号丁火箭也面临着激烈的全球竞争。如今的长征二号丁火箭不仅在国内战功卓绝，而且在国际舞台上也因高可靠性、高性价比以及专业敬业、高效务实的团队而声名显赫。

洪刚清楚记得长征二号丁首次承接整星对外发射任务的经历。“当时，我们与俄罗斯第聂伯火箭、日本的 H2 火箭同台竞标，长征二号丁以 100% 的成功率和合理的价格首轮竞标成功。但没想到，在与外方技术交底时，我们发现存在星箭同频共振的风险，我们如实相告，对方竟在没有商量的情况下单方面废标。”

“有些意外，有些沮丧，但没有气馁。”洪刚说，“绝不能放弃，我们一定能找到解决办法。”

于是，洪刚带领团队一头扎进工作，反复研究解决方案，大胆使用复合材料和增加减震等措施，消除了风险，并以专业敬业和高效务实的态度重新

长二丁发射外国卫星

赢得了外方的信任和赞许，最终再一次竞标胜出。2012 年，发射任务取得圆满成功，并且创造了当时入轨精度的新纪录，“外方比我们还激动。”

通过这次整星对外发射服务，不仅形成了长征二号丁火箭对外发射服务的规范流程，而且塑造了一支综合能力强、专业素养高、特别能攻关的火箭研制队伍，极大提升了中国长征系列运载火箭在国际商业发射市场上的影响力。

迄今为止，长征二号丁火箭已经为委内瑞拉、荷兰、阿根廷、厄瓜多尔、土耳其、波兰、乌拉圭、丹麦等十几个国家提供了国际发射服务。2017 年，长征二号丁火箭更是以一箭七星的方式为 5 个国家的卫星提供了优质的发射任务。

“航天是高风险行业，运载火箭更是如此，识别风险、控制风险，压力如影随形。”洪刚坦言。“但如果说风险是一匹野马，我们愿意努力成为驾驭风险的最好骑手。让长征二号丁火箭在建设航天强国征程中创造一个个奇迹，铸就一项项辉煌。”

万里长龙气贯山河　只为点亮万家灯火

2000年2月，国务院批准启动“西气东输”工程，这是拉开“西部大开发”序幕的标志性建设工程。几年间，“万里气龙”横贯华夏大地。

西起塔里木盆地，途径河西走廊、黄土高原、华北平原，一路抵达长江中下游平原。这是西气东输一线工程的起止点。

从西到东，横贯新疆、甘肃、宁夏、陕西、山西、河南、安徽、江苏、上海等9个省区市，全长4200千米。

西气东输工程穿越西部戈壁

管道需穿越“三山一原、五越一网”，“三山”即太行、太岳、吕梁，“一原”指黄土高原，“五越”即三次穿越黄河、一次穿越淮河、一次穿越长江，“一网”便是江南水网。

如此复杂的地形地貌，无法想象的施工难度，这项举世瞩目的伟大工程，如何在短短的几年间建成投产？

“万里气龙”横贯华夏大地　近4亿人受益

“西气东输工程是国内自行设计、建设的第一条世界级天然气管道工程，也是中国第一条管径最大、压力等级最高、技术难度最大的已竣工管道工程；第一次在长江和黄河上完成长距离、高难度、大口径的盾构、顶管及定向钻穿越；第一次在管道工程中大规模运用全自动焊接技术、全自动超声波监测技术；第一次在天然气管道上推广应用遥感选线技术和先进的自动化控制系统……”谈起这项工程创下的多个“第一”，中国石油西气东输管道公司总经理、党委书记张文新难掩自豪。

张文新谈到早年经历的一件事，那是1999年，自己作为施工方在南京参加一场培训。“当时，我们了解到美国的一条输气管道，全长只有一千多公里，做了30年的前期准备工作才开工建设。我就在想，我们这项时间短、里程长、任务重的工程，究竟能不能完成。”

事实证明，西气东输工程，从决策酝酿到战略实施，从气源落实到市场开发，从试验示范到技术攻关，从工程建设到材料装备，从开工建设到投产供气，张文新感叹“每一个环节都彰显了社会主义制度集中力量办大事的优越性”。

西气东输管道公司副总工程师高顺华自1983年大学毕业后就进入石油行业，一干就是35年，“这辈子就干了这么一份工作。”高顺华笑侃。他参

西气东输工程延水关黄河隧道穿越成功

西气东输一线工程上海段开工

与并见证了西气东输管道的全线贯通，从最初缺少技术、经验，而不得不与外方合作，饱受外方技术垄断之苦，到后来组建“国家队”，实现国产化，这之中经历的种种酸甜苦辣，不是三言两语所能概括的。

高顺华记得，最初大家习惯了用煤球、液化气，认为天然气价格高，犹犹豫豫都在持观望态度。销售人员挎着公文包，一家家去跑，磨破嘴皮子，很辛苦。“西气进入上海可谓来之不易，除了建设者们付出的心血、汗水和智慧之外，仅是上游供气和下游用户的谈判就历时两年，最后双方签署了长达近八万字的协议，共 130 页。而且借鉴了最先进的照付不议天然气运销模式，意味着签约双方的庄重承诺，更是促进了中国供用气双方在天然气销售领域合作双赢的市场法则体系。”

如今，在西气东输管道沿线，162 座站场就像一颗颗散发着光芒的珍珠，串起一座座城市，连起一个个家庭，汇成推动国家经济社会发展的能源大动脉。3000 多名西气东输人，日复一日地巡线守护，年复一年地操作、维

西气东输管网核心枢纽站场——中卫压气站

西气东输管道沿线站场 24 小时有专业技术人员值守巡检

护，用一腔热血捍卫着“万里气龙”。

目前，西气东输管道公司运营管理管道 12280 公里，途径 16 个省市区和香港特别行政区。供气范围覆盖了我国西北东部、中原、华东、华中、华南地区，并向西北、西南地区转供天然气，形成塔里木、柴达木、长庆、川渝四大气区以及中亚、中缅、进口 LNG 联网供气格局，管网一次管输能力超过每年 1230 亿立方米。十余年来，公司累计实现天然气管输商品量近 4000 亿立方米，占我国新增天然气消费量的 50%，近 4 亿人口从中受益。

关键设备实现国产化 开启管道业新征程

“我们现在说起天然气管道，已经不单纯是管道的概念，实质上是一张覆盖全国的天然气管网。”高顺华告诉记者，在这张网中，要想将天然气源源不断顺利输送到每一个城市、每一个企业和千家万户中去，至少必须解决两个关键问题：一是要有能够使天然气保持一定压力而输送到下游的压缩机组，这也被称作天然气管道的“心脏”；二是要有能够在检修、施工、改造等过程中将管道局部隔离开的干线截断阀，一般简称为“高压大口径全焊接球阀”。

在西气东输一线上，压缩机组和大口径全焊接球阀全部依靠进口，并且设备的核心技术服务也是依靠外方工程师，给设备运行维护管理带来了极大的不便。“天然气管道被誉为能源大动脉，关系国计民生，掌握自主技术具有强烈的迫切性。因此从西气东输一线增输工程开始，我们就开始强烈呼吁要对关键设备进行国产化研究应用。”

2009 年开始，通过走访调研、实地考察、相互交流，最终确定了 10 家企业共同开展天然气长输管道关键设备国产化研制和应用，形成了“用户 +

西气东输技术人员与国产化研制团队召开现场工作会

制造企业”的研发团队，他们称之为“国家队”。在入围的10家企业中，上海企业就有三家——上海电机厂、上海广电电气和上海电气阀门有限公司。

上海电机厂建于1949年12月，可谓是“共和国长子”，具有较强的研发实力、制造加工能力。但通过调研发现，他们在高速大功率电机的研发应用方面缺乏相应业绩，尤其是西气东输项目要求电机必须是正压通风防爆电机，以前没有这样的案例。为了项目能够成功，总工程师孙明伦领衔，从设计、加工、装配等各个专业抽调人才组成研发团队，反复研究设计方案，一次次对接沟通，在方案设计阶段就开始深化设计、计算分析、难点梳理及提出具体解决措施、给予的支持保障等。

2011年4月8日产品通过鉴定，专家组给出高度评价：“该产品设计合理、性能优良，总体达到国际同类产品先进水平，部分性能指标达到国际领先水平。该项目的研制成功，对提升我国电机行业的综合能力，保障国家经济安全具有十分重要的意义。”

上海广电电气负责变频调速系统，这是一家优秀的民营企业。总工程师王永红在接受记者采访时，讲述了这样一件事：2010年，在沈阳进行满载72小时测试，每个单位都要有技术团队始终守在现场，只要出现一丝差错就需重新来过，而一次满载测试，仅是电费就要一千多万，成本何其高！“那72小时，真是煎熬！那段时间，大家压力都很大，我有几次做梦都梦到设备故障而被惊醒。现场测试时噪音非常大，面对面喊话也听不清，沟通交流要靠纸笔。72小时成功结束后，已是凌晨两三点钟，为了庆祝阶段性胜利，大家一起出去庆祝，饭店都关门了，好不容易找到一个火锅店，很小很简陋，但我们都很兴奋，很多人都喝醉了，我也喝醉了……”

上海电气阀门有限公司在此之前曾给西气东输提供过小口径阀门，但在高压大口径全焊接球阀的研制上还处于空白阶段。总工程师蔡守连说，“2003年，我们作为西气东输一线26寸以下球阀国内唯一供应商，觉得很

2012 年 11 月首台国产 20 兆瓦级电驱压缩机组在西气东输高陵站一次投产成功

国产大口径全焊接球阀研制试验现场

自豪，但也感受到很大压力，因为26寸以上球阀尤其全焊接管线球阀全是进口的，作为长输管线的大口径干线阀门如果全部依赖进口，显然对国家能源战略安全不是什么好事。”作为入围“国家队”的一员，上海电气阀门有限公司发挥自身技术优势和团队优势，从设计、加工制造、装配、试验各个环节提出一系列的质量跟踪措施，确保环节受控、总体受控。

到2010年，上述三大关键设备在西气东输站场成功运用，实现了中国装备制造在机电领域的历史性突破。时至今日，仅西气东输管道公司就有7座站场运用了国产化装备。未来，西气东输干线、支干线上将会有更多的站场用上中国自主研发的核心设备。

宝钢X70级管线钢填补空白 “西气”直通宝钢

管材运抵西气东输工程现场

西气东输能源大动脉，是一项功在当代、利在千秋的大型工程，它的质量不仅关系到沿线各省区市的社会稳定与公众安全，而且关系到整个国民经济的协调发展与可持续发展。为确保工程质量万无一失，除了工程建设者要把质量关，工程质量的关键也取决于施工者技术水平和施工材料的质量。建设初期，经过层层筛选，宝钢是当时唯一具备向“西气东输”工程供应高强度、高韧性管线钢的国内钢铁企业。

宝钢股份有限公司首席研究员郑磊提到当年的情形，2000 年 4 月到廊坊参加技术研讨会，主要议题就是宝钢能否提供 X70 的管线钢，“当时西气东输项目部说了，能提供，就立刻订货，如果不能，将有两种结果，要么退回到 X65 的设计方案，要么全面进口 X70。我觉得如果靠进口，西气东输工程就失去了意义，成了卖苦力了。”对此，宝钢的代表当场回复，从理论上和宝钢多年管线钢的研究生产经验讲，宝钢有能力生产出满足西气东输工程需要的管线钢，并建议在“涩-兰”管线中进行试制。

2000 年 6 月 23 日，我国第一块 14.7 × 1550mm 厚规格 X70 管线钢进行热轧试制，后经试验段用钢进行试制，各项性能指标均很好地满足涩宁兰管线工程的技术条件要求。

宝钢营销中心能源用钢总监俞方群当年也与郑磊一起，参与了技术研讨会，后经历与日本、韩国公司同台比试。“在这个过程中，宝钢背负的责任，是为了整个国家。毫不夸张地说，西气东输工程提升了国内冶金行业的整体

宝钢钢铁集团研制的 X80 钢材运用于中俄东线建设

水平，加快了管道等装备制造业的国产化进程和技术进步。”

西气东输一线工程建设期间，宝钢是西气东输管道X70管线钢的供货商，约占螺旋焊管用热轧卷67%，成为西气东输工程主要的管材供应商。凭借在西气东输一线工程中的良好业绩、过硬的产品质量以及优质的服务，宝钢最终成为西气东输二线工程钢铁制品的主要供应商。如今，西气东输工程建成投产15年，宝钢为西气东输一线、二线、三线等项目供货直缝钢管、宽厚板、热轧卷板等产品总计142万吨。

而在西气东输一线投产后，宝钢作为上海首家使用西气东输气源的企业，旗下的特钢厂逐渐拆除了149座煤气炉，二氧化硫和烟尘排放量削减率分别达59.5%和26.8%。煤气车间关停后，企业每年少排放废水48万吨，周边水环境显著改善。为保障宝钢的用气需求，2011年8月西气东输甪直-宝钢支线建成投产。截至目前，通过宝钢支线，西气东输向宝钢的累计供气量超过了14亿立方米。

“西气”入沪14载 浦江两岸“底气”十足

2004年元旦，时任上海市委副书记、市长韩正出席了“西气东输上海正式通气仪式”，并见证了“西气”进入上海的历史性时刻。如今，东方明珠塔下、浦江两岸，西气东输管道公司正通过4条管道，向上海这座国际大都市源源不断输入清洁的天然气。

虽然上海很早就使用人工煤气，并于1999年用上东海平湖天然气，但人工煤气生产过程对环境有污染且平湖天然气供应量较少，上海一直“求气若渴”。“西气”入沪后，天然气开始大规模使用。

据上海燃气集团副总经理邵君介绍，2007年，上海市区天然气用户首次超过人工煤气用户数量。2012年6月30日，西二线上海金山站向上海供

上海城市燃气布局

气，为上海市安全平稳供气再添保障。加上西一线近10年稳定供气，上海“底气”更足。西气东输两条管道向上海年供气量超过32亿立方米，2017年达到37.7亿立方米。目前，上海居民除了利用天然气做饭、洗澡外，天然气壁炉、烘干机、地热采暖系统等燃气设备也进入普通市民家。

2015年6月，人工煤气退出历史舞台，上海实现了城市管道燃气的全天然气化。如今，如东—海门—崇明岛输气管道投产，岛上百姓用上管道天然气。同时，岛上用上“西气”的上海申能崇明燃气电厂（两台424.2兆瓦燃气—蒸汽联合循环机组）在今年4月底已实现了首台机组的168小时试运行。

家住浦东潍坊新村的76岁老人王鸿华对西气东输改变生活有着切身感受。他说：“小的时候用蜂窝煤、煤饼烧水做饭，烟熏火燎，不安全也不卫生。后来用上了煤气罐方便了许多，但是换煤气罐又成了问题，扛上扛下还

“西气”入沪，为美好生活添彩

是不方便，也有安全隐患。现在有了管道天然气，烧菜烧饭不仅干净，而且安全。空气也变好了，邻里之间都说用天然气好。”

张文新给记者算了这样一笔账，西气东输入沪14载，累计供应天然气400亿方，可替代标煤5200万吨，相当于减少244万吨有害物质、1.76亿吨二氧化碳酸性气体的排放，相当于在长三角地区种植了1.7亿公顷的阔叶林，形象地说相当于种植了16.4个江苏省面积的阔叶林。

如果说，十多年前上海的天然气市场似初生婴儿般呱呱坠地，那么十多年后的今天俨然如青少年般朝气蓬勃。2018年4月27日，“上海制造”三年行动计划正式发布，这为上海制造业企业吹响了冲锋号。随着中俄东线的建设推进，到2020年，上海以西气东输输气管网为支撑的多气源供应格局将更加完备。西气东输输送的天然气，将通过多条能源保供线汇入上海，走进千家万户，点亮万家灯火。

从人工接线到千兆网络　开启智慧城市新时代

如果穿越回20世纪80、90年代，腰间别个BB机，手里拿个“大哥大”，绝对让人眼热，回头率十足。而现如今，这些当年的稀罕物要么早已被当废品处理，要么被收藏在博物馆，尘封在人们的记忆里。

伴随着中国改革开放的步伐，从市内电话到长途通信，从移动通信到数据通信，从CDMA制式到5G移动网络，通信行业一骑绝尘，一直走在市民对通信信息需要的最前沿。

设在弄堂口的公用电话服务站

几十年来，极速网络的打造者——上海电信，编织出的一张通信网络覆盖全上海，记录下无数令人激动的时光。肩负上海市民最基本通信需求的上海电信人，是如何实现技术的更新换代，如何突破语音服务向信息数据迈进？上海成为全球“千兆之城”是否指日可待？

外商来沪投资 先看电话通不通

1978 年，党的十一届三中全会作出了“把全党工作的重点转移到社会主义现代化建设上来”的战略决策。随着对内搞活、对外开放，全社会对通信的需求急剧增长。

“电信作为国民经济的基础，无论在哪个时期，对经济社会发展都具有先导作用。”让中国电信上海公司党群工作部高级顾问邱浩庆印象深刻的是，

现场放号一条龙服务，加快了电话放号速度也满足了需求

1992 年，上海电话容量突破 100 万门交换设备割接开通仪式

改革开放初期，外商来沪投资主要看两方面：有没有卫生间、电话通不通。

1882 年，上海滩出现第一部电话后，上海用了整整 100 年才发展到 15 万门；而从 15 万门扩容到 100 万门，仅仅用了 10 年时间；而从 100 万到 200 万仅用了 2 年时间。

“这是美商留下来的设备，按年限来说应该报废处理，但上海维护得极好，还能正常运转。”在上海电信博物馆里，有一台旋转制交换机，从 1927 年到 1989 年在上海地区使用了长达 62 年的光景。

不过，彼时的旋转制对通信而言却存在很大的问题。1981 年，当时担任专职团委干事的邱浩庆，每到发放会议通知的时间节点都异常煎熬。

“每天抱着电话从早上八点打到下午五点，才能打通 30 个电话。电话拎起来，根本没有拨号音，每次等五到十分钟信号，等标杆音出现，才能拨出去。万一拨错了，或者对方忙音，还得再等上五到十分钟。”邱浩庆苦笑道，

1988 年 1 月，长途电话局营业厅里用户焦急地等待打长途电话

基本一个电话半个小时才能打通，但是没办法，只能耐着性子等。

作为国民经济的神经系统，上海电话网先后经历了步进制、旋转制、纵横制到程控交换机，实现了上海电话网数字化改造的目标，从而推动了上海电话的大发展。

1994 年 9 月 27 日，随着浦东金桥邮电局 10000 门程控电话机割接开通成功，上海市电话交换机总容量在全国各大城市率先突破 200 万门，极大地满足了改革开放对通信技术的巨大需求。

“砖头机”大哥大面世　打开通往移动通信时代大门

80 年代，上海的公用电话亭已开始普及，同时兴起的还有“大哥大”和 BB 机。其中，在上海率先面市的是摩托罗拉 8800X 型号大哥大，这种通常在一公斤以上的“重量级”移动电话，厚实笨重，状如黑色砖头，因被众多企业老板所青睐，“老板机”之名也不胫而走。

1988 年，上海面世的第一代摩托罗拉模拟 8800X 型移动电话，俗称“大哥大”

大哥大除了打电话没有其他功能，而且通话质量不够清晰稳定，常常要靠喊，并且它的一块电池充满电后，只能维持通话 30 分钟。

“大哥大的拥有量非常低，利用率也不高。不过，大哥大是身份的象征，出去吃饭喝茶谈生意，往桌上一搁，就像压上了一个富贵的筹码，生意谈判也会变的轻松。”邱浩庆回忆到，有些人会把大哥大放在擦得铮亮的老板包里夹在腋下，适时拿出来，拉出长长的天线，花上 1 分钟一块二的话费，在人群里喊上一句：“喂！喂！听不清，你再说一遍。”立马就能吸引来无数羡慕的眼神。

一时间，梳大背头、抹发胶、手持大哥大成为不少人心目中的富人形象。紧俏的大哥大，售价 1 万元，而在黑市甚至被热炒到 2 万元以上。当年的人们完全想象不出，近 40 年后，就连街头小贩手里都会有一只小巧精致的智能手机。

虽然笨重的大哥大和它的长天线已定格在了历史的长卷中，但一些妙趣横生的场景依然值得人们反复品味。大哥大的出现，意味着中国步入了移动通信时代，将人们的生活引向了一个新境界。

上海电话号码成功升位 具有跨时代意义

“我们一直引以为傲的是，整个通信行业，在改革开放40年的历史进程中，从未拖过后腿，一直在推动改革开放的步伐不断迈进。”邱浩庆自豪地说。

1989年11月12日零时，上海电话号码六位升七位割接成功，上海成为全国首个实现统一的、等位的七位电话号码制城市。

当时，0字打头的为长途，114、115在内的1字打头的同为特殊号码。上海电话发展速度超乎想象，从2到9打头的6位数电话号码资源即将枯竭。

电话号码从六位升位七位，这在上海电话史上具有跨时代意义，既关系

1995年11月25日，上海电话升八位号割接指挥现场

到上海通信事业的发展，也关系到上海改革开放和社会经济的发展。

很快，6年后，1995年11月25日零时，上海电话网八位拨号工程割接又再一次成功。上海成为继巴黎、东京、香港之后，世界上第四个实现电话统一八位拨号的城市。

“虽然电话升位割接听上去是很简单的事情，但是前期我们的技术人员需要做大量精心的准备。”邱浩庆以升八位为例解释道，升位涉及割接容量370.75万门电话，共285个交换系统，局号485个，涉及14种不同制式、不同版本、不同厂商生产的各种程控交换机，为了不影响用户的通信，割接一般都是在凌晨举行。

0036、0037为电信测量室专用号码；0195、0196为交换机房号码；1414为动力机房号码……升位时，每一个局号，都需要用测试号码进行拨打，确认升位无误。

邱浩庆清楚地记得，升位当天，全上海电信近万名员工全都冲在工作一线，进行电话拨测，同时测试市内局号与全国局号。如果电话拨打出现错误，则说明电信升号系统有bug。

割接结束后，工作人员凌晨紧锣密鼓的进行拨测。也正是电信人这种精确化管理的精神，极大地推动了电信事业的发展，更好地满足了市民对通信的迫切需求。

全球“千兆宽带第一城” 打造智慧城市新标杆

曾星罗棋布的上海公用电话，从专人看管到无人值守，历经多年的发展，同样停留在人们的记忆里，方便了民众对通信的基本需求。和公用电话一样成为历史的还有去电信局挂长途电话、拍电报等。

如今，家中的光网电话，联通着世界各地；端坐沙发观看IPTV可朝闻

静安电报服务处每天挤满了来发电报和挂长途电话的用户

电信缆线通万家

天下，全球大事尽收眼底；手持移动电话随时在线……

随处可见的移动支付到屡创新高的网络交易额；从高效便捷的电子政务到安全亲和的智慧社区，国家网信事业快速健康发展，互联网日益成为经济发展的重要驱动力。

如今互联网不再仅仅是网上购物、共享单车，以大数据、云计算、人工智能为代表的数字技术正日益渗透进市民生活的方方面面，用户的世界因互联网而更多彩，百姓的生活因互联网而更丰富。

2018 年，上海已实现“千兆宽带”全覆盖——这也是全球首个“千兆宽带”全覆盖的城市。由上海电信打造的百兆起步、千兆主流的“城市新光宽”标准，随着上海电信全国首个 5G 示范商务区启动建设，“双千兆”已成为新时代国际化大都市的新标杆。

一丝不苟不优不休　67载铸就“中华”梦

提到上海老品牌，你会想到什么？“上海”手表、“凤凰”自行车、“海鸥”相机、“大白兔”奶糖……相信众多风靡一时的上海货会浮现在人们眼前。而同样属于地地道道上海制造的“中华”牌卷烟，更让无数国人耳熟能详。

“中华”代表的不仅仅是一个烟草名字，而是一个引以为豪的民族品牌——从诞生之初，“中华”就带着“做中国人自己最好的卷烟”的使命而来，打破了高级卷烟市场长期被英美烟草公司垄断的局面，注定将承担更多的责任与担当。

原料国产化、烟叶缺乏、管理问题、质量危机……67年来，历经风风雨雨的“中华”凭借口口相传，如今已发展成为一个世界知名的民族品牌。成功的背后，又饱含了怎样的艰辛创业故事？面对坎坷，又如何涅槃重生？新一代上海烟草人又如何传承工匠精神，递出一张亮丽的“上海制造”名片？

打破洋烟垄断　开启民族品牌希望之门

解放前，中国烟草长期受外资和洋烟统治，民族烟厂及品牌几无出头之日。新中国成立后，确立了卷烟业国营改造的方向。1950年年底，“做中国人自己最好的卷烟”作为一项特殊政治任务交给了上海，交到了国营中华烟草公司手中。

“中国”“最好”——当这两个词汇组合在一起时，就足以令人心生敬畏。这家上海唯一的国营烟草企业，能否担此重任?“一切标准都要最高。”上海市局、集团公司党组书记、局长、董事长、总经理施超向记者介绍，当时研发人员要最好的，原料自然也要用最好的。

1951年，经过技术团队不断调整配方、反复品吸，“中华”卷

上海市局、集团公司党组书记、局长、董事长、总经理施超

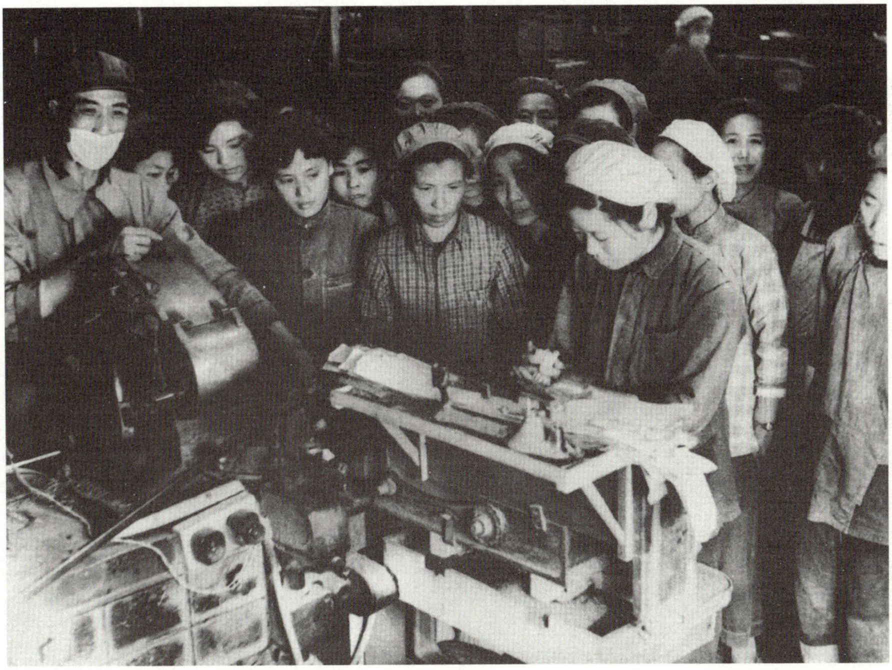

“中华”品牌试制过程中的制丝工作场景

烟应运而生，打破了洋烟的垄断，以高贵、优质的形象定格于国人心中，也开启了民族品牌的希望之门。

据《烟业日报》1951 年的一次市场调查显示："中华"牌卷烟上市供应一月有余，已跻身"白锡包"同等高档烟之行列。65% 的市民认为，"中华"烟较之"白锡包"，不管是口味还是包装，均略胜一筹。

1978 年，中国打开改革开放的大门。随着"访问潮"的到来，一些先进的管理理念也开始萌芽，而对于烟草行业的突破口则是建立专卖制度。1983 年，国务院决定"对全国范围的烟草实行高度集中的统一管理，建立国家专卖制度"，在制度的护航下，"中华"卷烟步入可持续的良性发展轨道。

然而，"中华"原料依然面临重大压力。1979 年，原料危机致使"中华"烟被迫停产。这次停产事件，坚定了上烟人建设"中华"原料基地的想法。

建立烟叶基地

1984年，全国烟叶丰产，上海烟草与河南、贵州、云南等烟叶主产地通力合作，在烟草行业率先建设了一批优质烟叶基地，初步解决了“中华”卷烟的原料问题。

随着中外交往日益频繁，一批青年人亲眼目睹了我国卷烟工业与国外烟草巨头的巨大差距，而且当时中国许多企业仍在使用英美公司留下的“爷爷辈”的机器。“换设备！”技术改造势在必行。

“到市场上去，到消费者中去！”这是90年代中国卷烟市场最响亮的口号。从计划经济时代走来的上烟人，在初涉市场化运作时，面临着资金和场地的挑战。“七五”技改、建立集团，以及“八五技改”，为“中华”品牌做精做强提供了坚实后盾和组织支撑。

“做中国人自己最好的卷烟，一直是‘中华’品牌的使命，并且一代一代人传承下去，这就是品牌的根与魂。”施超表示。

除了“中华”品牌外，上海烟草在近70年的发展历程中，不断推出各种产品，满足不同消费者需求，像“牡丹”“恒大”等都已成为老百姓熟知的品牌。

施超说：“目前，‘中华’卷烟当之无愧成为全国乃至全世界知名品牌，上海制造的一支卷烟逐步走向了国际市场，打响了中国的卷烟品牌。据统计，上海烟草集团在高端烟市场上的占有率已达60%以上，集团在半个世纪的发展中也确确实实完成了中央提出的‘做中国人自己最好的卷烟’的目标，并且一直在保持、一直在赶超。”

“一丝不苟”内化于心 16字秘诀筑起品牌保障

“品牌是一种从物质到精神的过程，是一个慢慢积累的过程。”施超认为，集团之所以能够持续经营、扩大发展，靠的正是每一个烟草人“做中国

质量方针是上海烟草人的不懈追求

人自己最好的卷烟”的使命感和“一丝不苟”的精神。

“一丝不苟、支支一流、一包一箱、不优不休”，施超告诉记者，“这 16 个字不仅仅是烟草生产的过程、质量方针，更是上海烟草人追求的目标和对生产工作的态度，而这些都不是空想出来的，这种文化是从实干中悟出来的，品牌是做出来的。”

在生产“中华”烟时，最大的问题是原料，上海烟草虽然有技术，但是原料短缺、原料品质一直是突破点。为保证烟草品质，上海一些部门员工不断地走访全国各地，寻找合适的原料种植基地，并且长期驻扎在农村，和农民共同生活，通过科学化的技术分析指导当地农民种植技术、收购方法，从源头上为卷烟生产保质保量，真正做到“一丝不苟”。

原料的保障是生产基础，生产技术的不断革新是上海烟草始终保持领先水平的重要因素之一。“中华”牌卷烟开发设计团队成员刘百战说：“对于普通人来说，吸‘中华烟’带来的是享受；而对于卷烟开发设计人员，却不那

“中华”产品技术维护项目组

么舒适，因为我们要品吸大量的单料烟，并不断调整配方，以保证不同批次的烟叶吸味稳定。”品烟，只是刘百战开发设计团队很细微的一份工作，但他们从未懈怠。正是带着对科研事业的热爱和一丝不苟的精神，使得“中华”卷烟一直处于高标准高质量的发展状态。

施超表示，上海烟草早在90年代就执行国际ISO9000标准，实行标准化生产，消费者口碑高、产品质量投诉接近为0。同时，随着工厂硬件改善、软件提高，上海烟草也逐步从过去的人为管控到大数据时代下的系统控制，并形成高于国际标准的定量化生产标准，做到供应可持续、产品可持续的发展模式。

2011年11月26日，“中华牌卷烟专用生产线”(下称“中华专线”)迎来试运行的历史性时刻。“中华专线”是上海烟草历时三年开展的大规模技术改造项目，更加凸显精细加工、智能控制、柔性生产、绿色生态等特点，

上海卷烟厂“中华专线”制丝车间生产现场

最大限度地实现“高质量设计、高水平建设”，有力提升了“中华”产品风格特色和卷烟内在品质。

现如今，本着绿色、低碳、环保、节能理念的上海烟草浦东科技创新园区，正在康桥工业区拔地而起。在不久的将来，这里将建成创新型、数字化、低碳环保的世界一流科技园区，它的诞生将在“中华”品牌发展史册上绘下浓墨重彩的一页。

工匠精神代代传承 品牌发展创新添活力

作为拥有 1 万多名员工的大型国有企业，上海烟草通过企业文化建设，凝聚和加强队伍建设，将企业精神代代相传，而支撑着员工不断前进的就是四个字：“和搏一流”——和衷共济、锐意进取、追求卓越。这既是企业精神，也是“中华”成长的精神支撑和核心竞争力。

“上海工匠”丁钺宗

丁钺宗，自1976年进入上海卷烟厂当机修学徒，历经上海卷烟厂对解放前英美烟厂遗留老设备的历次改造，42年专注“制丝设备维修”这一件事，见证了上海烟草从最初的“螺蛳壳里做道场”到如今全自动现代化生产车间的发展历程。丁钺宗告诉记者：“我从16岁入厂，一直就待在这个车间，刚进厂时师父就告诉我，只有对工作的热爱，才能让我们有不断学习进步的动力，才能在技术上不断革新，当时从1000个人当中选拔出来4名维修工，我能有这个机会是非常珍惜的。”

丁钺宗带着这份珍惜、热爱，在“制丝设备维修”这件事上一干就是42年，2017年成为上海烟草首位“上海工匠”，这正是上海老一辈烟草人的缩影。而更可贵的是，丁钺宗将这种执着与专注传承下去，他说：“我们老烟草人不仅要将手艺传承下去，更多的是要将上海烟草不怕吃苦、不断追求一流的精神交给下一代。”

刘百战带领科研团队

“我是一名烟草科技工作者，取得的成绩主要靠集团的实力和团队的力量，我个人没有那么大的能量。我希望在将来，自己能够‘躲在后面’，让更多的年轻人、新想法‘走到前面’‘独当一面’。”上海烟草研发技术中心副主任刘百战常常这样说。

90后员工叶琳，作为新一代烟草人，为品牌的发展注入了活力。面对机械重复的工作，他们总是能带来年轻人的新点子、新思考。前不久，他们还仿照陈可辛的“三分钟”短片拍了一部烟草车间三分钟，让更多人了解一支香烟的制造过程。

叶琳表示：“我们走在前行的道路上，有像丁钺宗师傅这样的上海工匠，也有像刘百战师傅这样开发新品的技术能手，更有成千上万坚守一线生产的上烟职工，这让我们青年一代感受到，自己身上肩负的是新时代的责任和使命。”

“乌鸦变凤凰” 社会责任擦亮品牌文化

“在‘上海服务、上海制造、上海购物、上海文化’四个品牌中，制造是基础，服务是制造的延伸，品牌是上海购物的前提条件，文化是精神升华。”施超表示，“中华”品牌是具有文化底蕴的。从最早的50年代，用的是英美20、30年代的淘汰机器，到引进国外的最高端设备，再到目前生产设备国产化、核心技术本土化，各类定制化、个性化生产线逐一上线，这都是“上海制造”实力的体现。

上海烟草始终坚持“国家利益至上，消费者利益至上”的行业共同价值

向上海市慈善基金会捐赠1000万元

观，连续多年荣登上海市工业纳税百强企业榜首。除了企业效益，上海烟草也在传播“帮困送温暖，慈善献爱心”的慈善理念，自1996年以来，每年向上海市慈善基金会捐赠1000万元，累计捐款超过2.3亿元，资助贫困学生逾11万人次，并不定期为偏远山区捐赠校车、救护车等基础设施，帮助贫困山区建设发展。

其中，“乌鸦变凤凰”的例子让施超记忆犹新：在云南有一个叫做“乌鸦村”的地方，那里的村民“吃不上肉、住不起房子、讨不起老婆”，经济发展落后、生活条件艰苦。但是云南是烟草原料的重要产业种植地，上海烟草发现此情况后，帮助村民建水库、通大路、辅导村民烟草原料种植，带领村民逐步脱贫，使得村民生活条件得到大大改善，“乌鸦村”从此转身变成令人羡慕的“凤凰村”。

“我们的发展历程中有很多故事，也有很多先进人物，都为上海制造作出了贡献。”施超表示，今后将继续以“和搏一流”的精神，进一步打造“中华”这张亮丽的上海名片，用“中华”品牌体现出上海质量、上海气质、上海品位、上海精神，进一步扩大“上海制造”的声誉，丰富“上海制造”的内涵，为支撑“上海制造”作出更大贡献。

“蝴蝶”破茧重振翅　老品牌踏上新征程

自行车、缝纫机、手表和收音机——这四件如今看来平淡无奇的产品，如果时光倒回至半个多世纪前，可是不菲身家的象征。甚至在相当长的一段时间里，“三转一响”仍是不少人相亲择偶的重要标准之一。

随着社会的快速发展，“四大件”中的许多老字号一度淡出人们的视野。但寄托着无数人美好回忆与情愫的蝴蝶牌缝纫机，却通过丰富品类、技术创新提升品质、打造品牌，获得新生。

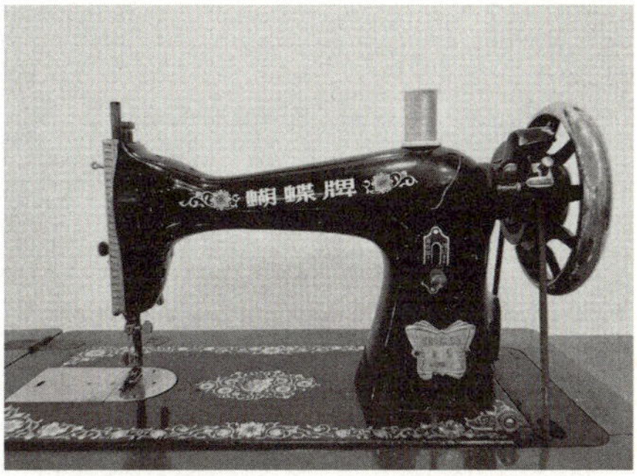

老式蝴蝶牌缝纫机

2018年5月10日，首届中国自主品牌博览会在上海拉开帷幕，在偌大的

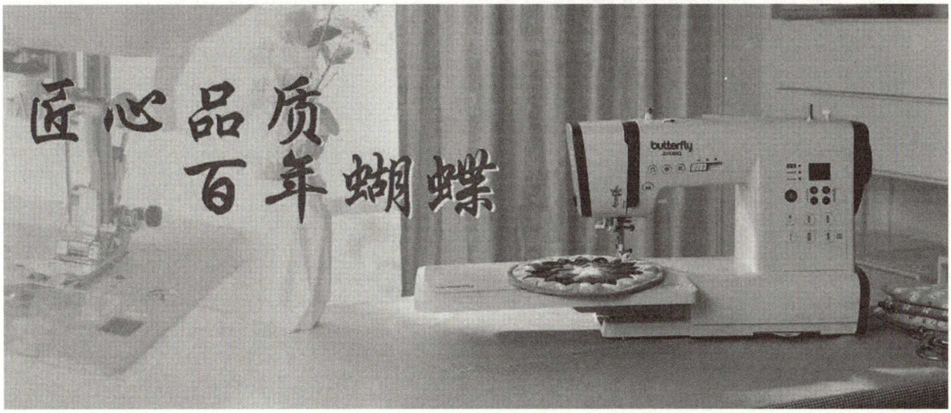

现代化蝴蝶牌缝纫机

展厅中，上海馆的人气一直居高不下。尤其是在上工申贝的展台前，摆脱传统“包公黑”外形的缝纫机，以小巧智能的“白富美”姿态引发围观，让观众在感慨时光飞逝的同时，更为不断创新求变的“蝴蝶”振翅高飞欣喜与点赞。

蝴蝶飞过 99 年 成就几代人的温暖记忆

作为上工申贝的老员工，卜伟平至今仍记得蝴蝶牌缝纫机当年的辉煌：“当时买缝纫机都要凭票购买，即便是我们员工，也要凭票才买得到，真的是一票难求啊！很多人都托我想办法帮忙搞票。”

卜伟平 1972 年就进厂做学徒，最开始的工资是一个月 16 元钱，“转正”后达到 18 元，而当时一台蝴蝶牌缝纫机的价格则是 160 元。可即便如此，厂里每年 150 万台的产量，仍是供不应求。

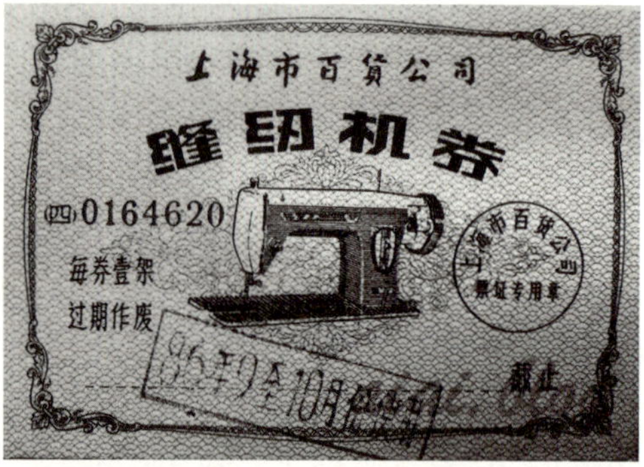

计划经济时期上海市百货公司缝纫机券

“我攒了很久的钱，在结婚的时候买了一台蝴蝶牌缝纫机。这在当时可是很值得骄傲的。”回忆起过去，卜伟平的脸上依然洋溢着幸福：“我和老婆结婚的时候，她什么都不要，连家具都是自己打的，有这台缝纫机，就让她很满足了。”

同卜伟平一样，当时的许多中国家庭，如果能拥有一台蝴蝶牌的缝纫机，一定会让亲友羡慕不已。而缝纫机在人们的生活中也起着至关重要的作用：不仅可以缝补修改各种衣物，还可以在不用时变成孩子们学习的书桌。在很多人的记忆中，妈妈坐在缝纫机前装线、转动圆盘、脚踩踏板的身影，仍伴随着熟悉的“哒哒”声，浮现在眼前。

临危受命 海外并购“险中求胜”

改革开放后，随着成衣化水平的不断加快，家庭制衣越来越少见，缝纫机行业也开始落寞了起来。直到 2001 年，上工申贝开始大胆尝试整合上海的缝纫机资源，通过产权交易的方式从上海飞人协昌缝制械有限公司购买了“蝴蝶牌”等缝纫机商标，但由于成本的压力，生产只能转移到外地。曾经年产 150 万台的辉煌时代，成为了历史的记忆。如何“让老品牌焕发新魅力”成了上工申贝面临的新课题。

与“蝴蝶”一样，上工申贝也在改革开放的浪潮中倍感压力。在民企和外企不断的“价格战”“技术战”夹击之下，上工申贝在不到十年的时间里便走下了神坛，让出了国内龙头的宝座，此后更是一路亏损不止。

企业的困难让卜伟平这样的老员工感同身受：“原来我们最多的时候厂子里有上万个工人，到后来就只剩下大概两三千人了。而且当时不仅是工资发不出来，就连给工人买断的钱都拿不出来。”

一个几乎家喻户晓的老品牌，怎样才能再次飞入寻常百姓家？危难之际，如今的上工申贝董事长张敏临危受命，出任上工股份的“掌门人”。张敏深知，要带领上工申贝走出困境，这几乎是个不可能完成的任务。如何带领集团走出困境？ 2004 年，张敏作出了一个大胆的选择：海外并购。

彼时，上工申贝的现金流几乎枯竭。2005 年，公司年亏损额一度达 2.7 亿，仅靠变卖土地和老厂房苦苦支撑。海外并购对自身难保的上工申贝绝对是一招置之死地而后生的险棋，但张敏似乎并没有其他的选择：“当时摆在我们面前的只有两条路：要么上市公司被借壳，我们放弃缝制主业和上工、蝴蝶等老品牌，要么通过海外并购寻求生机。”张敏回忆说。尽管当时中国企业收购外国企业的案例仍是凤毛麟角，但一心要救活上工的张敏还是决定做一回先吃螃蟹的人。

恰好，德国老牌缝制机械公司杜可普也面临着连年的亏损，大股东急于将企业出手，这无疑给了张敏一个很好的机会。“我们收购了德国缝纫巨头杜可普后，将其欧洲生产布局进行了梯度调整，并将杜可普高端产品引入中国市场，很快我们海外的主业就由亏损变为盈利。八年后我们又开始主动性并购，几乎把德国主要的缝纫机企业全部收归到我们囊中。”张敏说。

杜可普公司拥有150年的缝制设备制造历史，其多种产品和技术均处于世界领先地位，在欧美市场拥有众多高端客户。在收购了杜可普公司后，上工申贝一举进入了世界缝制技术高地，摆脱了低端市场的成本竞争：路易斯·威登、爱马仕、阿玛尼等一线大牌奢侈品品牌都成了上工申贝的客户。

海外并购的成功，让上工申贝走上了复兴之路，也让张敏意识到，想要在市场竞争中保持自己的优势，关键在于核心技术的掌握。因此，张敏带领上工申贝持续地进行研发团队的建设。

2004年上工申贝收购德国缝制机械公司杜可普签约现场

“我们大力推进中国智造、中国开发，从电控系统的编程开始，和德国团队一起来开发缝纫机电控技术。终于，我们在中厚料缝纫机、自动缝制单元和标准化型缝纫机上都相继完成了电控系统的自我开发和生产，摆脱了以往向别人购买的历史。”张敏说。不仅如此，上工申贝自主研发的中厚料缝纫机更是实现了革命性平台化设计，机体外形相同、零件通用化，实现了量产，成本降低了约 30%。这使上工申贝的中厚料缝纫机在奢侈品品牌中拥有了极高的市场占有率。

上工申贝 DA911 自动缝制工作站

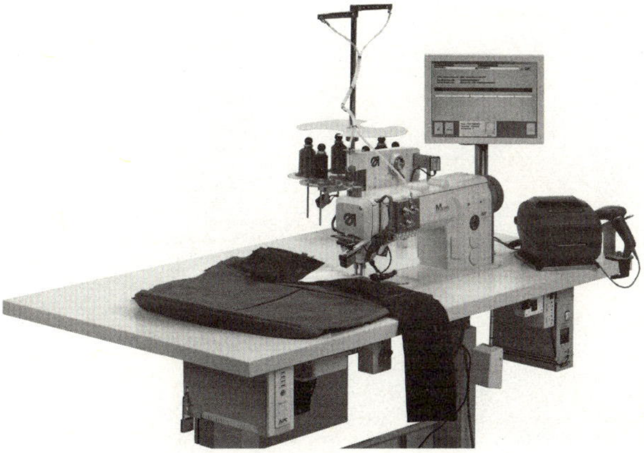

上工申贝 DA550-867 自动缝制工作站

科技创新 老品牌讲出新故事

上工申贝的复苏，也让沉寂了多年的蝴蝶牌重新振翅高飞。

家用缝纫机分公司总经理陈琰告诉记者，随着成衣制品的增加和生活节奏的加快，自己动手制作服装的人越来越少，因此原来功能比较单一的缝纫机慢慢淡出了人们的视线。如今的蝴蝶牌缝纫机，把目光对准了年轻一代的消费者。

缝纫机不仅变得更加小巧、实用，还更加地“聪明”：“我们新款的JX550L-W无线操控家用缝绣一体机结合了互联网技术，缝纫机可以通过WiFi与手机APP连接，用户就可以用手机从云端数据库上下载自己喜欢的花样，让缝纫机自动绣出想要的图案。”陈琰透露，蝴蝶牌JX550L-W无线操控缝绣一体机还获得了第17届中国国际工业博览会发展论坛评选出的“工业设计创新大奖”铜奖，足见其在业内的创新价值。

另外，蝴蝶牌缝纫机也在主动向年轻的消费者靠拢，在微博微信等年轻人聚集的社交软件上都开通了自己的官方账号，在分享缝绣作品的同时，也

蝴蝶牌JX550L-W无线操控缝绣一体机

KL-504 柔性加工中心

让年轻一代的消费者重新认识了缝纫机这个“老古董”的新活力。“我们最近还在计划进驻时下比较火的抖音，让更多的年轻人知道，如今的蝴蝶牌缝纫机已经和他们记忆中的样子有了很大的变化。”陈琰说。

尽管企业的情况逐步好转、业绩稳定，但张敏深知“居安思危”的道理，他仍在探索上工申贝接下来的道路。“创新，可以使产品竞争力更强。而持续的创新，就能使你在红海中找到属于自己的蓝海。”张敏说，上工申贝不能永远依赖缝纫机单一主业，必须要“两条腿走路”，而张敏为上工申贝找的“第二条腿”，就是智能智造：通过平台化和模块化设计，上工申贝研发出了为飞机结构件、汽车内饰件和皮革工业配套的智能化缝纫工艺设备。同时在服装加工领域也陆续开发出西服、西裤和牛仔裤以及衬衫自动缝制单元，以适应服装机械增长趋缓、出现产品需求结构调整的新常态。

“2018 年，我们已经开始研究汽车的整车和部件的焊装生产线，将从机器人和 CNC 控制的柔性材料加工工艺向刚性材料方面拓展。科技才是第一生产力，想要在竞争中不甘落后，就必须保持不断的创新能力。”张敏说。

从“零”走向“深蓝” 自主创新释放“国之光荣”

“1991 年 12 月 15 日凌晨零点 14 分，秦山核电站正式并网发电!”

曾亲身经历秦山一期核电站起步及发展全过程的市核电办“老法师”汪祖蓉，对上海核电事业如数家珍，每一分每一秒，都牢牢镌刻在脑海中。

28 年前，作为中国大陆第一座 30 万千瓦核电站，秦山核电站（又称“728”工程）的发电，结束了中国大陆无核电的历史，也使中国成为继美、英、法、前苏联、加拿大、瑞典之后世界上第七个能够自行设计、自主建造核电站的国家。

“728”工程由上海承担主要设计；全部设备 70% 都是国产，主要设备

1991 年中国大陆第一座商用核电站——秦山核电站并网发电

一半是上海的。秦山核电站有着深深的上海元素和烙印。

与国际核电技术相比，从望尘莫及、望其项背，到并驾齐驱，如今甚至在有些方面有所超越……中国核电的发展过程中，上海核电地位和作用不可磨灭。

筚路蓝缕　秦山核电标志中国核电实现“零的突破”

“上海是我国命脉产业的基地，由于少煤缺电，许多工厂面临停产，更有新办的工厂不敢开工建设……”1969 年底，来自上海的一份紧急报告引起了中央领导的关注。

1970 年 2 月 8 日，上海传达了周恩来总理“从长远来看，要解决上海和华东用电问题，要靠原子能发电”的指示精神，并开始研究部署核电站的建设工作。

由此，开启了中国和平利用核能、核工业“军转民”的崭新一页。根据周恩来总理的指示，要通过“728”工程掌握技术、积累经验、培养人才。围绕“728”工程，上海成立了“728”工程领导小组（上海市核电办公室前身）负责项目推进总体协调，组建了“728”工程设计队（上海核工程研究设计院前身）负责工程总体设计。

但由于国内外政治、经济等多方面因素，改革开放前，核电起步困难重重。作为首座核电站，项目技术路线、堆型方案的选择经历了无数次曲折反复；定位也一再转变，从最初的“原型堆”“试验堆”到正式确立为“商用堆”，工程建设也是步履维艰。

“中国工业基础比较薄弱，制造、材料、工具、手段、人才、标准、整个体系的能力都不足。当时情况下，是以举国之力，汇集了 437 个单位参加秦山工程建设。”上海核工程研究设计院郑明光院长回顾道。

二十年时光流转，秦山核电站自力更生，从无到有，到并网发电、安全运行，凝聚了中国一代核电人的智慧和心血。同时，秦山核电站的成功建成，不仅促进我国初步建立了包括核电评审体系等在内的“八大体系”，也成为了中国核电发展的摇篮。

“很自豪！设计、建造、验证、装备……100多家上海企业分布在这个产业链，全部参与的将近200家，更是长三角联动的典范。上海拥有国内最完整的、最成体系的核电产业链，这在世界也不多见。”上海核电办公室副主任张宏韬说。

“上海核电产业初步形成了‘两柱一台’的发展框架，即设计支柱、装备制造支柱及产业服务平台。”汪祖蓉回忆到，就在秦山核电站发电后的15天，1991年12月31日，我国就与巴基斯坦签订了成套出口同样30万千瓦级堆型机组的合同，成为当时我国能源领域规模最大的、综合性最强的、科技含量最高的出口项目。

2000年中国第一个出口核电站——恰希玛核电站1号机组完成临时验收并交付巴方管理运行

三十万千瓦到百万千瓦　站在世界高起点中国核电实现新腾飞

“上海核电品牌是秦山一期打响的。”1982 年，从上海铁道学院机械化专业毕业后，唐伟宝进入上海锅炉厂工作，便投身到中国的核电事业，从上海电气的一名工程师成为领军人才。

从秦山一期核电站起，唐伟宝便参与了核电站蒸汽发生器的研制工作。核电蒸汽发生器，在一定程度上代表了核岛承压设备制造能力的最高技术水平。

得益于中国改革开放，秦山二期六十万千瓦核电站蒸汽发生器、压力容器的设计和制作技术方面有机会与国外合作。唐伟宝回忆到：“由于经济方面的窘迫，无法引进国外先进技术。”值得一提的是，业主方主动出资与美国西屋和日本三菱签署了技术转让合作协议，唐伟宝等人抓住机会出国接受

秦山二期六十万千瓦蒸汽发生器

培训，真正接触到核电质量管理等核心技术，这也为上海电气核电发展打下了一定的基础。

2005年起，中国核电进入了快速发展阶段。大锻件资源落实及U型管的锁定曾一度制约上海核电进入二代改进型百万千瓦核电核岛主设备领域，但上海电气人不畏艰辛，通过艰难的谈判，锁定资源，取得核电业主的信任。之后，该集团首次将红沿河、宁德的百万千瓦核电蒸汽发生器、压力容器和稳压器等设备的制造任务交由上海电气负责。

从三十万、六十万千瓦到百万千瓦，从二代到“二代加”核电技术进步，完成了自主开发到技术进步的跨越；面对国外更加先进的第三代技术，上海核电人积极开展第三代AP1000、EPR核岛主设备制造技术的引进、消化、吸收和再创新，以及开展第四代核电高温气冷堆核岛主设备制造技术的研制工作。

面对中国核电的发展，上海建设了临港重装备基地，实现了高端制造能

AP1000 海阳2号压力容器

临港核电制造基地

力质的提升。“通过国家重大核电重大专项的支持、地方政府的配套、大学前端的基础研究和创新、设计院提出整体型号技术发展要求，以及上海电气装备能力的落地，上海核电产业能力得到全面提升。”郑明光院长认为，前端技术能力、设计能力，型号开发能力、设备能力，形成整体配套，相互支撑。核电强国带动制造强国！

上海核电的制造技术一度追上甚至领跑国际。唐伟宝等上海核电人意识到，上海核电需要培育核心竞争力，做到质量稳定、交付及时、技术先进、成本领先、市场主导等五方面，只有这样上海核电才能在国内甚至国际外竞争中立于不败之地。

CAP1400 自主创新“三代核电”成为我国核电出口新名片

作为国家科技重大专项大型先进压水堆 CAP1400 的总设计师，郑明光

郑明光院长向国际原子能机构总干事天野之弥介绍 CAP1400 先进性

曾先后参与我国第一座自主研发的核电站——秦山核电站、中国第一座出口核电站——巴基斯坦恰希玛核电站的设计研究与工程建设工作。

“我们是这个时代的幸运儿”。在中国核电不断前行的过程中，郑明光也从一名普通的技术人员，逐渐成为中国三代核电自主化发展中的一位技术领航者。

自主化的成功从来都不可能一蹴而就。CAP1400 在研发设计过程中，郑明光团队从核电站的总体设计、工程设计到试验验证、安全审评、整条产业链上相关的装备制造等方方面面都意味着要接受创新变革所带来的挑战。

2007 年，国内制造企业都做不出三代关键核电设备。研发过程中，200 多家单位整合协同、2 万余名科研技术人员有效参与，通过大量试验研究、分析、比对、论证，从不掌握技术到掌握技术，从学习对标，再到比肩超越，最终具备了世界领先的大锻件制造能力。

核电汽轮机 1.9 米长叶片正在装配

针对日本福岛事故的分析研判，郑明光表示，“CAP1400 在设计创新和改进的同时，进行了充分的设计论证和试验验证，目前的安全设计能够确保在发生异常事件甚至严重事故的情况下都不会对环境、社会、公众造成不可接受的伤害。”

对于核安全，作为“大国工匠”“上海工匠”，1970 年出生的罗开峰手持焊枪 28 年，拥有一身过硬的焊接技能，先后参与了秦山二期、二期扩建；巴基斯坦恰希玛一期、二期核电；第三代 AP1000 全球首堆浙江三门；山东海阳；华龙一号巴基斯坦卡拉奇核电等五个核电基地 12 台核电机组、三种堆型主管道焊接及相关技术攻关工作。“核安全容不下一点瑕疵，这是生命线。”工作几十年来，罗开峰始终坚持初心不改。

十年磨剑，在引进消化吸收 AP1000 核电技术的基础上，以郑明光为总设计的 CAP1400 研发团队解决了一批核电发展的迫切需求和“卡脖子”关

罗开峰手工焊接大厚度不锈钢管

键问题，成功研发了功率更大、安全性更高的大型先进非能动核电型号——CAP1400，并使之真正成为了我国具有自主知识产权和独立出口权的三代核电技术，成为我国核电出口的新名片，全面提升了核电研发、设计、制造、安全审评、试验、标准、人才等国家能力，并推动了装备制造业从二代跨越到了三代，促进中国核电高质量、高水平发展。

“从设计技术开始，很多创新的技术要求，就要慢慢高于国际标准！从世界水平到世界先进水平，到少量的领先水平，中国要做核电强国，理念创新要不断加强，基础研究要不断投入，提高产业化标准。”郑明光院长强调。

走向深蓝走向世界　上海核电全球战略地位日趋凸显

“核电产业，除了国内同行的竞争以外，还有国外的竞争压力。”上海市核电办专家刘伟瑞表示，即使在我国核电产业发展的低谷期，上海核电行业依然做到了“队伍不散、机构不撤、科研不断”，为后续发展打下了坚实的基础。

2015年6月，中核集团与上海市政府在沪签署了战略合作框架协议，充分抓住央地融合机遇，积极发挥核工业全产业链和科技创新链的产业优势，有序推进各产业发展，核科技创新成果不断涌现。

2017年，根据国家“建设海洋强国”战略和“一带一路”重要倡议，中国核电、上海电气、江南造船等5家企业共同出资10亿元，在上海成立中核海洋核动力发展有限公司，标志着我国向海洋核能应用又迈出了坚实的一步。在装备制造产业深度融合方面，中核集团将联合上海相关企业，围绕核电出口和“华龙一号”示范工程建设，组建上海先进核电装备技术产业联盟，推动上海市核装备制造和海洋工程装备制造产业转型升级。

在高端金融产业推进方面，2018年中核军民融合发展基金项目将落户上海世博地区，注册资本10亿元，募集资金200亿元。项目落地后，将把握我国军民融合发展的国家战略机遇，专注于促进我国核工业产业链各单位整合与协同，形成央地、军民融合、产业结合的深度发展模式。

中核集团区域总部成功落户上海，除了产业基础、地理位置、技术服务优势，张宏韬说背后其实有着无数次的沟通。上海第一张打感情牌：80年代，交大、复旦培养的很多人才，直接参与秦山核电建设，中核对上海有感情。第二张打科技牌：上海产学研联动，能助力好的市场化想法落地！

“精诚所至金石为开！”2017年8月，中核集团和上海签约，加快推动中核集团区域总部建设及在沪相关产业布局，加快与上海地方经济融合发展，进一步完善了上海核电的产业链，重新定义了上海在中国核电版图中的重要战略位置。

目光再转向世界。世界核电运营者协会（WANO组织）是通过WANO成员的共同参与制定国际上通用的性能指标，在全球范围开展经验反馈、培

2017 年 8 月，中核集团牵手上海市，合建先进核能技术科研创新中心，中核集团董事长王寿君作为央企代表进行发言

训、交流，从而不断提高全球核电站的安全可靠性。

2017 年年底，在中核集团的牵头提议下，这个已成功运作 25 年的国际权威核电组织决定将在上海建设第五中心。“相当于亚洲奥委会搬到了上海，将增强中国未来在核电上的话语权和国际影响力，助力上海全球科创中心的建设。”张宏韬透露，其实背后还有个“一杯咖啡”的故事。

2017 年，国际组织负责人来上海会谈，双方时间都很紧。第一天谈到下午三点钟，但备忘录还是没下决心签，对方以太累为借口，说明天再谈！但明日双方关键人都不在。中方建议，休息一下喝点咖啡！“尝尝，是不是和你们国家一样的好！”

张宏韬派人随即买来浓醇的咖啡。“挺好！”“那请你相信，上海有和你们国家一样好的咖啡，一样的感觉。共识远远大于分歧，足以支撑你们在上海落地和发展！”一杯咖啡化解了顾虑。当天草签备忘录，第二天落实签约文字。

“一代人有一代人的故事。面向未来，上海核电人的使命越来越重。”上海市核电办公室副主任张宏韬感叹！

从事核电已经36年的郑明光院长认为，“很多人一辈子都在研究核电，研究一个型号、一个堆型。而我们全程参与秦山核电、巴基斯坦恰希玛核电以及国家重大专项CAP1400等一系列国家任务，这就是国家使命、国家能力！”

中国核电国家名片，上海核电服务中国！肩负着“制造强国”的国家使命，上海核电正按照国家战略要求，扬帆起航，走向深蓝，走向世界。

呵护国人健康　打造中国医药品牌

数据显示：国家新药研发机构有 30% 来自张江、国家每年用于新药开发总预算的 30% 投入张江、全国一类创新药有 30% 产自张江、全球排名前 10 位的制药公司中有 8 家在张江建立了研发中心……

上海张江，已经成为中国生物制药创新的热土。

2015 年 3 月，作为“国字头”生物医药企业——中国医药工业研究总院（以下简称医工总院）也正式搬迁入驻张江园区，开启了这家创建于

医工总院外景

1957年、一直致力于呵护国人健康的国家创新型企业新征程。

“新中国成立之初，为了解决人民缺医少药的问题而成立了上海医药工业研究院（现为中国医药工业研究总院）。60多年来，医工总院承担起了推动中国医药工业升级进步的历史使命，逐步走上市场化道路，并形成了开放式的创新格局。”忆及走过的不平凡道路，医工总院老院长朱宝泉感慨良多。

加快仿制药质量提升　国产化后进入国际市场

2000年，医工总院从事业单位转制为企业，目前已成长为中国医药工业系统中科研实力强大、产学研一体化特色鲜明、从事医药综合性研究开发的应用型企业。

医工总院副院长陆伟根告诉记者，目前，仿制药约占我国化学药品市场

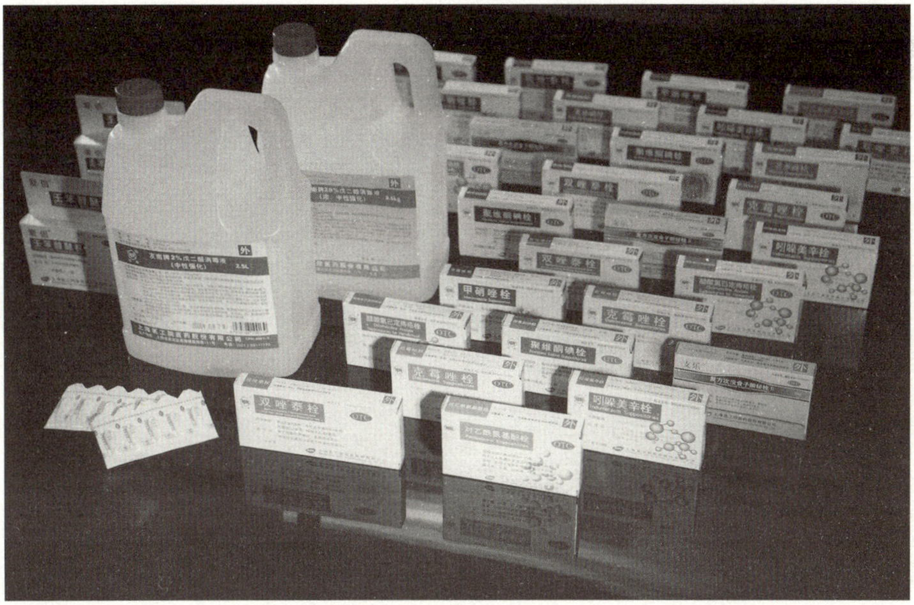

药厂产品

规模的95%，仿制药品种的国产化为降低患者用药负担作出了贡献。加快仿制药质量提升，是制药企业亟须完成的一项重要工作。

值得一提的是，医工总院一大批仿制药经国产化后还进入了国际市场。如医工总院与常州四药、华海药业合作，通过8年研发和艰苦攻关，解决了沙坦类药物（抗高血压药物）产业化难题，其中常州四药缬沙坦在国内市场占据大部份额。这些产品均达到或超过美国药典或欧洲药典标准，成为我国沙坦类制剂唯一实现出口欧美的系列产品。

医工总院与华海药业的合作使得中国普利类药物（抗高血压药物）跻身世界先进水平，先后实现12个普利类药物的产业化，打破了国外产品的垄断并进入国际市场。

医工总院与浙江普洛康裕制药有限公司合作攻关研发的“盐酸麻黄素生产新工艺”，彻底改变了传统萃取法对环境造成的巨大破坏，在生产工艺创新上取得重大突破，具有原料易得、成本低、绿色环保的特点，并进入美国、欧洲、加拿大及印度等国际市场。

如今，医工总院正着力把自身打造成国家医药重大科研项目的建设平台，医药行业共性、关键性、前瞻性技术的研发平台，集团技术创新的支撑平台，技术成果的转化平台，药学高端专业人才的培养平台，国际医药研发的交流与合作平台，并努力成为国家医药制造核心竞争力的重要组成部分。

不断强化“创新链” 打造国产创新药有底气

医工总院始终秉承研发贴近产业、服务产业和扎根产业的理念和特色，以重大疾病新药创制与制药工艺关键技术及产业化开发为目标，以企业和市场需求为导向，向全国制药企业提供众多的药物品种和工艺技术。目前医工总院拥有4个国家级中心——药物制剂国家工程研究中心、国家（上海）新药安全评价研究中心、国家药品包装材料科研检测中心、国家医药工业信息中心，1 个国家重点实验室——创新药物与制药工艺国家重点实验室，8 大科研领域——化学制药、生物制药、现代中药、药物制剂、药物分析与质量研究、新药筛选与药理研究、药物临床评价、医药信息服务，形成了从研究开发到科研成果中试放大并实现重点成果产业化的完整创新链条，具备了国内领先、与国际接轨的新药研发设施和科研水准。医工总院拥有有效发明专利 900 余件。先后获得中国发明专利金奖 1 项和中国发明专利优秀奖 9 项。

我国第一个头孢类抗生素新药——头孢硫脒由上海医工院王文梅研究员在 20 世纪 80 年代研制成功，是具有完全自主知识产权的原创性科技成果，处于国际领先水平。该成果填补了国家在头孢类抗生素药物研发中的空白，改变了头孢类药物完全仿制国外产品的局面，是落实国家科技发展“自主创新”指导方针的重要体现。

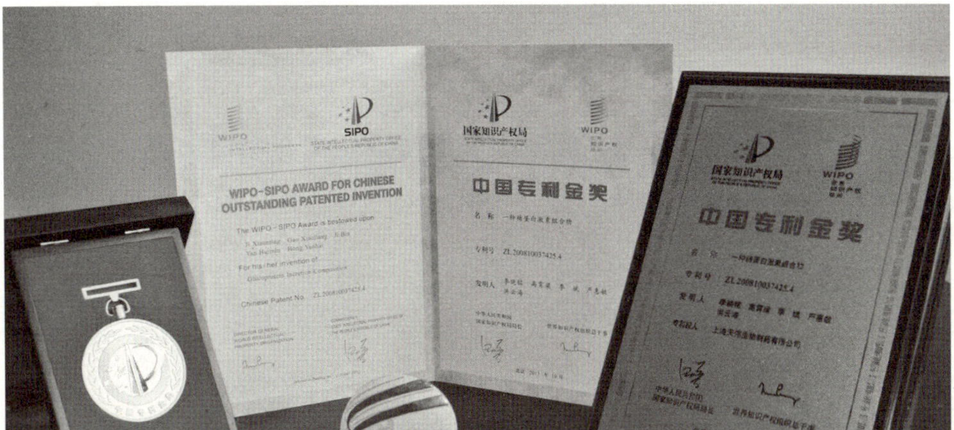

专利金奖

中国工程院院士侯惠民牵头建立的药物制剂国家工程研究中心在药物制剂新辅料、新工艺、新技术、新装备、新剂型、新装置及新产品等领域进行了开拓性研究，突破了一系列关键技术壁垒，10 多项研究成果在全国 6 省 3 市实现了产业化，成为我国新型药物制剂开发与产业化研究的引领者。

医工总院所属上海多米瑞生物技术有限公司总经理冯军博士深耕蛋白质药物和多肽药物领域 10 多年，目前他和他的团队已建立起涵盖多肽的化学合成、重组表达、分离纯化、特性鉴定和质量研究等全部多肽药物的药学研究体系，组建起固相合成和重组表达等多肽药物学科和技术平台，主持完成 10 多项多肽药物的产业化开发，新型抗菌肽的研发达到了国际先进水平，其中多黏菌素 E 甲磺酸钠和丁二烷磺酸腺苷蛋氨酸为国内首家申报，填补了国内空白。

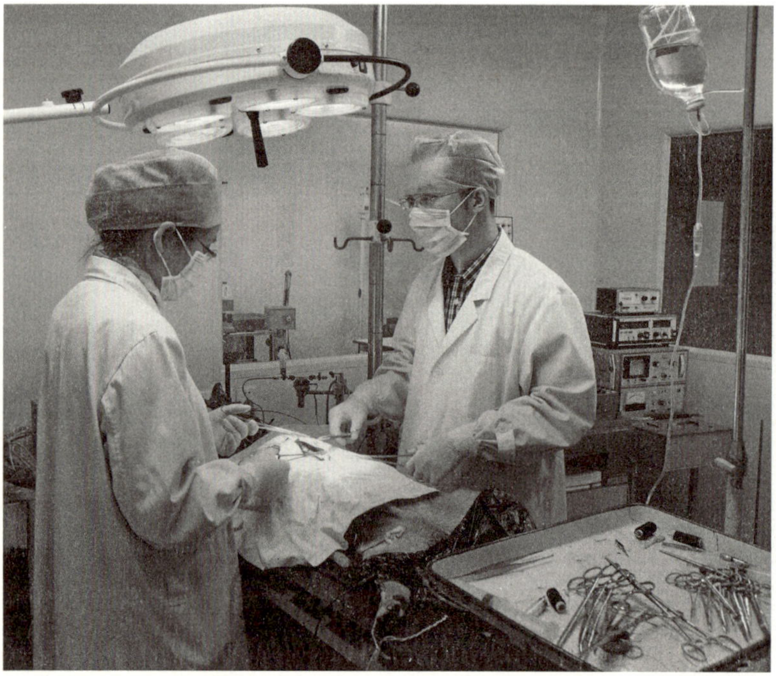

药理解剖

制药工艺优化与过程研究中心主任张福利博士带领的团队与浙江海正药业公司、迪沙药业集团、国药集团国瑞药业公司、国药集团工业公司、山东鲁南制药集团、浙江普洛康裕公司等国内知名企业紧密合作，致力于绿色制药工艺的开发，依达拉奉、坎地沙坦酯、吡喹酮等多个品种合成新工艺成功投产，推动了我国制药工业转型升级。

国家上海新药安全评价研究中心（上海益诺思生物技术有限公司）一直致力于建立符合国际GLP标准的药物评价一站式综合服务平台和国际一流的临床前CRO服务机构，目前已成为中国通过国内外行业资质认证最全的GLP机构之一。

中国医药工业信息中心（上海数图健康医药科技有限公司）作为专业从事医药健康产业信息研究及咨询服务的国家级医药信息平台，秉承“全方位服务理念、无边界信息平台”的服务宗旨，既承担为行业经济发展提供医药工业信息统计、医药经济运行分析和管理的职能，又为企业提供专业化的咨询建议与解决方案。

陆伟根副院长告诉记者，医工总院将依托完整的药物研发链，聚焦重大药物品种产业化的关键技术，积极接轨国际制药技术创新体系，努力为提升我国医药工业发展水平、打破国外产品的垄断、解决我国“药品可及性”等民生问题提供新品种、新技术和新服务。

引领中国医药发展“创新极”和“增长极”

医工总院多年来的科研积累和创新实践，已形成产学研投为一体，学科齐全、格局完备的现代药物研发和服务企业集群，先后承担国家和省部级项目近千项，参与国家“十一五”“十二五”“十三五”新药创制重大专项研究与开发，有数千项科研成果推广到企业，带动了一批国内医药企业的科技进

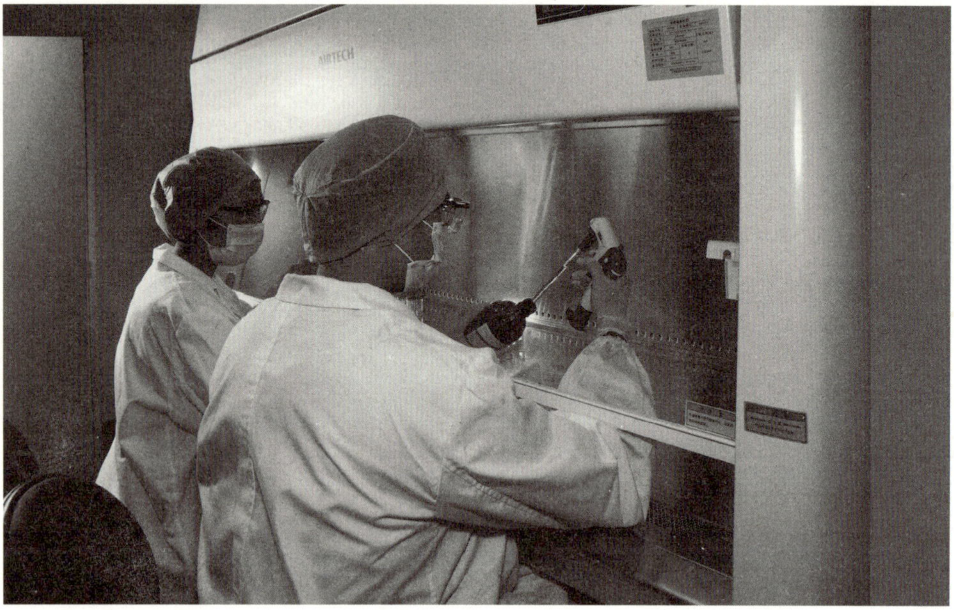

实验室内景

步和发展壮大。

当前，医药行业的竞争突出表现为核心研发能力的竞争。对此，陆伟根表示，“上海医药工业研究院作为行业科研大院和推动中国医药高质量发展的国家创新型示范企业，我们正站在新起点、谋划新跨越，力图通过创新要素的高度聚集和创新环境的不断优化，来促进创新成果的不断涌现和辐射放大。”

“未来5—10年内，医工总院要真正成为引领中国医药发展的‘创新极’和‘增长极’，为国药集团打造‘行业领先、具有国际竞争力的中央医药健康产业集团’，为早日实现我国由医药工业大国向医药工业强国的转变，作出独特的贡献！”医工总院人的理想坚定而有信心。

坚守百年匠心　引领行业新高度

蓝天白云下，辽阔的大草原上，一群黑白相间的奶牛，或悠然自得啃食着旺盛的牧草，或安静立卧于草丛休憩，沉甸甸的乳房鼓鼓下垂着，整个牧场一片生机勃勃……或许在你的想象中，奶牛场都应该是这样的场景。但事实上，就在毗邻杭州湾的上海金山，就有一个有点另类的牧场——光明牧业金山种奶牛场。

如果你到这里兜上一圈，估计“三观”都要颠覆了：每头奶牛脖子或

光明乳业大丰牧场现代化挤奶转盘

者蹄子上都装有一个小小的“计步器”，每天的运动状态、健康状况等数据实时上传，奶牛们嚼食的则是远涉重洋而来的美国苜蓿草、澳大利亚燕麦草……信息化管理、科学化饲养，在这里展现得淋漓尽致。

作为全国首家提出无抗化标准、第一家引进北美系高产奶牛提高单产的企业，光明乳业不仅成为每日陪伴上海市民乃至全国众多消费者的最佳伴侣，更引领了整个行业的发展。

“作为一家有着百年历史的民族品牌企业，光明乳业曾经历过许多坎坷、行业低谷，但创新一直是我们发展前行的基因，特别是改革开放以来，我们取得不少傲人成绩。”光明乳业坦言。

曾经代表奢侈生活的牛奶 早已飞入寻常百姓家

作为一个拥有百年历史品牌的企业，光明乳业的传奇故事同样曲折坎坷。

1911 年，英国商人率先把牛奶引进到上海，并称之为“可的”。“不过，当时这种奢侈的生活方式主要是给洋人或者有钱人，并不服务于普通老百姓。”追溯百年前的历史，唐新仁娓娓道来，遗憾之情溢于言表。

改革开放后，为了解决上海人民“喝奶难”的问题，光明品牌从生产奶粉进入到液态奶领域。不过，大大小小的牧场同期存在，又自成一派，各自拥有加工厂，以至于奶业整体布局及产品之间形成牵制。

1992 年，通过前期大量调研，时任上海牛奶公司总经理的王佳芬大刀阔斧，将光明、沪光、浦光、宝光、华光等一系列牧场资源整合，走出了牧场集约化管理的第一步。4 年后，上海市牛奶公司与上海实业集团合资成立“上海光明乳业有限公司”。

如今在全国，光明乳业已拥有 27 个奶牛场，存栏奶牛 87000 头，其中成乳牛 46000 头。主要集中在 6 省 2 市，包括黑龙江、山东、河南、江苏、

享用美味 TMR 饲料的奶牛

世界最大单体乳品加工工厂——光明乳业股份有限公司华东中心工厂

武汉、浙江、天津及上海。

坐落于上海闵行区的华东中心工厂占地232亩，总建筑面积达12.6万平方米，年产60万吨，引入国际最先进生产工艺、管理体系及检测手段，是行业内首家荣获TPM优秀奖的乳品企业。走进巨大整洁的中心工厂，隔着玻璃大屏，记者在生产车间里几乎看不到工作人员，这里的牛奶生产加工实现自动化，大大降低了食品安全隐患，而为数不多的工作人员则直接通过中央自动化控制技术，正专注地对整个生产环节进行实时记录和监测。

一滴奶一颗匠心 科学饲养赢得奶牛“高回报”

传承着上海人梦想的光明乳业，在科技方面付出了大量的投入和研究。如今，科技创新成为光明乳业品牌飞速发展的核心动力。

据介绍，奶牛场实现了自主创新的智能化牧场管理信息系统，利用计算机管理软件对牛只实行精细管理。牧场里每头奶牛的脖子上或者蹄子上挂的“计步器”，相当于奶牛的“身份证”，可以实时监控到牛只的产奶量、运动

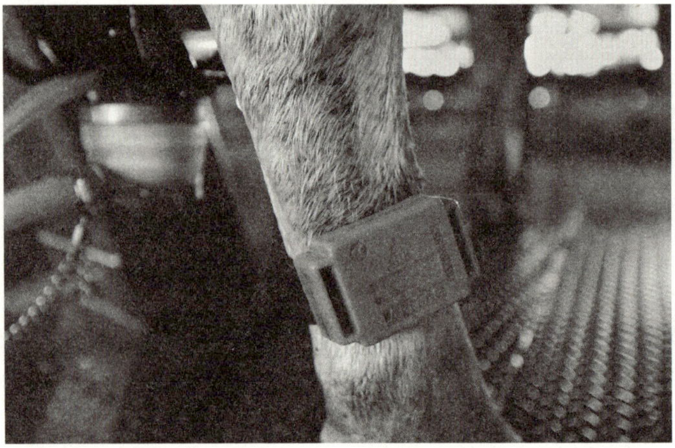

用计步器（手环）更好地管理牛只健康

状态及健康状况等数据。

“以 1000 步为基准，如果大幅低于 1000 步，表明奶牛可能生病了；如果远超 1000 步，就有发情可能。”光明牧业牧场管理部总经理王建宗解释道，“计步器”通过奶牛运动量统计，可直观判断奶牛的发情状况和疾病情况。

在饲料结构上，牧场以进口的美国苜蓿草和澳大利亚燕麦草为主。作为牧草之王，这两种草类饲料对奶牛而言是最为优质的营养来源。价格不菲的进口草料价格每公斤达到两元以上，而一只奶牛每天需要食用的草料为 4—6 公斤。此外，青储饲料即青储玉米的研制，不仅最具性价比，在种植、收割到储存上还具有突破性意义。

夏季高温，5℃—20℃为牛只的最佳生存温度。去年入夏以来，养殖在金山的牛群就遇到了最大生存的障碍——高温高湿。

“奶牛汗腺不发达，处于高温高湿状态，容易出现生产性能大幅下降现象，这也是我们最担心的问题。”王建宗指出，为此牧场不仅从国际著名的养牛名地以色列邀请来专家指导工作，还率先使用了喷淋装置和风扇等自动化操作流程，改善温度及湿度，保证牛只健康。

牧场采用散栏饲养、全混合日粮（TMR）饲喂、并列式挤奶台集中挤奶、在线信息化管理系统、机械吸粪清粪等国际先进的机械设施与饲养管理模式，取得骄人的成绩。2016 年，金山牧场成乳牛年产达 10.3 吨，全群平均体细胞数在 20 万以下，乳房炎发病率小于 3%。

从常温酸奶到 75℃杀菌工艺　创新研发让国人喝上优质乳

2007 年，因人工、养殖成本的居高不下，以及市场竞争的压力，光明乳业遇到了瓶颈。

“这时迫切需要新的产品出现，改变奶业格局。”光明乳业研究院产品中心总监徐致远回忆到，在公司的走访调研中发现，一些住院的患者因运动量少，便秘严重。当时酸奶普遍需要低温保存，而医院这些场所又缺少冷链，酸奶如能做成常温，对不耐受病人而言将是极大的利好，整个市场也将是一片蓝海。

通过立项，2008 年 7 月 3 日，六位光明乳业人辗转万里，第一次踏上了酸奶的故乡保加利亚，来到世界著名长寿地——莫斯利安村，一个因喝酸奶而长寿闻名于世的小村镇，专程取经并探寻酸奶背后的秘密。

中国常温酸奶首创品牌——莫斯利安

经过近 2 年的生产技术和产品研发，终于推出了一个全新的品牌和产品——莫斯利安常温酸奶。这一新品的研发上市，不仅可以满足肠胃不适人群的需求，同时面向中国国情，让国人喝上了更好的酸奶。

“中国有很多偏远地区，冷链尤其不发达，甚至没有冰箱，常温酸奶的出现，在很大程度上解决了这一难题。”徐致远说，常温酸奶引领了行业发展，呈现出爆炸式发展态势。2009 年莫斯利安销售额 2 亿，2011 年则高达 7.1 亿元，到 2017 年，中国整个常温酸奶市场份额达到 220 亿元。

光明莫斯利安常温酸奶全系列产品

光明优倍高品质鲜牛奶

徐致远自豪地表示："常温酸奶是中国酸奶品类技术和产品两方面的一次重大创新，在颠覆传统酸奶存储模式的同时，也填补了国内常温酸奶的技术产品空白。"

研究还表明，牛奶中珍贵的活性物质异常难于留存，需要全程冷链呵护才可以实现。因此，"优质奶，只能产自于本土奶"。漂洋过海的洋牛奶注定无法成为满载活性因子的优质鲜牛奶。

光明乳业在新西兰牧场考察时发现，当地牛奶风味不错，口感细腻。徐致远认为，这与牛奶的新鲜度挂钩。

2017 年，光明乳业在国家奶业科技创新联盟的指导下，制定了严苛的光明乳业巴氏杀菌乳内控标准，完成了巴氏奶从 85℃到 75℃的杀菌工艺升级，实施"国家优质乳工程"项目，并通过了国家奶业科技创新联盟的验收，为行业带来全新而严苛的巴氏杀菌乳内控标准，实现了全产业链质量管理的全面梳理和升级。

"1+2"全产业链发展模式　刷新行业标准新高度

首家提出无抗化标准、拥有国内乳品行业唯一一家国家重点实验室……

光明乳业全资子公司上海领鲜物流有限公司

在行业领先的一系列努力，让光明乳业的默默耕耘获得了市场和消费者的回报。

通过全国化销售网点布局，光明乳业目前已拥有了1200多个经销商和55万个有效销售网点。光明随心订“送奶到家服务”成为公司旗下的特色渠道，覆盖全国20多个城市，每天为120多万个家庭提供更轻松、便捷的送奶到家服务。

2017年，光明乳业发布五年战略规划，开启乳业、牧业、冷链物流“1+2”全产业链布局，通过实施牧场升级工程，建立产品质量追溯体系，加大冷链物流网的全国布局和管理提升等，继续强化“乐在新鲜”的品牌理念，不断树立和刷新着行业质量安全标准的新高度。此外，公司已基本形成了华北、华中、华南冷链物流圈，为有效构筑覆盖全国的冷链共配平台奠定基础。

“创新是光明乳业发展前行的基因。”通过不断发展，光明乳业致力于成为产业链完善、技术领先、管理一流、具有核心竞争力、有影响力的国际性乳业集团，力争进入世界乳业领先行列，让更多的人感受到美味和健康的快乐。

“90 后”焕发新活力　国货精品再铸荣光

565 高帮帆布篮球鞋、红白色 WB-1 经典耐磨篮球鞋……漫步回力的产品展览室，仿佛走进了时光隧道，把思绪又带回到那些难忘的岁月。不过，记者眼前这些几十年前便风靡全国的“潮鞋”，如今却依然在散发着迷人的独特魅力——回力，这款有着 90 多年悠久历史的民族品牌，历经凤凰涅槃式的转型创新，正在成为经典国货复兴的全新标杆。

回力官方旗舰店网页宣传图

今年，上海回力鞋业高调宣布推出“回力城市”发展计划，用智能在线制造的创新升级，进一步做优做大，进一步锻造响当当的上海品牌。

“我们的初心就是坚持民族品牌的传承、坚定民族品牌发展的信心；使命就是用专业的能力和专注的精神做优做强做大民族品牌。”上海回力鞋业有限公司执行董事周炜坦言。

商标时尚品牌走俏 忆往昔国货精品风靡神州

白色鞋面、红蓝条纹，再加上黄色牛筋底……这些如今看上去都丝毫不逊于耐克、阿迪达斯等国际大牌运动鞋的设计，其实早已是回力近 40 年前的作品了，而其推出的高帮 565 型篮球鞋更可以追溯到 62 年前。如此简洁时尚的超前设计，对回力而言却并不是偶然——从 1927 年回力鞋业诞生那

回力 2018 订货会样品展示

天起，创新性、民族性便注定成为它永不磨灭的基因。

“1927年，实际上是中国的橡胶工业刚刚在上海起步不久，当时主要是做鞋，回力球鞋是最早做鞋的一批，也是其中最突出的。解放前，回力球鞋就跟运动结合，1948年开全运会，当时我们回力是正泰企业，老板花了重金，从飞机上撒广告宣传单，当时也是很轰动的一件事情，起到了一个很好的影响力。”说起品牌发展历程，回力相关负责人如数家珍。

而注册于1935年的回力商标，则早已为几代消费者所熟悉。满弓拉箭的勇士形象、英文“WARRIOR”再加上中文“回力”，无论是图案的可视性美感，还是商标的独创性、显著性、民族性特征，都体现了海纳百川、兼容并蓄、中西合璧的海派文化，更包含了中华民族和谐文化的深厚底蕴。“西方勇士拉弓箭的形象，在当时非常受年轻人推崇，所以20世纪30年代的时候，回力鞋也是一个时尚的象征。”

1979年，回力又将高帮篮球鞋改成低帮，这就是后来风靡全国的WB-1型，正式批量生产是80年代初。这款鞋一直到90年代中期都很火，最火的时候，刚刚从硫化罐里面高温硫化出来的热乎乎的鞋子，就被厂门口排队的汽车一车车拉走。当时的经销商只要拿到WB-1，就等于是拿到了钱，因为完全不愁销售，拿到就可以卖掉。进入21世纪后，这款鞋又火到了国外。

两次转型渡危机　复古时尚风吹开品牌回归路

然而，随着我国改革开放形势的发展，在竞争激烈的市场经济浪潮中，不少昔日风靡一时的国货经典却逐渐远离消费者的视线，回力也不可避免地遭遇到发展史上的最大危机。

面对市场大潮的强烈冲击，回力鞋业所属的上海华谊（集团）公司及时实施了老回力企业的破产方案，同时建立按品牌运作新模式经营的上海回力

回力官方旗舰店网页宣传图

鞋业有限公司。这也是上海回力鞋业的第一次转型，即由生产型企业转变为品牌运作的贸易型（头脑型）企业。新回力企业的品牌运作模式在激烈的市场竞争中体现了一定的优势，其把握了技术研发和市场网络的高附加值产业链阶段，而将低附加值的生产加工产业链阶段交由社会资源解决，提高了企业自身的创新能力和抗风险能力。在新回力企业成立的 18 年里，依靠品牌运作的模式坚守了市场阵地，抵御了经济危机大环境中的各种困难，挺过了经营亏损的低谷阶段。

不过，新回力虽然守住了基本的市场阵地，顶住了自身的生存危机，但近十年来企业经营仍然非常艰难，时刻都有被“红海”市场吞没的危险。因为企业营销模式仍然是以大批发为主，产品毛利遭受生产商和批发商的两头挤压，品牌价值难以真正体现出来。并且企业对市场的反应能力和管控能力遭遇困境，产品的适销程度差和市场假冒侵权现象增多，使企业面临新的挑战。为此，企业再次审视自身运作模式，积极吸取国内外品牌运作公司经验，努力打造自身内涵的核心竞争能力。近年来，在以授权经营方式开展回力产品多系列品种拓展，快速丰富产品线的基础上，回力鞋业开始实施营销模式从大批发向终端专卖模式的转型。这是回力企业发展模式的第二次转型，也是品牌运作企业发展规律不可逾越的更深层次的转型。

恰逢此时，一股复古时尚风从海外吹来，而这也给有着悠久历史积淀的回力品牌带来发展良机——2008 年，《指环王》里的精灵王子奥兰多·布鲁姆，在曼哈顿的《纽约，我爱你》片场穿着一双雪白球鞋出现，而这双鞋正是来自中国。于是，在奥兰多的带领下，越来越多的好莱坞明星开始穿中国的球鞋。一时间，回力球鞋在国外成了香饽饽。2008 年北京奥运会期间，蒙古总统、比利时王储、丹麦副首相等外国客人都到北京王府井的体育用品商厦选购中国国货回力球鞋。

在抓住网络传播国货老字号品牌的复古时尚潮流，以及北京奥运年和上海世博年的机遇，大力进行品牌推广活动的同时，回力正式起步走向终端专卖营销模式。2010 年 9 月中旬回力鞋业在老企业平凉路旧址开出了第一家旗

回力 2018 订货会客户产品交流会

舰店获得意外成功。当时正值中秋节和国庆节期间，店堂日日顾客盈门，节日期间的每天下午还出现了门外排队顾客呈蜿蜒长龙的奇观，竟成为与上海世博会对应的一道风景线。当时可与国外名牌媲美的日均和月度营业额以及排队买鞋的景象，均创下了回力发展的历史记录。这也吸引了众多市场经营者的目光，一时间掀起一股加盟热潮，回力鞋业的终端专卖模式就此快速发展。近年来已达上千家专卖店。其中时尚精品专卖已进入部分大城市一线商圈，与国际名牌同台迎客，这也是回力民族品牌的历史回归。

立足之本在创新　智能在线制造打造优质平台

如今，历经 90 多年历史沧桑，再度回归消费者视线的回力品牌俨然已成“网红”，并在华谊集团的强力支持下取得骄人成绩，走出了一条独具特色的发展之路。

今年 5 月 4 日，在上海回力鞋业举行的“Made Online 回力智能在线制造”2018 年度品牌发布会及“In love with”品牌秀上，回力宣布推出“回力城市”发展计划，用智能在线制造的创新升级，进一步做优做大，进一步锻造响当当的上海品牌。

据介绍，2018 年上海回力鞋业有限公司推出的“回力城市”发展计划，其核心在于“在线制造”。“回力城市”的“在线制造”计划就是让一切的流程逐步向自动化、智能化、数据化的方向发展。坚持“永远的记忆，永恒的陪伴”的品牌定义，将逐步打造“智新科技、智能服务、智捷物流和智慧品牌”四大平台，建立“运动健康、创意设计、技术制造”三大中心。这一计划的推进，将充分体现华谊集团董事长刘训峰提出的“打造协同价值创造模式”的要求，“内外协同、平台协同、发展协同”的“三元协同”是回力品牌协同价值创造的具体运用和“回力城市计划”实现的战略运用。

回力 2018 订货会产品 T 台走秀

“以开放、诚信、发展的态度”，上海回力展示了坚定建立品牌平台的决心，从材料到专利、从品牌到设计，从设备到生产，回力品牌先后提出了包括资本合作、渠道合作、管理合作、销售合作等多方位的合作方式，力图打造一个依托回力品牌资源的发展平台。

上海回力鞋业有限公司执行董事周炜表示：“上海回力鞋业也许成不了销售百亿的企业，但不代表回力品牌打造的平台不能诞生销售百亿的明星企业，这就是回力品牌的平台协同。”

上海制造：新时代 新征程

发展篇

C919 圆梦蓝天　他们让国产大飞机智慧翱翔

3000 米高度，78 分钟。

2017 年 5 月 5 日，我国首款按照国际适航标准研制、拥有自主知识产权的大型客机 C919 在上海浦东机场成功首飞，标志着中华民族的“大飞机梦”正在成为现实。

在震耳欲聋的欢呼声中，大飞机稳稳降落在浦东国际机场第四跑道。机舱门打开，首飞机长蔡俊第一个走了出来，向人们招手，四十出头的他飞过

上电所所长王金岩等参加 C919 大型客机首飞仪式

20 多种机型。“非常成功，非常圆满，飞机状态非常好。谦虚一点，99 分。”蔡俊难抑心中激动。

作为 C919 项目中唯一一家独立承担 A 级复杂系统研制的国内供应商，中国航空无线电电子研究所（简称“上电所”）所长王金岩等受邀参加首飞仪式，在现场见证了这一激动人心的历史性时刻。

挑战、担当、磨砺 从“全运会”走向“奥运会”

航空工业，一直是国民经济发展中的战略产业，被称作一个国家的“工业之花”。而航电系统与航空发动机一样，被誉为“飞机制造业的明珠”。

“熟悉上电所的业界同仁都知道，我们是以研发高品质的军机航空电子和航空无线电系统产品见长，曾为我国航空武器装备事业的发展做出了突出的贡献。但是我们深知，如果没有民机航电产业的快速健康发展，上电所的产业拼图是不完整的。”王金岩所长在接受记者采访时说。

关于军机和民机，王金岩用了一个形象的比喻来解释，“如果说军机项目是‘全运会’，是来自全国的单位参与研制和竞争；那民机项目就是‘奥运会’，需要与世界先进水平同台竞技。不参与‘奥运会’，你永远不知道世界一流水平是怎么样的。”

上电所在 C919 大型客机项目中承担驾驶舱显示系统和 A664 网络交换机研制任务。航电系统被业界称为飞机的“大脑”和“神经系统”，而显示系统和网络交换机分别是航电系统的关键分系统和部件。这是由上电所独立研制的系统包，是上电所迄今为止承接的复杂性最高、难度最大、挑战性最强的民机研制任务，也是国内唯一独立承担研制安全保障等级为 A 级的航电分系统。

C919 大型客机立项之初就已经确立的与其他项目最大的不同点，在于

C919 大型客机驾驶舱显示系统

它是首款按照国际最新适航标准研制的干线民用飞机，A 级也是整个适航标准中最为严苛的等级。上电所在军机型号研制上，具有丰富的经验，而民机严苛的安全性要求，对他们来说是个全新的挑战。A 级，也就是说，故障概率要低至 10 的负九次方。

民机项目不同于军机项目之处，就在于将来要适航取证并获得市场的认可。适航是指航空器各部件及子系统的整体性能和操纵特性在预期运行环境和使用限制下安全性和物理完整性的一种固有特征。适航的目的是为了飞行安全和公众安全，是国家法律层面的一种强制性要求。根据航空条例，任何飞机唯有取得适航当局颁发的适航证，并经过运行合格审定或补充审定才能投入运营。

“那时候，国内没有可以借鉴的经验和技术，”时任上电所民机战略业务单元 C919 项目适航技术组组长陈冬梅苦笑道，“我们请来国外咨询公司的专家给我们讲课，但是很抽象，加上各种专业术语、外语缩写、语言上的障碍……总之一言难尽，感觉听不懂，理解不了。”

接下来的日子，陈冬梅带领自己的团队比照着国外的标准一句句研读，用陈冬梅的话说，就是“依葫芦画瓢”，“画着画着不对了，就改”，“在变化中创新”，不断消化、吸收，终于形成了一套适航研制体系。

上电所副总工程师黄栋杉对此也深有感触，“我们如同刚入门的运动员，就一下子从‘全运会’跳到了‘奥运会’的舞台上，跨度很大，但是也要一步一个脚印，每一步都要有证据来支撑，所有的证据都必须留下来。”

敬业、奉献、专注 研发团队能力迅速提升

没有一个国家、一座城市、一家企业，可以凭单打独斗造出大型商用客机。各个国家、不同企业各有专长和比较优势，一款商业大型客机问世，谁也离不开谁。中国商飞作为主制造商，将C919航电系统核心处理系统总包给中美合资成立的昂际航电公司，上电所作为二级供应商承担了显示系统工作包的研制任务。因此这场“奥运会”，不止参与的国家多，而且不同国家的企业之间还环环相扣，你中有我、我中有你。

上电所首席技术专家何亦征记得，当时与国外的技术团队联合工作，每周需要开两次电视电话会议，“美国是白天九点钟，我们是晚上九点钟，国外的专家刚开始态度比较强硬，而且他们不同意加班，所以有时候出现问题协商起来进度就很慢。”

“我们国内的团队，多数是年轻人，能吃苦，面对这样一个重大项目，大家都有一种‘希望国产大飞机早日翱翔蓝天’的情怀在，所以加班加点也是家常便饭。”何亦征说，通过一段时间的合作，我们团队的工作态度和能力得到了国外专家的认可，“他们也提出开会的时间进行轮流交替，不能总

上电所先进民机航电研发环境

是让我们在晚上开会，而且在发现重大问题后也会主动加班尽快解决，这让我们感受到了一种公平对待、平等信任的关系。”

何亦征特别提到了全国先进工作者、在 C919 显示系统研制中担任总设计师的吴华，吴华 1986 年从南京航空航天大学硕士毕业后到上电所工作，已经为航空事业奋斗了 30 多年。不仅全力保障了大飞机的首飞，她还以她深厚的技术功底和高尚的人格影响和带动了一大批年轻人。“能跟着这么牛的一位总师做事，真是上辈子的福气”，一位新员工这样评价她。

正常情况下，一名优秀的航电系统设计师至少需要十年的航空电子产品研制经验，而上电所民机管理部和民机系统部的一百多名员工至少有 70% 是 2012 年后入职的新员工，员工业务能力和经验相对不足。并且，该部门还承担了 C919、AG600 等多个型号的研制和多项预先研究任务，可谓任务繁重。这个团队怎么带，怎样快速有效地提升他们的技术力和团结力，民机

上电所民机系统党支部与上飞院航电党总支开展支部共建

系统部部长、民机系统党支部书记周海燕动了不少脑筋。

周海燕以民机适航文化建设、业务能力提升和发挥党员先锋模范作用为切入点，组建党员“突击队”，组织进行技术培训、支部共建等活动，将支部工作与部门中心任务紧密结合。“仅是 2017 年，支部就开展内部培训 30 余次，外部培训 10 余次，通过广泛的技术交流培训，让每一位员工都得到了实实在在的技术提升。”

2014 年，民机系统党支部还与上海飞机设计院航电党总支签订支部共建协议，双方约定通过座谈讨论、专题业务交流、联谊活动等形式，开展定期的共建活动。四年来，双方技术团队在适航与安全性、人机工效等方面进行了多次技术交流。

攻坚、克难、坚守　助力国产民机智慧翱翔

“在做民机之前，从没想到做民机会这么复杂。”上电所民机战略业务单元C919交换机项目负责人彭俊感慨道，“举个例子，比如要换一个三极管，需要先一层一层上报，报告更换以后可能造成的影响，之前从来没有经历过，需要在沟通上花费大量的时间。确实这也是非常必要的，否则不知道会对后面的飞行造成什么影响。”

在首飞前一个月，商飞地面联试时，开机10秒左右断电，出现了交换机不工作的情况。“刚开始，我们不认为是交换机的问题，后来不断试验，居然把这个情况给复现了，那说明的确是我们的问题。”彭俊告诉记者，“然后，我们开始查找原因，二十多个人的团队，把所有功能拆出来进行分析，

上电所民机科研人员集智攻关

直到凌晨三点多，一个软件工程师找到了问题所在，我们作了详细的分析报告提交给商飞。因为时间紧迫，商飞给了5天的时间来修改，我们开始倒排每个环节，具体到半个小时内必须要做完哪些工作，终于在五天之内将软件提交到商飞。”

1986年出生的范博书是参与C919显示系统项目的年轻代表，“首飞前期，大飞机每天要在浦东机场进行滑行试验，因为不能影响正常运营，所以滑行是在凌晨进行。”那是2016年的冬天，范博书记得每天凌晨就要早早守在现场，每次滑行后都有讲评，本着以人为本的理念，主要是飞行员提出改动，与预期有哪些不相符的地方，怎样更改操作起来更舒服。

首飞当天，作为“跟飞小分队”的成员，范博书也在现场见证，“大飞机成功首飞那一刻，太激动了！”

驾驶C919大型客机102架机执行转场东营任务的试飞员徐远征，最近为了保持飞行状态，去航空公司飞了几次航线。他说：“919的客舱比320、737更胜一筹，仪表、面板，看起来更舒服。就跟以前车子都是机械仪表，现在都是液晶显示。”

在副总工程师黄栋杉听来，这是最好的褒奖！随着航空电子技术的发展，过去飞行员面前令人眼花缭乱的机械仪表，现在已经逐步被直观的液晶显示器所取代，业内称之为“玻璃座舱”，飞机航电是否先进，显示屏幕大小是其中很关键的衡量因素。C919驾驶舱，最醒目的就是五个15.4英寸的显示器，单个屏的面积是A380的两倍多。“屏幕大了，显示的信息能够更多，放哪些信息，布局都不一样。请飞行员做评估，怎么样更舒服，怎样才能让飞行员简洁地获知他想要的信息。”

正如王金岩所长所说，“C919大飞机项目，我们交付的不光是产品，交付的更是一种能力，是独立自主的航空工业体系、专业体系和相关的供应链体系。”

“通过参与C919项目研制，让我们对民机航电的研发理念和适航要求有了更深的理解，初步建立起了完整的民机航电研发体系，积累了丰富的民机研发经验，并培养和锻炼了一支研发队伍。让我们对未来承接更多的民机航电研发任务，并逐步成长为国际知名的航电产品供应商充满底气。”王金岩表示，“上电所的愿景是‘让飞行智能、简单、可靠，让天空智慧、安全、高效’，因此助力更多的国产民用飞机智慧翱翔是我们矢志不渝追逐的梦想，这个梦想的实现需要一代代上电所人的接续奋斗。”

从制造到“智”造
且看“上电人”如何打造世界一流“能源引擎”

居住了 20 个年头之后，王阿姨觉得姚西小区和自己家里一下子亮了起来。“盼了 3 年，终于把‘光明工程’盼来了。这下小孙子放假住在我这里，空调可以放心开了。”

上海姚西小区总计 1274 户居民成为“光明工程”的受益人，困扰他们多年的用电瓶颈问题得到了彻底解决——随着老旧表前线路和设备的更新，

共产党员服务队在中共一大会址进行重要保电巡线

居民们再也不用为用电难而烦恼了。

2017 年，历时 3 年的上海市老旧住宅小区电能计量表前供电设施改造迎来胜利收官，全市共有约 6500 个住宅小区、296 万户居民迈入了一片光明的新天地。对于这项贴心的改造，居民们亲切地称其为“光明工程”。

从“用上电”到“用好电”

上海电网是华东电网的重要组成部分，是华东地区乃至全国负荷密度最高的地区，是典型的大受端电网。上海电网是城乡一体化电网，供电营业区覆盖整个行政区 6340.5 平方公里，供电人口近 2420 万。

到 2017 年底，35 千伏及以上变电站 948 座，输电线路 2.35 万公里，全市装机容量 2400 万千瓦，最大市外来电 1629.7 万千瓦，全社会用电量达到 1526.77 亿千瓦时，最高用电负荷 3268.2 万千瓦，售电量达到 1276.52 亿千瓦时。

检修公司的王和杰王师傅是运检部门的“老法师”了：“如今，特高压输电技术已成为全国、甚至全世界范围的一张电力名片——电压等级是最高的，交流电压达到 1000 千伏、直流电压达到正负 800 千伏及以上。我们上海交流特高压变电站只有一座，这么说吧，输电系统中任意一个设备有故障了造成跳闸或者外来破坏跳闸，就相当于上海的一个区的电就没了！所以，我们还有一个说法‘上海每三盏灯，就有一盏灯是我们特高压站点亮的’！”

用上电只是第一步，用好电是下一步。

缩短电力抢修时间，用心服务、网格化管理的抢修机制，保证承诺兑现；连续多年对低电压现象进行滚动的城网改造，提高市民用电和生活质量，以民为本的“让灯先亮起来”的服务理念已经渗透“上电人”的骨髓；全市范围内受理分时电表安装，让老百姓享受到了夜间半价的用电优惠，让

海上风电建丰碑

老百姓真正享受到技术革新带来的“畅用”体验；“电力、物业、社区”共建便民服务机制、社区用电协调委员会、营业室夏季延长营业时间，优质服务便民措施还在推陈出新……

全长32.5公里的东海大桥，是一座跨越杭州湾北部海域通往洋山深水港的跨海长桥，气势恢宏、美轮美奂，犹如一条巨龙，横卧在上海东南的辽阔海面上。除了一望无垠的大海，大桥两侧，数十台高高矗立的海上风力发电机引人注目，这就是著名的东海大桥海上风电场。

东海大桥海上风电场是我国乃至亚洲首个大型海上风电项目，自2010年一期工程竣工后，便源源不断地为上海千家万户供应清洁、安全、可靠的电力。去年，东海大桥海上风电场上网电量48031万度，相当于节约燃煤15.51万吨，减排二氧化碳42.70万吨。

如今，绿色发展成为宏观经济发展的主旋律之一，新能源开发已成为世界各国的科技高地，发展前景不可限量。

试想一下，吹着风，居然就能把电给“收了”！从“用上电”到“用好电”，“上电人”有心啦！

智能电网改变未来用电生活

在上海市中心黄浦区，一座不同寻常的电厂正在悄然建设中。它不建厂房、不烧煤、不烧气，预计2018年年末，它能在用电高峰时段释放出约5万千瓦电力来“削峰填谷”。这座明确写入上海市电力发展“十三五”规划，由众多分布式储能设备集合而成的黄浦区商业建筑虚拟电厂，正成为上海市电力体制改革、智能电网建设的独特案例。

2018年1月，位于黄浦区九江路上的宝龙大厦第八次参与了虚拟电厂

上海黄浦区试点商业建筑虚拟电厂项目

试运行，“发电”能力达100千瓦。宝龙大厦仅仅是黄浦区虚拟电厂的一个项目。迄今，虚拟电厂最大规模的一次试运行，参与楼宇超过50栋，释放负荷约1万千瓦。

上电经研院规划评审中心杨建林博士提起这个工程满脸骄傲：“与其说这是一个变废为宝的工程，倒不如说这是一次化零为整的尝试！”

什么是虚拟电厂？发电和用电保持动态平衡，是电网平稳运行的重要保障。近年来，随着上海产业结构调整和生活水平提高，电力峰谷差不断加大。为了保证高峰期供电安全，上海电网不得不保留大量的冗余发电能力，造成资源浪费。虚拟电厂的出现解决了这个问题。

“原理说来也简单。”杨建林博士告诉记者，“以宝龙大厦为例，在冬夏两季用电高峰期，我们的系统只需对大厦各楼层中央空调的预设温度、风机转速、送风量等参数进行一定的柔性调节，就能够通过减负为电网释放出100千瓦电能。”

虚拟电厂在之前并无先例，“这对我们来说是一次尝试与创新，也正是上海这座城市所固有的特点赋予了尝试的先决条件。”杨博士说的先决条件，就是上海市中心众多的商圈。

目前，黄浦区内95%以上符合安装要求的公共建筑（包括办公楼、商场、医院、学校、政府机关等）都实现了能耗在线监测。由上海市经信委牵头、上电经研院参与规划设计、上海腾天节能技术有限公司参与实施的《上海黄浦区商业建筑虚拟电厂示范项目》已于2016年获国家发改委批复，将在三年内全面完成。

“现在时间已过半，再过不到一半的时间，将会有一个新的玩意儿出现——它将实现的是柔性负荷控制，柔性负荷在一定时间内灵活可变，可在基本不影响用户的前提下，达到削减或增加负荷的目的。”这样一来，不仅减缓了负荷，还提高了用户体验，杨博士说，这就是科技创新带来的惠民，实打实的，看得见的。

当然，“上电人”悄悄在做的不仅仅只有一个虚拟电厂，事实上，上海电力为市民所做的贡献早已渗入生活的方方面面。

截至2018年，上海电动汽车公司已建设国家电网充电站点520个，共计充电桩6484台，分布于上海16个行政区。520个站点6484台充电桩中，城市快充站点338个，公交站点有30个，高速快充站点27个，离散点125个……

创新发展　精益求精　传承那股子精气神儿

“一流城市需要一流电网”，为了服务上海市定位“卓越全球城市”的目标，“上电人”正在着力打造建设世界一流城市配电网，打造具有世界影

上海市级重大工程——220千伏松工、华阳桥输电线路工程立塔现场

响力的城市能源互联网企业，成为城市电网高端技术供给者和先进技术引领者。

上海电科院伴随着上海的发展，电网的成长，是科技创新的主力，电科院电网技术中心周健对此深有感触：“对标国际最高标准，我们有特高压等部分技术已处于国际领先，但在电网，尤其是配网可靠性等很多领域还存在不小的差距，通过自主创新的不懈努力，去缩小差距，乃至反超，最关键的是始终坚持追求世界冠军的目标”。

正是在这样的目标指引下，“上电人”于2015年在国内首次开展配电自动化集成测试，于2016年创立全国首个智能配网技术中心，2017年自主研发投运了国内首套“配电终端自动检测机器人”，实现了自动仓储、自主检测、机器视觉识别、无线通信、高级后台功能的高度集成化，解决了困扰配网设备检测的数量和质量两大问题，目前已完成近8000台配网终端检测，成为上海智能配网建设之路上的重要里程碑。

在城市电网中，大风吹起的异物，飘飞风筝线的缠绕，粗心的挖掘作业等都可能会引起电力线路的故障，造成居民和企业的停电。当电力线路发生故障时，需要尽快查找故障地点、确认故障原因，才能消除故障。目前，人工巡视依然是查找故障的主要方法之一，当遇到恶劣天气或地形条件恶劣时会给故障查找带来很大困难，这种故障查找方式不仅消耗大量人力、物力，而且容易造成线路停电时间过长，造成较大的影响和损失。

智能配网技术的研究和配电自动化设备的引入，将从根本上解决故障停电的问题，相较于日本东京的100%配电自动化全覆盖，上海还有很长的一段路要走，但在智能化领域，由于更快地引入包括大数据、机器人、人工智能等新兴技术，我们会走得更快。

大量的基于自动技术和通信技术的配网终端设备故障指示器将接入配电网。能够改变过去人工巡视查找故障的落后做法，在故障发生后的3分钟内

±1100 千伏昌吉换流站

即可通过与故障定位系统的结合，在调度中心给出故障位置和故障时间的指示信息，在故障发生后的 10 分钟内可以隔离故障区域，自动恢复其余区域的供电，将停电损失减到最小。网格化部署的应急维修人员将根据指示迅速赶赴现场，排除故障恢复正常供电，大大提高供电可靠性和工作效率，保证上海城市的安全运行。

“三清”博士谢邦鹏，本科硕士博士都是从清华大学毕业的，他是上海电力的高学历人才中的优秀代表。“在我们学校，有一句很出名的话——‘哪怕扫大街，也要做那个扫的最干净的’。”在谢邦鹏看来，只有不断精益求精、开拓创新，才能在一波又一波的改革浪潮中得以生存和发展。

上海送变电工程有限公司自 1987 年起就开始涉足换流站的建设工作，至今已有 30 年的建设经验。30 年来，上海送变电工程有限公司不仅完成了全国第一个 500 千伏换流站——南桥换流站的建设工作，同时也参与了第一个特高压直流输电工程奉贤 ±800 千伏换流站以及世界电压等级最高 ±1100 千伏昌吉换流站的安装工作，建设水平在全国处于领先地位。

20 世纪 80 年代，我国第一条 ±500 千伏直流输电工程——葛洲坝至上海直流输电工程开工建设，工程两端的换流站分别设在葛洲坝和上海，上海的站址位于奉贤，被命名为南桥 ±500 千伏交直流变电站。

上海送变电工程有限公司承担起这项重要工程的建设任务，由于这是我国第一座 ±500 千伏换流站，在国内根本没有现成经验可供借鉴，施工完全依靠摸索。对此，上海送变电工程有限公司于 1984 年 11 月成立了南桥变电工程办公室，开始着手南桥站的施工准备工作。该室先后编制了 39 种设备的技术措施，将收集到的国外图纸和技术资料进行整理，并对技术人员实施了专业方面的培训。

“当时我们的机械吊装设备不足，员工靠着肩扛手抬，把百余台隔离开关和 3000 只绝缘子安装到位。”时任南桥换流站项目经理的周新福回忆说。

企业员工充分发挥才智，克服各种困难，保障了所有关键项目的顺利完工。南桥站先后 6 次启动都是一次启动成功。经启动验收委员会组织签署交接验收证书，确认工程项目全部完工，工程质量优良。

1987 年，上海送变电工程有限公司获上海市十五件重点实事工程立功竞赛优秀公司；1989 年，南桥站获中国建筑业联合会颁发的鲁班奖，这也是上海送变电工程有限公司首次获得鲁班奖。

南桥换流站建设结束后，在经历了换流站建设长达 10 余年的“空窗期”后，2002 年，荆州换流站的中标建设正式开启了上海送变电换流站建设团队的新发展历程。紧接着，2009 年 4 月，上海送变电工程有限公司承建的第一个国家电网公司特高压变电工程——±800 千伏奉贤换流站电气安装项目正式开工，施工周期仅 15 个月。

奉贤换流站建设完工后，上海送变电换流站建设团队并未停下脚步，他们立足上海、放眼全国，不断提升自己的技术能力和安装作业水平。在之后的几年中，他们分别参与了 ±800 千伏泰州换流站以及 ±800 千伏南京换流站的电气安装施工。

2017 年 1 月 6 日，上海送变电工程有限公司中标昌吉—古泉 ±1100 千伏特高压直流输电工程昌吉换流站电气安装 B 包。该工程是目前世界上电压等级最高、输送容量最大、送电距离最远、技术水平最先进的高压直流输电工程。

薪火相传，这是上海送变电工程有限公司倡导的传承理念，传递的不仅仅是技术，同样还有上海送变电工程有限公司的拼搏奋斗精神。

通过一代代“上电人”的传承，上海送变电换流站建设团队将技术和工艺不断传递，将创新和精神不断发扬。

三十载只是个开始，未来，他们定能走得更远。

精益求精　擦亮上海智能交通新名片

上海道路总长 18184 公里，遍布于这些道路的智能交通设备设施包括 3639 台道路交通摄像机、16304 个交通检测线圈、385 套车牌识别设备……每一天，这些设备都会生成数以百亿计的交通数据记录。然而，这么庞大的数据都将输入哪里？又是谁在密切关注并处理这些数据？

开发这些不能“眨眼”——时时刻刻都在关注并及时有效处理研究数据平台的机构就是上海电科智能系统股份有限公司，其前身为成立于 1953 年的原上海电器科学研究所下属自动化分所。

应对巨大挑战　打造城市交通智能化管理典范

“上海 1 号重点工程内环线高架路像一道拥抱上海的彩虹，正奇迹般地飘落在上海新的版图上。”上海电器科学研究所（集团）有限公司董事长陈平向记者展示 20 世纪 90 年代上海开工兴建内环高架路时的一篇报道。

“谁能驾驭这条神州第一的人间彩虹？”1993 年 10 月，上海电器科学研究所和铁道部电气化工程局联合搭建上海内环线道路监控系统。正是以此为契机，上海电器科学研究所开始致力于交通领域的技术研究、产品开发、软件编程和系统集成，并成功承建了沪宁高速、沪杭高速等机电系统集成项目。

陈平说，“随着国家改革开放和经济的发展，车流量发生了巨大变化、道路建设也发生了翻天覆地的变化，上海电科所也随着城市和交通的发展，抓住了市场机会，同时加强企业内部管理，成功实施了现代企业制度改革。”

184 天、客流累计 7 千多万人次、日均客流高达 40 万人次……2010 年，上海电科面临一个巨大挑战——研发和建设上海市道路交通信息采集和发布系统，并承担其运营工作。

面对这样一个尚无可借鉴经验与技术模式的发布系统，上海电科智能正是秉承着“传承、创新、拼搏、超越”的企业精神，一步一步地探索前进，最终攻克了每一个技术难关，恪尽职守落实每一个项目环节。

其中，上海世博智能交通系统对体系整体构架、多源海量异构数据整合

上海世博智能交通系统

技术、多种交通信息采集处理核心技术、多种维度分析研判决策支持技术、多种模式交通信息发布技术等世博智能交通系统关键技术进行了深入研究。

全天入园客流预测日均精度达到96%，在途客流预测精度达到92%以上；在24次50万以上的大客流日和103万最高客流日及时提出预警。数据显示：世博期间，全市路网畅通率始终保持在80%以上，全市交通未出现拥堵。提高了道路交通运行效率，使路网通行能力增加5%，平均车速提高3%，道路畅通时间增加7%，减少3%的车辆尾气排放量。

上海世博智能交通系统良好的运行效果受到高度赞誉和表彰，在世博会之后，该系统持续实现了长效的交通管理效益和交通信息服务效益，成为上海市城市智能交通建设和管理取得阶段性成果的重要标志，也成为国内乃至世界城市交通智能化管理的成功典范。

解决技术难点 推进长三角交通一体化进程

还记得收费站排长队的场景吗？现在不少车主都选择了ETC设备，只听“嘀”的一声，即通过了收费闸口，整个过程仅10秒。

2007年，上海电科智能开始承建上海市高速公路电子不停车收费系统（ETC）项目，在国内首创解决了众多ETC技术难点。

ETC投入运营后，使得收费车道通行能力提高3至5倍，对缓解上海市高速公路收费站拥堵、促进上海市交通信息化建设具有积极意义，同时有利于实现长三角区域ETC系统的互联运营，加快推进长三角交通一体化进程。

2008年，上海电科智能承建杭州湾跨海大桥机电工程JTS合同段项目。该项目是当时世界最长的跨海大桥机电工程，直到目前仍然保持着世界第三长跨海大桥的记录。该项目应用了当时最全、最先进的桥梁机电监控系统。

嘉绍大桥机电系统

2013 年，上海电科智能承建江苏省高速公路运营与服务智能化平台项目，该项目已于 2017 年 12 月完成竣工验收。该项目面向省级路网，建设智能化检测、运营、服务平台，实现了信息采集数字化、运行管理可视化、管理决策科学化。

“30 年前，中国高速通车里程为 0 公里；30 年后，中国高速通车里程已经超过了 13 万公里，排名世界第一。”陈平介绍，上海电科智能自投身于高速公路信息化建设的近三十年以来，已主导建设完成上海市高速公路监控、收费、通信系统，占据其整体业务量的 90% 份额。目前，上海电科智能已建设完成国内 100 余条高速公路监控、收费、通信系统，覆盖了全国 20 余个省、自治区、直辖市，总里程达到 5000 公里以上。而这每一个项目成果，都凝聚着上海电科人的精益求精、永无止境的工匠精神。

深挖大数据 智能交通助力智慧城市建设

大数据、云计算、智慧城市……随着互联网的不断发展，这些技术已经成为新潮流。在交通大数据领域，上海电科智能从2011年起即开始深入探索大数据技术在智能交通领域的应用与成果转化。

堵塞、拥挤、畅通，这些在指示牌看到的交通情况均来自上海市交通综合信息平台和应用服务平台。据了解，该平台汇聚了来自上海市交通委、市交警总队、市路政局、浦东新区、各综合交通枢纽、各区交通管理部门等二

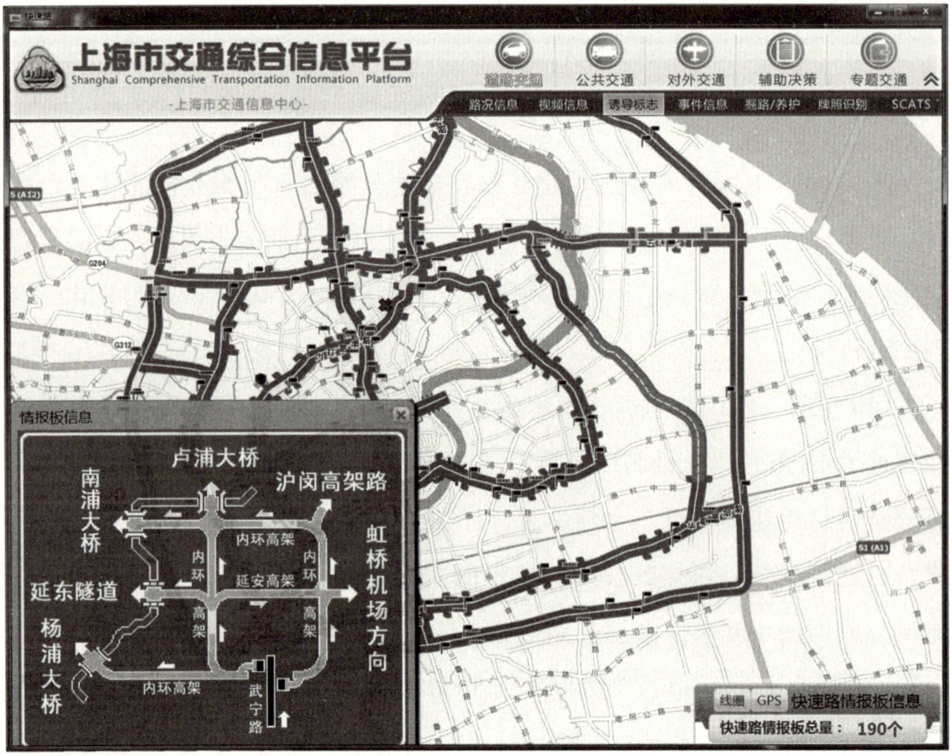

上海市交通综合信息平台

级平台的各类交通信息，汇聚 4 大类、200 多项道路交通信息、公共交通信息、对外交通信息等，是国内首屈一指的功能强大、应用高效的交通信息和服务平台。

同时，上海电科智能还建立了大数据实验室，研发的 TBDS 交通大数据智能研判平台，基于大数据挖掘技术，通过警情研判、事故研判、违法研判、信号研判、拥堵研判、车辆研判、综合研判等七大研判应用，对交通大数据进行彻底的解析，全面掌握数据现状及特征，深度挖掘数据出现的本质原因，对未来趋势进行预测预警。

在智慧交通业务方面，上海电科智能将瞄准“城市交通大脑”的建设，加强“互联网 + 智能交通”技术研发和应用，尤其将之体现于“智慧路口”解决方案之中。陈平表示，交通大数据技术及其应用是智慧交通未来发展的重要组成部分，上海电科智能将以解决人、车、路、环境之间的交通问题为导向，以数据感知为基础，以数据智能研判为根本，通过科研探索和工程实战，构建符合国情的城市交通大数据应用体系和平台产品，持续服务于交通规划、决策、管理、控制和公共出行等领域。未来上海电科智能将会在大数据领域深度结合区块链技术和 AI（即“人工智能”）算法。

“智慧交通的另一个重要发展方向是智能网联汽车技术及应用。在上海国际汽车城，我们已成功完成了‘国家智能网联汽车（上海）试点示范区’的管控平台建设，这在全国是首例。”陈平说：“我们未来将以道路交通、公共交通、高速桥隧、智慧城市、交通大数据五大领域为核心业务，立足上海，面向全国。”

从引进到自主创新　中外合资企业勇创新

移动通信从3G到4G，即将迎来5G时代；大数据、云计算、人工智能等新科技蓬勃兴起；移动互联网、物联网、工业互联网快速发展。近几年，信息通信业发生着翻天覆地的变化，上海也正在建设具有全球影响力的科创中心。

谁曾想，80年代，一个上千人的工厂只有一部电话，外面来个电话要用广播找人。1980年，全国公众电话网的容量仅为435万门，电话用户仅有369万户，这个数字还不足美国1905年的水平。当时我国的电话普及率仅为0.38%，即一百人中拥有不到半部电话。

"企业随着改革开放应运而生。"80年代，全国最早一批大型中外合资企业在上海设立，上海贝尔肩负着国家使命与责任，开启了中国当代信息和通信产业发展的序幕。目前，中国通信设备制造商已进入全球第一梯队。上海贝尔作为一家中外合资企业，如何完成自主研发、自主创新？

引进程控交换机　实现从无到有

"我国改革开放政策出台后，以经济建设为中心的社会活动正在各个方面展开，但通信的瓶颈现象十分明显。"曾任上海贝尔公司董事、常务副总裁冯大慈回忆道，"1980年，在北京、上海这样的大城市还没有一台程控机，长途电话交换机仅有JT801刚投入使用，其技术性能远不能满足国际电话通信的业务需求。”

“引进程控交换机生产线工程项目。”当时，邮电部做出重要决策并且走出国门，寻求合作伙伴。然而，“引进”谈何容易，80年代，西方很多发达国家都对社会主义国家实行战略物资和高科技的出口禁运和贸易限制，谈判屡屡受阻。

比利时的贝尔公司最后同意技术转让谈判，合营合同的谈判前后历经了多次，从1980年开始接触，经过三年有余的中外多方努力，1983年7月30日，上海贝尔与ITT贝尔比利时公司合作程控交换机，在北京人民大会堂签订了上海贝尔电话设备制造有限公司合营合同，时任国务院副总理李鹏出席了签字仪式，我国程控交换机实现了从无到有的突破。

1984年1月1日，上海贝尔挂牌成立；1985年10月1日，国内第一条

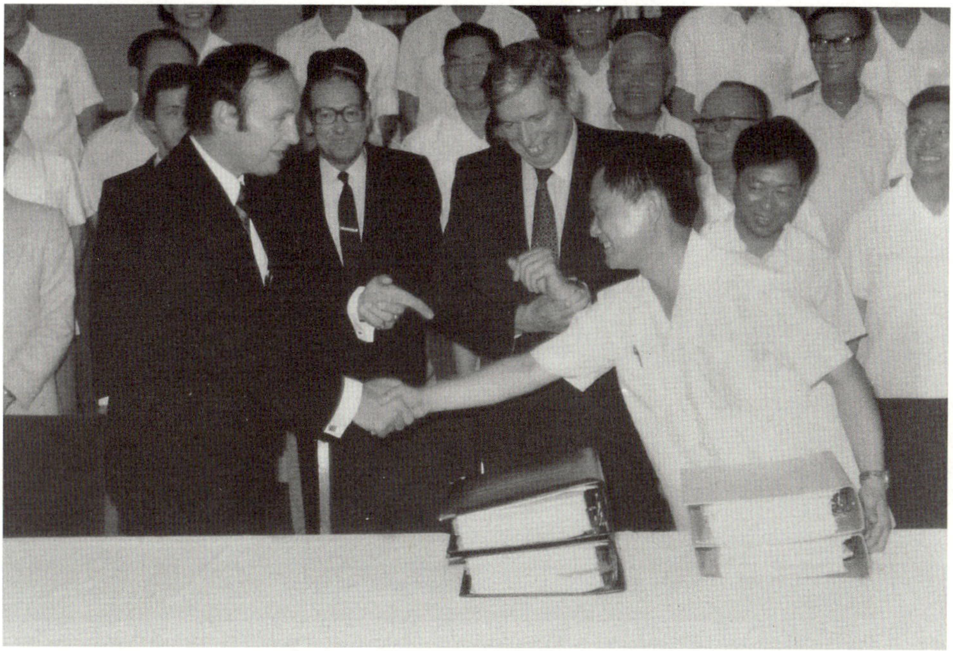

1982年11月，中比双方在上海签署关于引进程控交换机生产线项目的合作意向书

程控交换机生产线宣告投入生产；同年 12 月 16 日，中外方高层领导出席上海贝尔公司的开工典礼。从此，在中国这块土地上萌发了中国当代信息和通信产业的幼苗。

S1240 程控交换机这颗“幼苗”在发展的过程中困难重重，即上海贝尔公司的订货很少，大量的外国交换机趁机打入中国市场。订货不足又造成了产品成本高，缺乏竞争力。

“价格过高，缺乏市场竞争力；产品不能按用户要求及时交货；初期产品不成熟、不完善，即使已经交货的设备却不能按要求投入使用。”冯大慈说，创业之初的上海贝尔公司入不敷出，财务状况严重亏损，1987 年濒临停产的危险境地。

1988 年 3 月，朱镕基同志在上海贝尔电话设备制造有限公司国产化现场会上指出，只有实现了国产化，才可以减少使用外汇，降低成本，国产化的元器件必须是高质量的，国产化的核心是专用大规模集成电路。

股权改制闯出自主研发的新路

“你们说这台设备姓社还是姓资？只要是为社会主义服务的，就是姓社。”1992 年 2 月 10 日，邓小平同志视察了上海贝尔 S12 专用大规模集成电路生产厂，在听取引进的设备介绍时这样说道。上海贝尔在探索改革开放的道路上不拘一格。

90 年代，改革开放的春风吹到上海，吹到黄浦江东岸。上海贝尔正好赶上浦东大开发，公司移师浦东，开始大力推动国产化。1992 年 12 月 8 日，上海贝尔浦东新厂举行奠基典礼，1993 年 9 月，上海贝尔自主研发的 S12 远端交换模块系统荣获国家专利，为我国偏远地区的通信发展做出了重要贡献。上海贝尔在引进、消化、吸收的基础上，努力提高自己的设计和制造能力，闯出了自主研发、生产先进产品的新路。

1993年9月18日，由上海贝尔承建的国内及亚太区第一个全数字GSM900兆移动通信系统宣布并网投入运行。90年代，上海贝尔在不断开拓国内市场的同时，更率先迈出国门，产品打入了国际市场。1994年12月21日，上海贝尔与阿尔卡特签订合营合同，成立上海贝尔阿尔卡特移动通信系统公司，主要经营GSM移动通信业务。1999年10月15日，由上海贝尔承包的孟加拉通信骨干网开通。

“产能供不应求。”同期，邮电部快速推动网络建设，中外合资通信设备制造企业和“巨大中华”等本土企业蓬勃发展，上下游产业链初具规模，国内通信市场从卖方市场逐步转为买方市场，市场竞争加剧，上海贝尔也从生产导向型企业向市场导向型企业转变。上海诺基亚贝尔股份有限公司董事长袁欣介绍，“我们成立了面向全国的分公司，提供售前售后服务。移师浦东

2001年10月，信产部与阿尔卡特关于上海贝尔股权调整备忘录签字仪式在人民大会堂举行

后，经营的体制机制开始逐步转换，从原来的生产加工型企业变成了一个市场服务型企业。”

2001 年中国加入世界贸易组织（WTO），主动按照国际规则来改革国内经济体制和法律体系，融入全球经济体系。同年 10 月，信产部与阿尔卡特签署上海贝尔转股改制备忘录，中外股东在新起点上开始合作共赢的新探索，2002 年 5 月 8 日，上海贝尔阿尔卡特正式成立，7 月 2 日正式运营，公司成为阿尔卡特在华除卫星和海底传输之外的唯一的投资运营企业和经营渠道。

“转股改制，从散到全。”经历了转股改制的上海贝尔开始加强研发，实现全球技术资源共享、知识产权落地，本地研发队伍获得了数量的提升，从市场导向开始转为市场导向加创新导向。2007 年，完成了阿尔卡特朗讯在中

上海贝尔在中国 TD-LTE 技术发展和产业化的进程中承担了重要的责任，为我国 TD-LTE 技术和产品率先走向国际作出卓越贡献

国区的合并整合，建立贝尔实验室中国团队，提高了研创能力。

“2000 年毕业时，加入上海贝尔，参与在全球刚刚起步的 GPRS 产品的软件开发项目。”无线接入产品新技术研发负责人王勇说，“上海贝尔让我拥有国际视野，在新技术研发方面，不仅负责公司下一代创新性无线接入产品的研发，还承担了国家科技重大专项‘新一代宽带无线移动通信网’中 4G TD-LTE Advanced，C-RAN 等多个研发工作。”

自主创新 合资企业的本土化研发

上海贝尔作为一家合资企业，如何才能把研发本土化做好？“研发基础其实很薄弱。”袁欣说：“研发走了好几个阶段，才走到今天。第一阶段是 80 年代、90 年代，公司只是围绕产品做一些软件的开发，当时的研发人员不到 1000 人，2000 年以后，公司从硬件软件开发，逐步开始从有线到无线都做。”

可以共享知识产权、可以共享商业价值，但不共享企业核心技术。这是合资企业发展到后面，后劲不足、主导性不够的一个原因，“能不能自己从合作发展到合作创新，从自主发展到自主创新”也是上海贝尔发展了三十多年的痛。

虽然合资企业很难最终掌握产品技术的主导权，但在产品创新、合作创新方面，从最开始的开放软件，到已经有相当规模的研发，到有一定主导性的研发，包括知识产权共享研发，商业价值落地，上海贝尔已经遥遥领先。

2016 年 1 月，诺基亚与阿尔卡特朗讯在全球成功合并。2017 年 7 月，诺基亚中国业务与上海贝尔股份有限公司正式实现了整合，新合资公司上海诺基亚贝尔股份有限公司开启正式运营。双方将领先的端到端网络技术与强大的创新引擎荟萃于一体，这是全球和中国优势又一次成功的整合，更是一

2017 年 5 月 18 日，诺基亚与中国华信邮电签署合资企业协议，成立上海诺基亚贝尔股份有限公司

次合作共赢模式的新探索。

无论在通信行业，还是非运营商市场，上海诺基亚贝尔都在坚持技术和知识产权的原创与自主，利用贝尔实验室的技术资源展开前沿研发。目前，上海诺基亚贝尔在中国拥有 10000 多名研发人员和六个研发中心。

上海诺基亚贝尔的研发创新已经成为诺基亚全球研发创新的组成部分，双方共同加入创新投入，包括资金、人才等，同时完善创新机制，激励创新人才，制定创新规划，布局创新项目，并通过创新管理，提升创新成效。

“中国的创新，不应该是封闭的创新，应该是开放合作的创新。我们可以探索在产业能力具备的条件下成为一个主导者，包括知识产权共享、商业价值落地。我们合资企业可以走引进、消化、吸收再创新这条路。”袁欣认为，作为合资企业既要强调合作又要自主发展，要加大自主发展力度、灵活体制机制、创新资本投资，探索走出一条合作发展、合作创新的自主发展道路。

因改革开放应运而生的上海贝尔，从上海贝尔到上海贝尔阿尔卡特，再到上海诺基亚贝尔，激荡三十四年，上海合资企业时代不断创新变化，唯一不变的是“艰苦奋斗、开拓创新、客户至上、合作共赢”的上海贝尔精神。

中国力量打造风电领域的“海上巨无霸”

7月19日，上海振华重工（集团）股份有限公司（简称振华重工）自主研制的世界最大2000吨自升式风电施工平台“龙源振华叁号”在江苏龙源大丰二期风场完美完成“首秀”，将重650吨、直径5.5米的风电基础桩“锤”入海底，施工垂直精度在国际标准的千分之三以内。

2000吨级！“海上巨无霸”如期交付使用

“龙源振华叁号”是振华重工自主研制的世界最大风电施工平台，于2018年5月18日正式交付使用。该船长100.8米，型宽43.2米，型深8.4

“龙源振华叁号”在江苏龙源大丰二期风场进行现场施工

米，是集大型设备吊装、打桩、安装于一体的多功能自升式海上风电施工平台。

近年来，海上风电已成为全球风电发展的研究热点，世界各国都把海上风电作为可再生能源发展的重要方向。我国海岸线长约18000公里，近海风能主要集中在东南沿海及其附近岛屿，海上风能资源丰富，因此我国制定《风电发展“十三五”规划》，并将海上风电划入战略性新兴产业的重要组成部分。

记者了解到，“龙源振华叁号”风电施工平台拥有10多项创新技术，起重能力达2000吨，为全球最大，双钩最大吊重2000吨，可轻松吊起6兆瓦大功率海上风机基础，实现空中翻身；高达120米的起升高度，是目前全球自升式风电施工平台之最；配备DP-1动力定位系统，使整个平台在波涛汹涌的海水中可保持“纹丝不动”；拥有双层单桩抱桩器，既可进行单桩沉桩作业，也可进行风机吊装作业；开创国内最大50米海下作业深度。最值得骄傲的是，它的起重机、升降系统、推进器、动力定位系统等关键配套件实现了百分百国产化，是我国海上风电作业从浅海走向近海的关键“利器”。

除此之外，“龙源振华叁号”还可以存储大量风机设备，容纳108人在海上生活居住，其高达3000平方米装载面积，使海上风电施工团队能顺利在海上“安营扎寨”，可谓是当今海上风电领域当之无愧的“海上巨无霸”。

据“龙源振华叁号”项目经理、振华重工海工集团党委副书记吴富生介绍，目前，我国海上风电建设尚处于起步阶段，海上风电设备的运输与安装需要高端的技术支持，风电安装平台这种“独门武器”便应运而生。海上风电施工平台具有作业环境恶劣、打桩工艺复杂、桩腿齿条焊接要求高等一系列难题，因此，其设计长期掌握在国外设计公司手中，核心装备多依赖进口。

“为了突破国际垄断，振华重工组建了一支年轻的设计队伍，项目组成

世界最大风电施工平台“龙源振华叁号”进行全程抬升试验

员克服了技术资料缺乏、无参考母型船、现场施工经验基本为零等困难，积极与科研院校合作，自主设计了风电平台的船体，从零突破，攻克了多项关键技术，目前实现多项国内首创，陆续设计研制了龙源振华贰号、三航风华、龙源振华叁号等风电施工平台，设计水平居世界先进。”吴富生说。

“集团公司的目标是‘每年做一个世界第一’，在这之前，全球自升式风电安装平台的最大起重能力为1500吨，我们这次直接做到了2000吨，十年八年里领先国际应该不成问题。”作为“龙源振华叁号”的总体设计工程师，31岁的晁世方尽管年轻，一言一行给人的感觉却是稳重踏实。

每一个“世界第一”背后都有动人的故事

要做到“世界第一”，可不是喊句口号那么容易，每一个“世界第一”的背后，都伴随着多少工作人员的心血和付出。

先说长度为85米的四条圆柱形桩腿，需要用120毫米厚的钢材卷成圆柱体，最后成品的直径公差要控制在6毫米以内。“焊接过程中，钢材特别容易变形，所以要控制好这个尺度并不容易。”吴富生说，后来大家反复讨论，想办法，终于想到一个合理的办法，在钢材的内部加了T型环及加强筋板，用来控制夹板与筒体的焊接变形。“因为桩腿的制造工期比预期延长了一个月，就需要在其他地方补回来。”

“‘龙源振华叁号’设计之初，是要能够抵抗百年一遇的海上风暴的，通俗点讲，就是能抵抗十五级强台风。”晁世方告诉记者，这样高的标准，首要的就是增强平台的稳定性，因此想到了给四条桩腿“穿上靴子”，增加桩腿的受力面积，以保持稳定。

晁世方介绍，这个被称作“桩靴”、类似于船体四只脚的部分，每个的面积是100平方米。“一百平方米，比咱们这个大会议室还要大很多，一套普通房子的面积了，而这才仅是一只‘靴子’的面积。”如此一来，平台才得以在升降及作业时，“靴子”牢牢立在水中，抓住水底，让“海上巨无霸”经得住狂风暴雨的袭击。

“做靴子不易，拔靴子也不简单呢，尤其是第一次调试的时候。”调试经理成华给记者讲述了第一次拔桩靴的经过，当时，整个船体在南通近海区域进行总装生产，“桩靴”已经在水里矗立了三四个月的时间，就像“长”在了水里一样。后来，反反复复不断倾斜船体，一点一点让“桩靴”动摇，用了数小时才将其拔出。

提到过程的不易，就不得不提起重机上的回转轴承，这个轴承的直径12米多，这么大规格的圆柱滚子轴承在国内从未制造过，在此之前，国内最大做到9米。后来，与振华重工有过多次合作的洛阳LYC轴承有限公司接下了这个难度颇高的任务，洛阳轴承厂克服种种技术难关，用了13个月的时间，终于制造成功。这是一个剖分式轴承，剖分成了6个部分。晁世

“龙源振华叁号”2000吨风电安装平台项目部青年突击队

方说，“洛阳在内陆地区，没有方便的水运渠道，所以是陆运过来的，尽管分成了6块，但尺寸依然很大，据说在运输过程中，还协商拆过几个收费站通道。”

作为“龙源振华叁号”项目“青年突击队”的一员，于亮亮感慨良多。这支青年突击队约30人，平均年龄33岁。“这支队伍有很强的创造力和执行力，因为轴承、‘桩靴’制造的延期，为了按期交付，我们春节期间全部放弃了休息，加班加点赶进度，确保后面吊装试验的顺利进行。当一次次技术难题被解决，一个个节点按时完成，就觉得白天黑夜的付出都值了！”

憧憬未来 他们要引领中国制造走向世界

2018年4月10日，李克强总理到振华重工集团公司考察，了解到振华重工不仅出售成套装备，还为客户提供长年后续服务时，李克强总理称赞道，你们不仅生产一流的中国装备，更提供一流的中国服务，一流装备加上一流服务，才能在激烈竞争的全球装备市场上始终站稳脚跟、勇立潮头。

2018 年 5 月 18 日，振华重工自主研发的世界最大风电施工平台 2000 吨级“龙源振华叁号”风电施工平台如期在江苏南通交付使用，标志着我国打破国外技术垄断，实现大型风电安装平台国产化，为我国加快发展海上风电产业提供了装备支撑。

在此之前的 2018 年 4 月 20 日，振华重工刚刚与龙源振华签订 2500 吨坐底式海上风电安装平台项目。

坐底式海上风电安装平台是世界首创的新型风电安装平台，是集成了众多尖端科技的综合性工程。该平台由上下两个船体组成，下浮体为密闭结构，与四条桩腿相连可沉到海床的硬泥层上。桩腿插拔容易且迅速，比传统插桩式风电安装平台至少提高效率 2—3 倍。坐底式海上风电安装平台由振华重工自主研发、设计、制造，船长 100 米，型宽 48 米，型深 14 米，最大起重能力 2500 吨，超越了之前的“龙源振华叁号”，居目前世界同类平台之首。

“我们一直调侃自己是‘吃着碗里的，望着锅里的’。”吴富生笑道，尽管 2000 吨级已在国际上遥遥领先，但还是早早提出了 2500 吨级的概念，并开始付之行动。要建造的 2500 吨风电船，在插桩、拔桩上有新的设计，时间更短，更容易快速更换地方作业。“我们坚信，就像 2000 吨级的制造过程一样，道路是曲折的，但前途是光明的，每做一件新产品都要经历这样一个过程。”

创建业内首家 AI 实验室
成为出行服务与产品的综合供应商

2018 年 9 月 17 日，备受各界关注的 2018 世界人工智能大会在上海正式启幕，中外业界“大佬”纷纷齐聚沪上“论剑”。作为东道主企业，上海汽车集团股份有限公司（简称上汽集团）董事长陈虹也现身大会现场。

上汽集团，何以能够从众多本土企业中被选中、代表上海参与此次大会？近日，记者采访了上汽集团前瞻技术研究部总经理张程和人工智能实验室副主任金忠孝，听他们介绍了上汽集团在智能网联汽车和人工智能方面取得的成就，看完这些，你就释然了。

智能网联汽车率先量产　“无人驾驶”正在路上

记者了解到，早在 2016 年，上汽集团就与阿里跨界合作，共同推出全球首款量产互联网 SUV 荣威 RX5。短短两年，上汽互联网汽车累计销量约 70 万辆，服务内容覆盖金融保险、维修保养、导航、娱乐等多个领域。上汽互联网汽车智能系统——斑马智行，在 2017 年底迎来了全球最大规模 OTA 空中升级，用户随时随地即可在车内下载数据包，汽车就像智能手机一样，能够远程在线完成空中升级迭代。

2018 年 4 月，搭载“最后一公里”自主泊车功能的荣威 MARVEL X 电动智能超跑 SUV，在上汽创行者大会上惊艳亮相。这也是全球首款真正实

荣威汽车

现“特定场景无人驾驶”功能的智能网联量产车型，已经确定，年内会正式推出。问及车子自主泊车的水平如何，张程笑言，“我的泊车水平已经很高了，但还是不及它。”

说到智能网联汽车，就不得不提起2018年3月1日，在《上海市智能网联汽车道路测试管理办法（试行）》新闻发布会上，上汽集团和蔚来汽车分别获得由上海市政府颁发的智能网联汽车道路测试牌照。首批牌照一共三张，其中两张颁予了上汽集团。

在中国的道路上也能看到类似于美国、欧洲出现过的自动驾驶路试场景，是国内汽车企业的集体愿望。早在2016年1月，在上海国际汽车城提议下，国家有关部门和上海相关部门就已经积极进入到无人驾驶路试首个示范区的研究中。

但无人驾驶上路是个系统工程，需要成熟的条件。一辆车要达到上路测试的标准，首先要通过5000公里模拟测试数据的收集，此外，还要达到专业试车手准入、道路公共实施完善、无人驾驶保险等一系列准入法规。

荣威汽车

2017 年 6 月 7 日，上海建成了国内首个国家级智能网联汽车（上海）试点示范区封闭测试区，被视为上海放开无人驾驶路试的前兆。在封闭测试区，车企有机会在模拟 100 种复杂道路状况下进行测试。

今年 3 月，随着全国首批智能网联汽车开放道路测试号牌的发放，上海在嘉定划定了安全性高、风险等级低的 5.6 公里道路，作为上海第一阶段智能网联汽车开放测试道路。虽然只是开放了短短的 5.6 公里，但它所起到的意义却是非凡的，国内跃跃欲试的车企们终于可以名正言顺地上路，不用像李彦宏那样因乘坐无人驾驶车上路而收到罚单。

“与封闭测试区不同，开放道路是更自然的交通环境，受到挑战更多，大量数据采集有助于更好发展智能网联汽车。”张程表示，上汽集团目前在技术层面上已达到“有条件智能驾驶”，只要国家开放政策，上汽第一时间就可以把带有智能驾驶系统的产品推向市场。

创建业内首家人工智能实验室　资金投入上不封顶

作为公司核心竞争能力的重要组成部分，上汽集团人工智能实验室于2018年6月正式建立。这是国内汽车行业首家人工智能实验室，以上汽大数据平台、云计算平台以及丰富的业务场景为基础，重点聚焦智慧出行、智能制造、智能驾驶，创建人工智能应用和解决方案，加快推进互联网技术与汽车产业的深度融合，为创新业务全面赋能。

该实验室的前身是上汽安吉人工智能实验室，其首个人工智能产品——Spruce系统已经成功面市。该系统是数十位高学历研发人才整整两年的心血结晶，人工智能算法水平国内领先、国际一流，被誉为“工业领域的Alpha Go”。具体而言，它可以提供关于工业互联网中的供需预测、智能计划、生产排程优化、路径规划和装载优化、人车（车货）匹配、库存优化、全局

上汽MAXUS大通批量整车出口（澳大利亚）发车仪式

动态优化调度的智慧供应链综合解决方案。以某企业长三角某个物流项目为例，过去需要 5 个人 2 小时完成的具体方案，现在借助 Spruce 系统，一个人 10 分钟就可以完成，而且经济效益可提升 10% 以上。

为什么要成立人工智能实验室？上汽集团副总工程师祖似杰曾在会上这样解释："人工智能已经从技术变革开始转向创新应用的重要窗口期，我们认为人工智能是汽车产业下一步需要重要发力的。"对于人工智能实验室的投入，祖似杰还透露，"我们把人工智能实验室项目作为战略项目，（投入）上不封顶，这些人不用担心钱的问题。"

上汽积累的大量数据也是促使上汽决定成立自己人工智能团队的重要原因。两年前，上汽成立了上汽集团云计算中心和大数据业务部，成为做人工智能的基础。此外，上汽还将通过人工智能实验室进行相关研发，与上汽的自动驾驶和燃料技术部门"前瞻"合作。另外，在分时租赁业务、客户选车方面，也将运用到上汽人工智能实验室的技术。

据实验室副主任金忠孝介绍，目前，实验室团队规模近 70 人，其中包括三十多位名校博士，"实验室的成员学历相对比较高，接下来要招聘的人员，学历门槛也是限定在博士。"实验室还将与高校进行产学研合作，同步成立专门的科技公司，实验室重点为上汽集团提供服务，科技公司的算法则可以走向市场化，为外界服务。

全面贯彻"四个勇当"　积极布局未来创新发展

2018 年 2 月 12 日，上海市委书记李强视察上汽集团时就提出"四个勇当"，即上汽要"勇当上海制造的急先锋，勇当上海科创中心的主力军，勇当国资改革的排头兵，勇当走出去的领头羊"。

上汽集团基于自身"智能网联化"优势，进一步加快布局人工智能领

上汽乘用车公司首款互联网汽车荣威 RX5 生产线

域，强化核心技术能力，增强创新策源能力，贯彻“四个勇当”和“三个标杆”，为上海打响“四大品牌”贡献力量，助力提升上海城市能级和核心竞争力。

美国《财富》杂志于 7 月 19 日公布了 2018 年世界 500 强排行榜，上汽集团名列世界 500 强第 36 位，在此次上榜的中国企业中排名第 9，在全球汽车行业中名列第 7。

伴随着互联网和通信技术的飞速发展，汽车工业迎来了重大革命性机遇期。上汽集团始终坚持创新转型、布局未来，积极提升创新策源能力，创新业务多点开花、强势引领。尤其是自主品牌历经“十年磨砺”，迎来综合竞争力的爆发，走上了快速发展轨道。

在国际经营方面，上汽集团已经在泰国、印尼和印度建立了生产基地；在英国、以色列等地成立研发创新中心；在中东、南美、东盟、澳洲、欧洲等重要区域市场，建成13个海外营销服务中心，产品批量进入英国、澳大利亚、新西兰、爱尔兰、德国等发达国家市场。

近年来，上汽集团在自主创新方面已累计投入500亿元。在不断加大资金投入的同时，上汽的创新人才队伍也在迅速壮大。仅在去年，就有超过1200名互联网、大数据、人工智能方面的专业技术人才新加入上汽自主研发团队。今年开始，上汽每年都将吸纳千余名软件工程人才。

作为致力于推动企业创新转型、引领未来汽车生活的国内汽车行业资深建设者和管理者，上汽集团董事长陈虹在国内率先提出了汽车行业面向未来的“新四化”（电动化、智能网联化、共享化、国际化）发展趋势，成为了汽车企业转型发展的基本路径和通用模式。在他的推动下，上汽集团积极把握产业发展新趋势，扎实推进新能源汽车、互联网汽车的产业化，以及智能驾驶、分时租赁等技术与商业模式创新的布局。

十年砥砺厚积薄发　摘取钢铁“皇冠明珠”

提到钢铁产品，大家首先想到的，可能是钢筋钢材，可能是生活家电，也可能是汽车高铁……跟我们日常生活息息相关的，几乎都有钢铁产品的影子。

但你可知，日常生活中随处可见的但凡与“电”相关的电器设备，从随手携带的手机中的元器件，到家用电器冰箱、空调里的压缩机，到出行乘坐的地铁、高铁上的大小电机，再到三峡水电站的大型发电机、西电东输的各种大型变压器，他们的“核芯”制造材料是什么？这就是记者此次采访的重点，它们是有着“钢铁产品中的工艺品”之称的硅钢。

如果说，普通钢铁历经的是“千锤百炼”，那么硅钢可以说在此基础上还增加一道“精雕细琢”的工艺。含硅，易碎，因此它除了“铁骨铮铮”和“刚直不阿”，还有“工艺品”的特性。

大批大型工程上马　生产取向硅钢迫在眉睫

硅钢，因含硅元素而得名，含硅为 1.0%—4.5% 的钢铁称作为硅钢。硅钢又分为无取向硅钢和取向硅钢。那么这么专业的名词该如何解释呢？

宝钢股份硅钢部刘宝军部长用了这样一个形象的比喻：生产硅钢就好比是在做大饼，一把芝麻撒下去，如果芝麻随意分布，那就是无取向硅钢；如果做到饼面上每一粒芝麻的头尾朝向都朝着同一个方向规律分布，那就是取

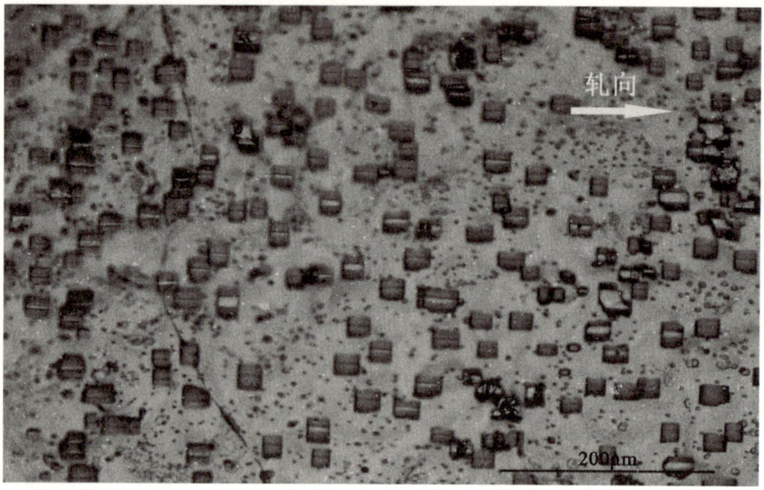

高倍显微镜下硅钢产品的晶粒分布

向硅钢。

试问，撒一把芝麻，还要让它们朝同一个方向规律排列，就像阅兵时的仪仗方阵整齐划一，丝毫不能有差错，难度何其大！毫不夸张地说，取向硅钢是钢铁产品中制造难度最大的品种，因此它也被誉为钢铁产品“皇冠上的明珠”。而能否生产取向硅钢，则是衡量一个国家、一个钢铁企业制造技术水平的重要标志。

2008 年之前，国内取向硅钢年产能只有 27 万吨左右，只能满足国内市场的 50% 左右，其余完全依赖进口，严重制约了我国电力行业的发展。

当时世界上只有少数国家的钢铁企业有能力制造取向硅钢。我国是世界上最大的取向硅钢进口国，每年进口量占世界总产量的 10% 以上，尤其是用于高性能变压器的高磁感取向硅钢，几乎全部依赖进口。

随着我国国民经济的发展以及国家能源战略的实施，三峡工程等一大批大型水电工程和电站上马，对取向硅钢的需求也急剧增长。市场需求引发了进口取向硅钢价格暴涨，单次提价高达 1000 美元 / 吨。取向硅钢生产能力的严重不足，成为制约国家电力传输系统效率提升和节能政策落实的瓶颈。

回想当年，刘宝军说，宝钢之所以要发展取向硅钢，承担的是强国的重任。三峡工程建设阶段，激光刻痕高等级取向硅钢国内不能供应，国外企业不仅“坐地起价”，而且“限量供应”，国家电力的发展与安全受制于人，这绝对不行！宝钢人十分清楚，要成为世界一流的钢铁企业，必须跨过制造取向硅钢这道坎。

核心技术是买不来的　必须走自主创新道路

取向硅钢的研发过程是异常艰苦卓绝的。当时的宝钢，随着竞争力的不断提升，已为全球同行所瞩目，被国际钢铁“巨头”视为在中国本土的第一竞争对手，而取向硅钢技术是他们仅存的“秘密武器”。

“就算你想花大价钱购买，人家也不卖。”刘宝军说，事实证明，核心技术是买不来的，即使花大价钱购买的也是国外的落后技术，最多也只能达到二流水平，这不符合宝钢的定位，也无法完成国家的重托。

“不能一直被国外企业卡脖子！”面对国外钢铁企业的技术封锁，宝钢从1997年就着手开始了取向硅钢制造工艺技术研究。担负如此重大使命，宝钢上下深知选择发展取向硅钢就是“自古华山一条路”，只能成功，不能失败。公司历任领导对取向硅钢高度重视，倾注心力、高度关注和关心。2004年，宝钢凭借多年积累的技术优势和努力，在前期探索的基础上反复试验，逐步建立和形成了取向硅钢工艺方案和关键技术路线，取得了实验室研发的成功。

项目启动伊始，是采用风险最小但发展潜力低的高温 CGO 技术，或是风险次之但制造难度极大的高温 HiB 技术，还是研发难度和风险并存、但如能实现突破将彻底改变我国取向硅钢技术长期落后局面的低温 HiB 技术？三

宝钢股份硅钢部各级管理者在现场指导工艺技术改进

条路摆在了硅钢团队面前。

志在远方的宝钢人决定义无反顾投身于最尖端取向硅钢生产技术的研发，唯有掌握最尖端的技术，才能将命运攥在自己手里。掌握取向硅钢的生产技术和生产能力是宝钢赢得市场竞争的必要条件，也是激烈的市场竞争对宝钢提出的硬性要求。

黄浦江畔 上海制造正不断碰撞出新的火花

历经风雨，方能见彩虹。2008 年 5 月 15 日，第一卷合格取向硅钢的产出，标志着宝钢历经十年艰辛，通过自主集成创新，掌握了代表钢铁业顶级制造能力的取向硅钢工艺技术。同年 7 月 29 日，代表着当今世界钢铁业最高工艺技术水平的低温高磁感取向硅钢、激光刻痕取向硅钢产品在宝钢相继下线，并实现批量生产，标志着宝钢取向硅钢研发、生产技术已跻身世界一流。自此，掀开了宝钢硅钢从赶超到引领的跨越式发展。回首过往，从彼时高等级取向硅钢全部依赖进口，到今天宝钢取向硅钢广泛应用于代表着输配电行业最高技术水平的双百万工程和特高压直流工程，宝钢取向硅钢的自主创新之路越走越宽。

“一支能够制造钢铁皇冠‘明珠’的队伍，是宝钢硅钢迈向一流的基石。而党组织战斗堡垒作用的发挥和体现，正是打造这支‘不一样’员工队伍的保障。”宝钢股份硅钢部党委书记蔡志庆这样说。为了淬炼高素质的员工队伍，硅钢部党委以党员的先锋模范、率先表率为示范，以员工的行为习惯、技能提升为抓手，从排队上下班、列队交接班做起，点点滴滴、潜移默化中规范；从员工“技能健身”、工匠培育做起，苦练内功、榜样引领中提升。由小及大、由表及里，不断打造这支“不一样”的员工队伍。

回首硅钢一路走来的风雨路程，蔡志庆说，每遇技术瓶颈来临时，每

2008 年 5 月 15 日，宝钢取向硅钢第一卷成品成功下线

当急难险重任务接踵而至时，每当身处困境一筹莫展时，必然会有党员身先士卒、敢为人先，必然会有党员不畏艰难、勇挑重担，必然会有党员披荆斩棘、踏浪前行。

由于特殊原因，上海电气制造百万千瓦火电机组用硅钢进口供料突然中断。国家电力发展与安全受制于人的局面再度上演。如何打破困局，突破长期依赖进口所产生的发展瓶颈？宝钢挺身而出。

当时，可供货上海电气百万千瓦火电机组的宝钢硅钢产品尚无投入使用的实绩，双方党组织率先行动，将国有企业党组织“把方向、管大局、促落实”的要求落到实际行动，开展党委共建，两家上海制造龙头企业的通力合作，携手走上了打造中国硅钢民族品牌之路。

在双方党组织共建的基础上，宝钢硅钢部迅速响应，协同多个部门，组织专业人员进行攻关。从原料采购、物料准备到生产组织、试验检测，先后

宝钢股份硅钢部各级管理者通过“两踏”（现场脚印踏遍，工作心中踏实），持续提升现场管理水平

宝钢股份硅钢部党委围绕生产经营中心任务，积极开展产品链党组织共建

进行了 6 次共十多种工艺的优化试验，经过两个多月夜以继日的辛勤付出，最终通过了上海电气技术评审，宝钢硅钢产品完全满足上海电气对产品性能的需求，完全可以替代进口。

自此，采用宝钢硅钢高等级无取向硅钢 C6 产品的上海电气百万千瓦火电机组挺起了国产化的脊梁，完全摆脱了对进口产品的依赖，为上海制造再添新功。现如今，宝钢硅钢与上海电气围绕产品、市场、用户使用技术的党组织共建已深入到方方面面。“黄浦江畔，上海制造正不断碰撞出新的火花。”蔡志庆说。

小平同志说“历史将证明，建设宝钢是正确的”

宝钢取向硅钢的自主创新之路，正映射了与改革开放同龄的宝钢，历经 40 年风雨征程，从无到有、从有到优、从优到强的历程。

1978 年 12 月 23 日，标志着中国历史大转折的党的十一届三中全会闭幕的第二天，位于上海宝山区月浦以东滩涂上的宝钢工程正式开工建设。这个设计规模为年产钢、铁各600万吨的上海宝山钢铁总厂，成为当时新中国成立以来最大的工程立项。

宝钢能够落户上海，与当时上海钢铁业的发展现状及上海市委的积极争取有着千丝万缕的关系。上海钢铁厂曾是我国重要钢材生产基地之一，钢产量占当时全国总产量的1/5，但上海的生铁产量却仅有100万吨，缺口需要从鞍钢等大型钢铁企业调运。当得知冶金部有从日本引进钢铁设备的消息后，上海市委认为这是个难得的机遇，应当积极争取将这一项目放在上海。后国务院派出专门的工作组到上海考察，经过全面权衡，最后决定把第一套引进项目建在上海。

宝钢投资规模巨大，对国民经济全局影响甚巨。很多当初没有全面考虑的问题，开工后都暴露出来：公路等基础设施严重不足，建钢铁厂需要新建配套；华东电力用水本来就紧张，再加上一个宝钢就更困难……破土动工不久的宝钢要不要停建或者缓建，成为众说纷纭的热门话题。

1979年7月21日，邓小平同志到上海视察时明确表示："宝钢国内外议论多，我们不后悔，问题是要搞好。第一要干，第二要保证干好。"1979年9月，他在中央一次会议上指出："历史将证明，建设宝钢是正确的。"这给了千万名宝钢建设者以极大的信心和勇气，使得宝钢的建设在危难中获得调整、恢复和发展。

"建设宝钢，绝不仅仅是为了一年多生产几百万吨钢，而是要迅速缩短我国钢铁工业与发达国家的差距，满足国家经济建设的需要。"从诞生那天起，宝钢就承担了这样的使命。因此，宝钢把产品定位在国内不能生产或生产达不到要求的产品上，并从此确立起在市场竞争中的品种质量优势。

一路走来，宝钢一直致力于研发生产国内市场紧缺、替代进口的高附加值、高技术含量产品，严格苛求的精神品质已高度凝练成宝钢的钢铁精品战

坐落于宝钢二号门（富锦路同济路交叉路口）的“历史将证明，建设宝钢是正确的”纪念碑

略，成为宝钢保持竞争优势与生俱来的基因。

宝钢是“中国改革开放的产物”，年届不惑的宝钢，与改革开放同龄。经过40年来的艰苦创业、持续创新，宝钢创出了世界一流业绩，建成了世界一流企业，引领中国钢铁工业走上了现代化发展之路，开创了中国钢铁工业发展的新模式，走出了一条中国国有企业做强做优做大的改革发展之路。

40年，宝钢始终用实际行动践行着属于它的使命和担当，宝钢取向硅钢的发展，已然成为我国钢铁业自主创新道路的缩影。宝钢人用行动履行了“建好一个宝钢、上交一个宝钢、输出一个宝钢”的承诺，用事实印证了邓小平同志当年的决断——“历史将证明，建设宝钢是正确的。”

五次飞跃　助力中国登顶世界造船之巅

上海，中国船舶工业的发源地和现代造船业的重要基地——江南造船、沪东中华、外高桥造船等船企誉满全球，创造了一个又一个辉煌。很多人不知道的是，布局这些大型造修船工业基地的就是中船第九设计院工程有限公司（以下简称“中船九院”）。

中船九院诞生于1953年，是一家多专业、综合技术强的大型工程公司。他们设计的造船总装基地代表工程有国内最大最先进的造船基地——上海江南长兴造船基地，华南最大的造修船基地——广州龙穴造船基地。作为中国船舶工业建设的规划师、设计师，中船九院参与规划设计建设了全国90%以上的造修船厂，主要集中为环渤海、长三角、珠三角三大造船基地，为中国船舶工业发展成为世界造船大国作出了重大贡献。

不过有人或许会提出疑问：这家业内堪称“老大”的公司为何被称为中船“第九”设计研究院工程有限公司呢？中船九院负责人告诉记者，20世纪60年代，国家最早进行了产业分布、工业布局，将船舶工业的规划设计归于第九研究院。虽然中船九院在历史上取得非常重要的成就，但一路走来也是起起伏伏，并不是一帆风顺。65年的艰难跋涉中，是5次“飞跃”让中船九院奠定了雄厚的实力，为中国船舶工业实现世界造船规模第一打下了坚实的基础。

环渤海造船基地——大连船舶重工造船基地

长三角造船基地——中船江南长兴造船基地

珠三角造船基地——中船龙穴造修船基地

5次飞跃 促中国船舶工业实现世界造船规模第一

20世纪50年代，毛主席指示“我们一定要建设强大的海军”，新中国第一个五年计划逐渐走向社会，为全面恢复经济计划，中船九院积极响应国家号召，随之成立，并承担了沪东、江南等船厂技术改造和改扩建任务，中国船舶工业实现了从修到造的第一次飞跃。

到了20世纪60至70年代，中船九院已基本积累了从总体规划、工业设计、设备选型、水下工艺、水工设备、造船设备和土建公用的设计经验，承担了从沪东造船厂国内第一个大马力柴油机车间，到四川、湖北、江西、江苏等长江流域的船舶配套企业（三线建设），以及一批研究所、站、库的设计任务，中国造船工业实现了总装到配套、研究到制造的第二次飞跃。

20世纪80年代，邓小平同志对船舶工业作出重要指示，“要积极引进国外先进技术，中国要造船出口，要打入国际市场”，中船九院开始了学习引进日欧造船新理念、新工艺和新设备，承担了新一轮船厂和配套厂的扩建和技术改造，中国造船工业实现了外向型企业发展的第三次飞跃。

20世纪90年代，中国船舶工业发展进入了快车道，中船九院向国家提出了按总装造船，新建大型造船基地，通过学习引进、技术攻关，具备了自主设计大型造船总装基地的能力，上海外高桥造船基地成为国内第一个现代总装造船基地的样板，中国造船工业实现了向现代化总装造船模式突破的第四次飞跃。

中船九院负责人告诉记者，第四次飞跃——外高桥造船厂的建立是具有里程碑意义的。中船九院在设计中将船体制造、舾装、涂装、计算机应用作为四大支撑体系，以两座大型船坞为主线，实现了以中间产品为导向，船体

上海外高桥造船有限公司船坞全景

分道建造、舾装区域作业、壳舾涂一体化的现代总装造船模式，投产后经济效益显著。2011 年成为国内首家年造船总量突破 800 万载重吨的世界级造船企业，及以“海洋石油 981”平台为代表产品的海洋工程龙头企业。该项目获交通部 2007 年优秀工程设计一等奖，总体设计获 2007 年国家优秀设计银奖。

第五次飞跃发生在 21 世纪初，国家对船舶工业作出了重大战略部署。中船九院勇于担当，持续创新，不仅承担了环渤海、长三角、珠三角中国三大造船基地各个船厂的规划、设计，还挑起了工程建设的重担，促进中国船舶工业实现了世界造船规模第一的新飞跃。

借船出海 开拓海外市场实现大发展

2001 年至今，中船九院海外业务实现大发展，紧跟国家“一带一路”建设，中船九院的海外业务由船厂扩展至港口工程、海工工程、取排水工程、民用建筑工程等领域，工程拓展到亚洲、非洲、南美洲、大洋洲等地区。近年来，中船九院凭借综合优势和专业优势“借船出海”，积极开拓海外市场，先后承接了埃及、沙特、新加坡、马来西亚、俄罗斯等国外船厂建设项目，承接合同额屡创新高，经营业绩不断实现历史突破。

埃及亚历山大船厂改扩建工程是中船九院第一个海外 EPC 总承包项目，采用中国规范进行设计和建造。项目实施过程中，中船九院带领几百名中方员工，奋战 1000 多个日日夜夜，克服埃及政局动荡等诸多困难，与埃方精诚合作，与各分包方协同并进，使项目取得圆满成功。

在亚历山大船厂升级改造过程中，中船九院全面采用中国造船工艺标准，有力推动了中国技术标准在海外的推广应用，同时，该项目全面采用中国国产设备和原材料，带动了中国 300 吨龙门吊、立式车床、空压机、等离子切割机等千余台（套）国产设备的出口。埃方对项目给予了高度认可，认为项目的完工使埃及对相关船舶的建造“具备了紧跟国际步伐的能力”。中船集团认为亚历山大船厂改扩建工程是“中埃友好标志工程”，“崭新的亚历山大船厂必将载入中埃两国友好合作的史册！”

国外工程相较而言，更加注重工程咨询单位的综合能力以及对工程全过程的咨询。结合国外项目的特点，中船九院已在部分国外项目中拓展了工程设计咨询的服务范围，由传统的阶段性服务转化为提供工程全过程服务。如在沙特 Ras Al Khair 船厂项目的实施过程中，中船九院承担了该工程前期工程设计及招标文件的编制，这在国外项目中，尚属首例，工程设计人员为此付出了加倍的努力，得到了阿美石油公司的认可，为后续的海外工程设计咨询前端业务的承接奠定了基础。又如马来西亚 MMHE 船厂 3 号船坞工程，是中船九院承担的第一个海外 EPMC 项目，从该项目的设计方案、初步设计、施工图设计、工程招投标文件的编制、各专业的评标和现场施工管理，中船九院提供了工程的全过程服务。在海外石油系统业主严苛的要求下，中船九院出色完成该工程的全过程服务，对中国企业海外工程业务拓展具有良好的借鉴意义。

技术创新　推进智能制造开启新征程

尤其是前些年金融危机爆发的那段时期，又恰巧产能过剩，这样的双重挤压，使得造船行业的低谷比预期长多了。

如何度过危机？“在危机来临之前布局。”中船九院负责人坦言，2011 年开始，为了中船九院能够顺利转型，公司引进了大量的人才。“平台生态 + 协同创新 + 技术创新，我们为青年员工做职业规划也提到这点。”只有做强设计，在技术上不断创新，这才是根本。

《中国制造 2025》提出“以加快新一代信息技术与制造业深度融合为主线，以推进智能制造为主攻方向，促进制造业数字化网络化智能化”。近年来，中船九院不断加快智能制造研究步伐，先后组织多部门开展专题调研，成立智能制造研究室，进行科研立项 13 项，制定行业标准 2 项，从“现代造船模式 2.0”出发，以系统建模和数字化设计为支撑，通过智慧工程设计、智能建造和全生命周期智慧工程运营研究，融入智能船厂建造新理念。

中国船舶工业实现智能制造，并不是想象中的“无人化智能工厂”，而是将过去无法实现收集的数据通过新一代 ICT 技术进行收集，当船厂所有人、物、空间的数据均能实时收集，加上大数据、人工智能等技术加工，无论是设计、生产、管理的模式均可能发生颠覆性的变化。简单说，船舶工业智能制造的目标是“数据说得清，问题看得见，设备管得住，过程控得好，成本省得下”。

为此，中船九院以“构建智能服务体系”战略方案为指导，借助互联网开放平台，以为国内外超过500家船厂提供基建设计、生产装备设计、技术改造设计所掌握的数据核心资源为基础，提出建立“互联网+船厂智能管理平台”项目。计划通过该项目实施提升对船厂生产资源的集中服务能力，实现构建主动预警提示、客户自诊断自服务、现场智能诊断、远程诊断服务体系的平台；同时，以此平台为基础开展数据集成、分析，为智能车间、绿色制造提供改造方案。

目前，在船厂生产流程再造设计中，中船九院已经开展工艺流程与设备三维数字化仿真技术研究，开发由单机设备自动化入手，逐步向单条设备流水线、全工段、全车间乃至全厂智能化生产发展的新工艺。针对国内船企的

中船九院和中远川崎共同打造流水线智能制造初具规模

船体零部件人工焊接效率不高、质量难以控制的现状，中船九院以部件装焊生产线为突破口，实现流水化作业取代固定工位作业，优化各工序生产保障配置，探索船舶智能装备及生产线智能制造共性关键技术，实施部件智能化焊接的应用研究。通过智能化部件生产线的研究与仿真，提高生产效率及产品质量，推动智能部件生产流水线在船企的应用。针对船厂主要生产环节，中船九院以智能车间为重点，进行智能化生产专题研究，开展分段加工、涂装、管子 3 条智能生产线的示范应用，提升制造效率和质量，推动先进制造创新。针对船舶管系制造国内自动化程度较低，中船九院正在研发的管道智能工厂数字化集成系统，将推进管道加工传统的“经验 + 单机”离散型制造模式向“数字化模拟 + 柔性生产”先进制造模式转型，实现船舶管系的设计、制造、管理信息一体化，打造管道智能工厂集成系统平台。围绕数字化车间工艺装备，中船九院开展基于互联网的工程项目三维设计、施工协同工作平台系统研究，研究虚拟现实和数字仿真技术，实现智能船厂建设数字化、机械化、自动化和信息化的高效统一。

当前，中船九院人正以“推进高质量发展、强化战略引领、注重科技创新”为指导思想，坚持设计咨询、工程总承包、城镇化建设三大主业稳定发展，积极打造科技产业化和数字平台下的运维服务两大新产业，将创新作为引领发展的第一动力，积极开拓进取，努力实现中国造船工业高质量发展的新飞跃。

沙漠里的电气绿色工程　打出上海制造金名片

中国第一套火力发电机组、第一台万吨水压机、第一套核电机组……这些中国装备制造的众多“第一”都诞生于这家企业——上海电气。

上海是中国近代重要的民族工业发祥地、民族品牌发源地和集聚地。作为中国机械工业销售排名第一位的装备制造集团，上海电气是一张上海制造的“金名片”。而在2017年中国大陆创新企业百强企业名单，上海电气的名字也赫然在列。一家与共和国共同成长的老牌企业，如何在风云变幻的全球

迪拜光热项目效果图

市场大潮中保持创新精神和竞争力？近日，记者来到上海电气一探究竟。

进军海外高端市场　践行“一带一路”建设

就在2018年4月13日，沙特国际电力和水务公司与上海电气在上海签署了迪拜光热项目EPC（工程总承包）合同。

“拿下来的时候是很开心，之前我们做好了充足的准备，也是意料之中的事情。”谈及签下的这一大单，上海电气电站工程公司迪拜光热项目总工程师陈灿话语中似乎颇为轻松，“当时几轮竞价下来，我们心里就有底了，我们的价格远远低于排名第二的竞争方价格，而且我们跟国际巨头合作，质量也是世界一流。没有什么理由让他们不选择物美价廉的产品。”

但事实上，这个投资超38亿美元、占地约1000个足球场的迪拜700兆瓦光热发电项目，不仅金额巨大，意义更是非同一般。

该项目是迪拜水电局拟开发的穆罕默德·本·拉希德·阿勒马克图姆太阳能园区第四期光热发电项目，由阿联酋迪拜水电局、沙特国际电力和水务公司、中国丝路基金联合投资兴建，总装机容量700兆瓦，包括1台100兆瓦塔式熔盐储热发电机组和3台200兆瓦槽式熔盐储热发电机组。上海电气承担EPC总包，EPC合同金额约30亿美元，总工期为“4年建设期+3年性能提升期”，首台塔式机组和首台槽式机组计划于迪拜世博会投运。

对于整个行业来说，该项目的成功开发，标志着光热发电技术进入到新的发展阶段，这是清洁能源领域的又一里程碑，也是上海电气代表中国装备制造业企业以创新驱动产业升级改造、进军海外高端市场、打造中国品牌，践行“一带一路”建设所取得的成功案例。

记者了解到，如今在迪拜50度气温的沙漠里，上海电气项目团队正在全面开工。

沙漠上邂逅羚羊也不是啥稀奇事。沙漠、高温、动物……突发情况接踵而至，“我们在沙漠中遇到一群羚羊，我们在每个围墙的200米处都形成一个自然的出口，这个没有合同的规定，但是我们也是为了更好执行合同中更好关注当地的文化，生态环境，为他们创造更好的条件。”上海电气电站工程公司项目经理助理应骅告诉记者，“我们前期的勘探工作，就是要做好充足的准备，联系当地的合作方，排除万难，保证项目实施的必要条件。”

一鸣惊人引来好口碑 上海电气品牌效应溢出

迪拜项目的成功开发，让上海电气在海外市场的品牌效应迅速发酵。

上海电气迪拜分公司总经理李瑞刚告诉记者，“谈生意时明显觉得知道上海电气的更多了，在中东，乃至世界各地，我们说起自己拿下的迪拜光热发电项目，同行都点头觉得是世界标准。而且，我们生产的能源价格在全球范围内低达7美分，与传统能源价格持平，这一点就很多企业做不到。目前就是要做好迪拜这个项目，并通过这个项目进入更高的门槛，做出自己的品牌和影响力。”

“想要把上海制造做得好，必须要对标世界一流。”上海电气电站工程公司副总经理刘明华说到，“集团走到今天，必须要走国际化的路线。”

放眼全球，上海电气已拥有24家海外企业，181亿元海外资产，占集团比重8%，140亿元海外销售，占集团比重14%。

据介绍，在装备上，发展海外工程业务带动装备“走出去”；在资本上，开展海外兼并收购，实现资本“走出去”；加大海外当地建厂，实现产能走出去；整合全球创新资源，加速研发“走出去”。

加大科技创新投入 国际舞台上谋求新作为

做世界标准，走到世界前列，并不是水到渠成。

在过去很多年时间里，自主化之路可谓荆棘遍布——尤其是在与外方的合作中，中国企业始终被隔绝在核心技术研发之外，被动受限，关键部件也依靠进口。

“始终加大科技创新投入，提高研发集中度，开拓技术寻源渠道。”刘明华告诉记者，“不仅仅是发展技术本身，也要让技术商业化，在项目中寻找技术的伙伴。”

上海电气“走出去”的背后，既有“技术不求为我所有，但求为我所用”的技术发展理念，又有推进国企改革、加快体制机制创新的积极探索。

技术领先一直是上海电气核心竞争力的体现。上海电气透露，每年上海电气都将投入10亿元左右，与美国硅谷、以色列、日本等地最好的风投机构携手，寻找全球最好的领军人物和团队，进行开放式、契约式合作，在国际舞台上谋求新作为。

据介绍，上海电气将高标准、高要求实施企业“三步走”战略，聚焦国家战略高质量发展装备主业，对接上海科创中心建设，在技术创新上跑出“加速度”，并推进体制机制改革，最大释放动力、压力和活力，发扬“工匠精神”，发挥品牌效应，立足上海走向世界，加快成为国际化的跨国企业集团。

“海洋石油 981”诞生地
打造深海领域的“定海神针”

“海洋石油 981”深水钻井平台，最大作业水深 3000 米、最大钻井深度 10000 米、拥有 9000 吨可变载荷……这些数字让“海洋石油 981”犹如南海礁盘上的主权碑一般，成为中国在这片海洋存在的象征。

从无到有，“海洋石油 981”深水钻井平台自 2008 年 4 月 28 日切割第一块钢板，到 2011 年 11 月 30 日完整性交付，大约 1000 天的建造、调试完

圆满完成海试任务　启航远赴南海开钻

工过程，不仅凝聚着中国人对海洋的梦想，更提升了中国在海洋开发中的话语权。

从建造到交付，作为“海洋石油 981”的诞生之地——上海外高桥造船有限公司历经重重挑战和考验，完成这份光荣的历史使命。

“急、难、险、重” 试航遭遇海上台风

2007 年，“海洋石油 981”开始进行前期规划，由中国海洋石油总公司联合中船集团第 708 研究所与上海外高桥造船有限公司进行联合研制，生产建造由上海外高桥造船有限公司总包完成。

“当时国内在特大型深水海洋工程装备制造领域处于空白期，这个项目对外高桥造船来说是一个很大的挑战，生产建造的过程中遇到过意料之中的

“海洋石油 981”拖离码头前往试航锚地

问题，也遭遇了意料之外的困难。”当时负责推进器安装检验的蔡文回忆道，在试航过程中，团队齐心协力，克服了“急、难、险、重”的推进器安装任务，为项目按期交付打下了坚实基础。

单个推进器最长可达6米多，重达65吨，因水深限制，无法在外高桥造船公司的码头水域安装，必须拖航到舟山附近30米深的海域才能完成安装作业。这也是中国第一次在海上进行深水半潜式钻井平台的推进器水下安装作业。

先由浮吊船将推进器吊入水下21.5米处，然后潜水员将推进器上的牵引钢丝绳拉到浮箱下的提升缆绳上。这样再用浮箱上的机器通过提升缆绳将推进器拉近，最终对位进去浮箱下的开口。

2011年5月26日“海洋石油981”向海上出发，蔡文介绍，当时“急”呀，主要因为即将进入台风高发期，但交船日期不变，原安装方案多次实验无果。原定方案认为在平潮间隙安装不会出现问题，但实际上，因为浮吊船较小，即便最小的风浪，在吊装过程中晃动也会非常大，推进器和船体都是金属的，稍有不慎，就有可能把船底撞出一个洞，项目经理当机立断，将原方案推翻，把吨位较小的浮吊船换成三千吨的“大力号”。

“难”在于，为了防止在吊的过程中对船的撞击，制作了四个木制的半圆形垫板贴在船体上，因为木制的比较轻且具有缓冲作用，但由于木头具有浮力，木制的四个垫板靠蛙人拿下去有点难度，只能通过在蛙人身上负重的方式潜入水中。不仅如此，蛙人还必须在短时间内将推进器的绳索进行拆装，为了防止在水下体力不支的情况，蛙人必须频繁入水，才解决了安装的问题。

“险”在于，推进器相当于钻井平台的脚，是整个船前进的动力，与时间赛跑就是与台风赛跑，如果安装前遭遇台风就相当危险，突破技术难关后，不巧的是在装第二台推进器时就出现了险情，台风即将来临，浪开始逐

海上鏖战 安装推进器

步变大，为了完成水下作业，调试人员将 12 条锚链抛到海里，再根据潮汐表，每次利用平潮的几十分钟间隙期来完成工作。在安装过程中，大浪突然袭来，1 名检验工程师差点卷入大海。

“重”在于，整个平台共有 8 台推进器，即便采用了新的安装工艺，如何在短时间内将滞后的时间赶回来对项目管理团队来说是巨大考验，否则将会处于台风高发期，时间紧，任务重，项目经理和整个安装团队 24 小时待命，多点协调，包括台风影响，最终在四周内完成所有推进器的安装任务。

“台风‘梅花’撤离之后，当拖轮靠近的时候，整个平台还在，但在月池的隔水管张力器液缸已经七零八落，六根都有不同程度的损伤，这个系统在撤台前已经完成了 96% 的调试工作，主要部件的 80% 都损坏了，看到同志们历尽艰辛取得的成果就这样被破坏殆尽，修复工作还需要将这些 40 几米长、十几吨的油缸从一米五的井口运出拆下运走，安装就位、系统连接、内部管路清洗投油、安装调试需要再重新来过，又要花费大量的人力物

台风中的“海洋石油981”

力……想到这些，心疼得我眼泪直接掉了下来。”当时负责调试的支贞回忆。

历练队伍 核心骨干超负荷工作 力保交船节点

在历时3年多的建造过程中，“海洋石油981”遭遇了诸多意料之外的挑战和困难，但更塑造了一支年轻的海工团队，这一团队有60%的人员是2006年至2009年才离开学校的新人，他们平稳有序地推进了“海洋石油981”平台的设计、建造、调试和海上安装、联合调试。

“这种国家重点项目对于人才的培养和人心的凝聚起到了非常重要的作用，现在外高桥海工项目拔尖的核心管理团队基本都是981项目锻炼出来的。”外高桥造船海工公司综合管理部部长王春雷回忆，“这个平台上从项目的开始设计到建造，很多参与这个项目的人都全力投入其中，克服种种困难。试航时，整个平台的信号很差，长时间不在陆地上会产生生理和心理的双重不良反应，因此旁边会有两到三条船舶作为保障。派拖轮隔两周带回一批人。一个多月之后，大都适应了这个环境。”

对整个外高桥建造的四百多个海工项目和民用船舶来说，“海洋石油981”建造的周期和投入的人力是最多的，接近四年。一般建一条散货船，一年算多的，包括现在造的自升式钻井平台也就两年时间。外高桥在做这个项目的时候，光是在船坞里就待了十个月，一边摸索，一边创新，一边优化，最终造出“海洋石油 981”。

“在整个 180 天的试航时间里，我在上面待了 120 多天，负责协调电气、轮机、管系和船体安装质量的检验任务和团队工作。当时我们是 24 小时三班倒待命，因为一天只有几次的潮汐时间，所有调试人员、检验人员、安装人员睡的床头放置一个对讲机，随时听总指挥，及时协调各方，要保证四个点信息通畅，断断续续加起来用了一个月时间把八台推进器全部安装完成，在九月份正式进入全船最核心的推进系统和定位系统的调试。”蔡文说。实际上整个试航过程中像蔡文这样超负荷坚守岗位，为保证交船节点的工程师大有人在，正是他们这群刚大学毕业的年轻人组成了项目管理和技术的骨干力量。

获得上海市三八红旗手并创建了“支贞劳模创新工作室”的在船唯一女性支贞说，“工作的时候从没把自己当成一个女的，当时我担任钻井工作的调试主管，是钻井工作的关键部分，由于钻井系统都是第一次接触，大家都是摸着石头过河，边做边学。在组织配合钻井设备系统的供应商 AKER MH 进行所有设备和系统的调试工作。中海油规定，最长允许在平台上待的天数是 42 天，一般是 28 天倒一次班，由于钻井调试还没结束，只能盯着，违规过几次，从 981 平台离开外高桥造船码头到调试成功，外高桥造船人员全部撤离，除了两次撤台和倾斜试验下来了十天左右，总共在船天数是 163 天。”

"海洋石油 981" 完工调试

"海洋石油 981" 平台不仅是一种历练，更是一种文化底蕴的沉淀和象征。参与项目的人员正是具备了这种海工情结，无论后来接到任何项目都竭尽全力，团结一致，对后续人才的培养和人心的凝聚起到了重要的作用。

自主设计 我国首座第六代深水半潜式钻井平台

"海洋石油 981" 属于 "863 计划" 的国家重点项目，是我国首座自主设计、生产建造的第六代深水半潜式钻井平台，具备 3000 米水深作业能力以及 DP3 和锚泊系统两套独立的定位方式。中海油总公司在 2006 年立项，组建了项目组，上海外高桥造船在 2007 年的 10 月 18 日与中海油总公司签约，项目金额达 2 亿美金，整个平台建造达 6 亿美金，外高桥造船重点负责所有平台的设备安装、完工调试。

“海洋石油981”使用了当时最先进的动力定位DP3，能够在三千米的作业水深进行打井作业，它的钻井深度是10000米，也就是说在3000米的作业水深还能打井打下去10000米，在现在来说，作业的水深一般在1000多米，3000米已经算很深的作业水域了，“海洋石油981”建造的最初定位也是为了中国南海，这种生产式平台相当于流动的国土，它的基本战略意义大于作业的实际意义。

2012年9月，“南海深水油气勘探开发关键技术及装备”验收，它的成果集中在深水油气资源勘探、钻井和完井、海洋工程和安全保障三个方面，“海洋石油981”名列首位。至此，中国人获得了在3000米深水进行油气勘探开发的技术能力，以及4000米深水海洋工程试验的能力。

“海洋石油981”平台的成功建造也为上海外高桥造船有限公司的发展“添砖加瓦”。1999年，上海外高桥造船有限公司还是一个新厂，2008年到2010年，面对国际金融危机，外高桥造船凭借自身的综合实力，逆流而上，保持高速增长。“海洋石油981”从2012年的5月打第一口井到2014年获得国家科技进步一等奖，成为中国海洋油气开发装备的“大明星”。王春雷表示，面对着荣誉和奖励，外高桥造船只会“扬帆远航”，在深海领域继续打造属于中国的“定海神针”，做中国海洋装备制造领域发展的“推动器”。

“海洋石油981”在海工装备领域的发展是一个全新的突破，从平台的整个运行性能来说，目前在整个海上油气的勘探技术上基本突破，整个海油工程的业务量较大，从钻井的勘探装置到油气的生产装置，覆盖面广，延伸到浅水、深水；从国家意义来说，中国已经突破了建造的关键技术，推动中国船舶行业从原来低附加值到海工装备大发展的产业转型，解决了中国从设计能力、研发能力到建造项目管理能力的整体突破，打开了中国后续进入到持续化和产量化的海工装备制造的新局面。

敢为天下先　创造“大洋上的中国荣耀”

液化天然气（LNG）船是保证国家清洁能源安全的一种特种船舶，国内只有沪东中华造船（集团）有限公司（简称沪东中华）有实力建造。从2008年4月交付中国第一艘LNG船“大鹏昊”至今，已有21艘大型LNG船从沪东中华起航。这些船开辟新的海上丝路，为建设“美丽中国”运来源源不断的清洁能源，被誉为“大洋上的中国荣耀”。

十年铸剑，沪东中华声誉卓著，在国际市场不断“圈粉”，订单纷至沓来。2017年，世界最强造船国之一日本一家航运公司，将4艘先进大型LNG船、价值50多亿的“大餐”交给沪东中华“烹饪”，成为轰动业界的一件大事。2018年，打破韩国垄断，开建国内首款17.4万立方米LNG-FSRU船、世界最大1万立方米LNG燃料加注船。同时，3.2万立方米LNG

沪东中华船坞生产场景

发电船、27 万立方米 LNG 浮式再气化船都已研发成功，中国 LNG 装备产业链“列车”驶入“新时代”。

为不再“挨打”

曾经红红火火的造船企业，如今大多度日如年。2011 年中国造船产量达到 7500 万吨左右，是全球第一造船大国。去年，全球新船需求量跌至 2800 万吨。世界造船业风雨飘摇，寒风凛冽，不少船企纷纷关门或者转行，国内一些造船企业出现了倒闭潮，连很有名气的国有大型船企都岌岌可危。“滚石上山”“砥砺前行”是船舶行业这些年最常用的话，非常清晰地折射了业态严峻到了何种程度。

沪东中华是中国具有最强大民用船舶制造能力的央企，可是同样承受着巨大的接单压力，但是又很有定力，因为手里有多副好牌，不怕别人不识货。

20 世纪 90 年代，国内大多数造船厂把目光瞄准散货轮、油轮等建造上，挣得盆满钵满。此时，沪东中华却另辟蹊径，悄悄把战略重心放在高端产品研发上。每年，都派人考察国外先进造船厂，派工人、干部到日本船厂当研修生。

时任国务院总理朱镕基曾说，中国一定要造出 LNG 船。但是沪东中华的干部和科技人员，在日本一家船厂想上在建的 LNG 船看一眼，都被日方婉言谢绝了。当时中国造船人有些尴尬，可是也理解对方害怕建造技术泄密。落后是要挨打的，婉言谢绝同样也是一种“挨打”。为了不再“挨打”，不再尴尬，更激发了沪东中华为中国造船工业争气的蹈厉之志。

十年里，沪东中华投资 50 多亿，在业内率先提出了“数字造船、绿色造船”理念，创建了国内造船业第一家数字化设计集成平台（SPD）、数据管理平台（PDM）、ERP 系统平台等。以科技“补钙”“强身”，“孵化”建造 LNG 船等高端产品人才，奠定了沪东中华发力的强大基础。建造 LNG 船成了他们心中最大的事。

“欧美等国对华高新技术一直是禁售封锁的，而且千方百计阻挡，我们国家要发展高端船型，只有走独立自主、自力更生的道路。”沪东中华党委书记、董事长陈建良说。

研发高端船舶，遇到的许多困难是难以想象的，砥砺前行中遇到的每一个问题，国内都是空白，研发人员只能从国外报纸、杂志报道中寻找蛛丝马迹，那是大海捞针的巨大工程。

仅仅一本 LNG 船资料，就重达十多斤，而这只是众多资料中的一本。这些资料，记录了研发人员的艰辛历程，密密麻麻的文字和图片是海量的，心血可见一斑。但是没有这样的前期工程，就没有以后的超级成果。

十年铸剑，沪东中华在 2009 年 12 月，终于成功交付第一批 5 艘 14.7

沪东中华 2008 年建成中国第一艘 LNG 船“大鹏昊”

万立方米薄膜型 LNG 船。其建造流程完全颠覆了过去的造船模式，也开启了中国船舶工业建造方式的一场深刻革命的大幕，创造了“大洋上的中国荣耀”。

站上世界造船塔顶

全球两种民用船舶最顶尖，一种是 LNG 船，另一种是豪华游轮。LNG 船建造难度堪比航母，因而被称为“皇冠上明珠”“超级工程”。

数万吨零下 163℃液态天然气漂洋过海，要安全完成几千公里的长途跋涉，对于 LNG 船的安全性要求极高。低温舱一旦泄漏，就容易使船体钢板脆裂，如果液化天然气从裂缝漏出，就会迅速汽化，成为一颗浮动的、威力巨大的炸弹，顷刻就会爆炸，船毁人亡。因此，LNG 船的设计、制造绝对不能出错。即便船舶已至近海，为了保障码头和周边居民的安全，也不允许

中国第一艘出口 LNG 船“巴布亚”号

其轻易靠岸。

一艘 LNG 船上有成千上万个组件，任何单一的组件产生故障，小至一个电路、一个阀门，都可能导致船舶整体出现故障。一条 LNG 船造价高达 2 亿多美元，没有客户会买一艘有丝毫不安全和不可靠因素的 LNG 船。

国产第一代 LNG 船的舱容为 14.7 万立方米，第二代舱容为 17.2 万立方米，虽然舱容大了 17%，但同样的推进功率，能耗却显著下降了 25%。第一代只能用锅炉燃烧货舱挥发气产生动力，采用蒸汽推进，但到了第二代就有多种选择，可以利用柴油机将货舱挥发气作为燃料，相比锅炉燃烧更为高效；也可以利用再液化设备液化回收，来达到 100% 液货交付，保证整个货物运输过程中不会产生损失。还可以根据客户的需求来做选择。

第二代 LNG 船研发过程中，研发团队几乎每个人都常失眠，瘦了好几斤。一年半里，几乎每个周六设计团队都加班，夜深人静才回家，也没有放假概念。整整三年，沪东中华终于成功开发出第二代 LNG 船。正是这些心

LNG 船设计建造创新团队

血，使一艘艘新型 LNG 船，在大洋上镌刻了中国造船人奋发有为的足迹。

船东所有担心的问题，也都在沪东中华人的智慧面前分化瓦解，“俯首称臣”。做到殷瓦钢焊接没有漏点，是世界难以攀登的高峰，但是普普通通的殷瓦钢焊工，秦毅、张冬伟和他们的徒弟、同事，已多次做到一个舱一个漏点都没有。日韩等造船强国都不能实现的目标，年轻的中国造船人实现了。

科技进步永无止境，要建造更多高端产品，在世界造船舞台踢天弄井，在于引进、培育更高端人才。沪东中华引进的几十名高技术人才，在各个领域竭忠尽智。“人才是企业最核心的竞争要素”，这张牌一定要打好。在这种理念引导下，沪东中华涌现了一批批卓尔不群的研发设计人员、能在钢板上“绣花”的一波波焊接高手，各种匠心独具的良工巧匠辈出，公司成了国家高技能人才培养示范基地、全国企业职工教育培训先进单位。

创新智造是最好的广告

2017 年 4 月，沪东中华高层一行人，又来到曾经访问过的日本某造船厂，这家工厂在世界上很有名，在业界更是声名远扬。过去，中国造船人想上船看看“皇冠上的明珠”究竟啥模样都不行。今天，他们正在建造其他新产品，中国造船人如果再想上去看看，行吗?

这次日方却特别大方地让中国客人随便参观。因为很多先进造船技术对中国来说，不再神秘，因此，日方觉得没有必要再这样藏着掖着，合作可以双赢。果不其然，日方破天荒提出，与沪东中华深度合作，共同研发更先进的船舶建造技术。

沪东中华董事长陈建良等去美国访问客户，世界石油巨头埃克森美孚公司高层，破例全部下楼迎接中国客人。沪东中华为他们建造的 6 艘大型

蓝天下的中国荣耀——5 艘 LNG 船停靠沪东中华码头

LNG 船，运行质量稳定，深获船员好评。就因为造了好船，埃克森美孚把中国造船人当作了高贵的客人。

“只有科技创新，才会引领需求；只有高端制造，才有战略支撑；只有中国智造，才能实业兴国。”沪东中华党委书记、董事长陈建良认为，创新智造就是企业最好的广告。沪东中华的历程证明，只有紧紧抓住创新的牛鼻子，有了雄厚的建造能力，在世界造船舞台上才会有更多话语权。

沪东中华每年都有上百个各种科研课题，高端产品研发都有时间表，“研发一代，更新一代”是公司的立厂之基，“精益求精、创新超越”是公司的文化理念。科技引领，创造市场，是公司生产经营之道。

LNG 船，是保障国家能源供给和运输的安全特种装备，是国家能源战略的一个重要组成部分。在一座 27 层大楼里，就汇集着一批研发 LNG 船的科技人员。中国四代 LNG 船，都是从这栋大楼里诞生的。

殷瓦焊接是LNG船围护系统核心技术

为国家经济发展提供重大技术装备，在全球打响中国智造品牌，是军工央企的使命，沪东中华在建造高端产品中，创造了中国乃至世界船舶工业多个“第一”。

全球有能力建造LNG船的企业至今不到十家，其中更为先进、建造技术更为复杂的薄膜型LNG船，有能力建造的只有4家，沪东中华是其中之一。因为是中国民用船舶建造能力最强的企业，2016年第四届中国工业最高大奖颁给了沪东中华。

2017年签约的4艘大型LNG船，世界几家LNG船建造公司个个实力强大，都想收入囊中。同中国竞争最激烈的韩国一家船厂，有着建造LNG船的光辉历史，是全球响当当的LNG船建造公司，但最终沪东中华的创造性建造方案打动船东的心，获得了这份大单。

虽然已是制造世界多种高端产品的建造基地，但是沪东中华人并没有在

国产化程度最高的LNG船“中能福石”号

灯光和掌声的追逐中故步自封，而是星言夙驾，打造更先进船型，成功开发的世界最先进超大型25万立方米LNG船、3.2万立方米LNG发电船正接受纷至沓来的客户检验。

手中有粮，心中不慌。然而沪东中华认为，好牌打出去了，总有一天会被人破解。必须昧旦晨兴，将人才优势发挥到极致，持续依托科技创新，研发更多好牌。好牌多，才能广积粮，左宜右宜，不然，就会左支右绌。

“精益求精、创新超越”的理念，正在“孵化”更多工匠和高端人才；提升建造质量，抓住品牌建设的每一步，都连着市场。更为先进的LNG船和其他高端产品研发工程，在沪东中华紧锣密鼓进行，不久大洋上将会出现更多中国造船人敢为天下先的超级工程。

从带着干粮打电话到 5G 物联时代　移动改变生活

一个人在外地打拼，如果想念家乡的亲人，该如何缓解思乡之苦呢？这个问题相信很多人都会不以为然：只要拿起手机，打个电话或通个视频，就可以随时随地和亲人聊天了嘛！但在 20 世纪 80 年代，这样的沟通方式显然是天方夜谭。如果想联络远方的亲友，又不想鸿雁传书的话，就只好打一个长途电话。不过，这通电话想要打通可不太容易，这可能要花费你一整天的时间。

80 年代：带着干粮打电话

孙建平是中国移动上海公司的退休干部，退休前曾任客户服务中心总经理、党群工作部资深经理，他至今仍清晰地记得当年人们拨打一次长途电话的艰辛。

“有一次，一家公司的老板想给去参加广交会的员工打一个电话，询问展会交易情况。那时候我们还没有直拨系统，两地之间的电话全靠人工转接。上海的电话打过去，告诉对方你想找谁。对方就要到偌大的广交会现场去帮你找这个人，等找到了再给你回拨电话。”

孙建平说，由于资源有限，如果回拨的电话没有人接听，是不能等待太久的，因此为了不错过广州打过来的电话，这位老板就只好带着面包等在营业窗口，直到晚上 6 点才等到了这通姗姗来迟的电话。这样的场景在今天讲

早期移动天线

起来甚至有些可笑，但在当年却是真实发生的事情。

随着改革开放的到来，通信技术也随之迎来了高速发展。长途电话告别了人工转接，进入了自动直拨时代。虽然打电话仍然要排队，但无论是接通速度还是通话容量都有了显著的提升。“起码，大伙打长途不用再带着干粮了。”孙建平笑着说。

1978 年到 1988 年的十年里，想打电话基本还都是公用电话，即使是在上海，有私人电话的家庭还是很少的。“楼上楼下，电灯电话”就是当时老百姓梦想中的生活状态。“那时候想申请私人电话要先交一笔不小的初装费，然后还要再等待几个月才能装机。”孙建平回忆说，尽管自己是通信行业从业者，但自己的家里也是到了 1987 年才装上家庭固话。

90 年代：“大哥大”就是身份的象征

80 年代末，上海率先试验移动通信。孙建平说，最初的移动电话其实应该叫“车载电话”，因为它是装在车上使用的。“那是一个很笨重的设备，它以汽车为电源，把电话安装在车上。严格地来说，这只是安装电话的场景可以移动了，电话本身仍然不能移动。”孙建平说。但不管怎样，车载电话的出现还是为上海的移动通信开辟了道路。

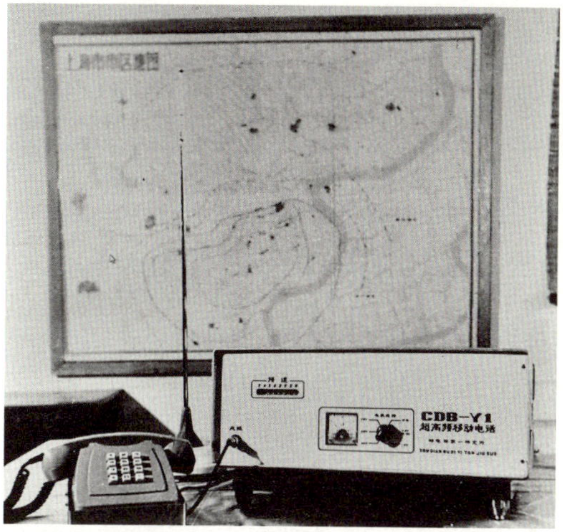

车载式移动电话

很快，第一批商用模拟移动电话就问世了，这也就是人们熟悉的“大哥大”。“它之所以那么笨重，是因为它的电池很大，否则就不能长时间地使用。而且当时上海全市只有五个信号基站，因此‘大哥大’的信号也不太好，使用时经常需要把它自身的天线拉出来以加强信号。”孙建平回忆说，但即便如此，“大哥大”仍然是一个人社会身份和地位的象征，让人们趋之若鹜。

想要拥有一部“大哥大”，需要付出怎样的“代价”呢？孙建平算了一笔账：一部“大哥大”=一万元购机费+四千至五千元的初装费+二百元入网费+二百元频率费+每月五十元月费。算下来，买一部“大哥大”至少要一万五千四百元左右，另外每个月还要至少花费五十元。而当时人们的月收入也仅仅是三十元到五十元左右，也就是说，即使是当时的富豪——“万元户”家庭，想负担一部“大哥大”也不是件轻松的事。因此，“大哥大”就实实在在地成为了人们眼中身份和地位的象征。

早期“大哥大”XF12

“当时拥有‘大哥大’的人，还有自己的一套使用方法。”孙建平笑着说，“大哥大”要插在裤子的后面，但必须要插一半露出一半。如果要坐在哪里，首先要把“大哥大”从裤子里抽出来，“啪”地往桌子上一戳，立刻就会赢得一众羡慕的眼神。接电话的时候就更“讲究”了：首先，“移动电话”一定要“移动”着接（和当时信号不好也有关系）。其次，通话声音一定要大（吸引其他人的关注），做到了这两点，才可以算一个会正确使用“大哥大”的“成功人士”。

数字时代：人人都是“手机一族”

拥有一部“大哥大”的确可以让人享受到明星一般的关注度。可惜，随着改革开放进程的不断加快，“大哥大”的风光时代仅仅持续了五年左右。

移动手机进一步得到普及

1995年，随着数字通信的出现，模拟通信走下了神坛。比大哥大更加小巧方便的手机走进了人们的生活。“当时我们还没有自己生产手机的能力，国内的手机都是整机进口，品牌也只有摩托罗拉和爱立信两种，价钱也不便宜，要五千元左右。”孙建平介绍，和购买“大哥大”一样，最初的手机也不是随随便便就能买到的，必须持有单位开具的介绍信以及本人身份证，领到购买号才能办理。

“尽管手机也是以高门槛的姿态出现的，但最重要的是我们对手机用户的承载量实现了跨越式的发展。”孙建平回忆说，从1995年开始，每年的用户数量都以一两百万的速度递增，这在“大哥大”时代是难以想象的。再后来，随着移动通信规模的扩大和成本的降低，以及诺基亚、西门子等品牌的出现，手机的费用大幅度地降低，真正地走进了百姓的生活。

电话维修研讨会

5G时代：移动改变生活

2010年，上海迎来了世界瞩目的世博会。会上，中国移动上海公司教授级高级工程师孙达和他的同事们向世界展示了中国的4G技术建设成果。“当时我们克服了电磁波功率发散以及阴雨天气和波浪对信号的影响等问题，成功实现了在船上与行驶的汽车里的视频通话。”孙达说，这也一举宣告了4G时代的到来。

“如果说过去我们一直在解决人与人之间的通信问题，那么现在我们要解决的就是机器与机器之间的连接问题。”孙达说，在刚刚结束的首届中国国际进口博览会上，上海移动就展示他们配备了5G技术的基站，它可以使互联网汽车、智能机器人以及无人机之间的通信畅通无阻。2018年，上海明确提出了“四大品牌”行动方案，而上海移动在通信领域的高速发展，也将成为上海制造走向高端的重要推进力量。

为世博会搭建基站

“联合创新，迈向 5G”，5G 将迎来万物互联时代，引发社会的深度变革

召开“奋战 100 天，迎接进博会”誓师动员大会

提振“中国芯” 打造全球产业高地

集成电路是信息社会与数字经济的基石。以芯片制造为例，一直到20世纪90年代，我国集成电路产业严重滞后，集成电路生产在技术上落后于国际先进水平整整三代以上。

作为国家“909”工程载体，上海华虹（集团）有限公司（简称华虹集团）1996年成立。诞生之初，华虹集团建成了我国第一条8英寸超大规模

华虹宏力公司

集成电路生产线。1999 年，“909”工程超大规模集成电路芯片生产线正式投片，自此，中国才有了深亚微米超大规模集成电路芯片生产线。

如今，华虹集团旗下的上海华虹宏力半导体制造有限公司（简称华虹宏力）已成长为全球领先的特色工艺纯晶圆代工企业。连续 32 个季度盈利的纪录目前仍未中断，被业内视为标杆和传奇。

以提振“中国芯”为使命

有点阅历的人也许还记得，早些年，进口芯片价格居高不下，办一张手机 SIM 卡大约要 100 元。而华虹宏力（当时为华虹 NEC）推出首颗国产 SIM 卡芯片，立即逼得海外芯片厂商降价九成。华虹宏力作为全球最大的智能卡芯片代工企业，在国内 SIM 卡芯片、第二代居民身份证芯片、金融 IC 卡芯片等市场上居领先地位。其研发的 90 纳米低功耗（LP）嵌入式闪存（eFlash 芯片）工艺平台，是国内最先进的 8 英寸晶圆嵌入式存储器技术，可为智能卡芯片、安全芯片产品以及 MCU 等多元化产品提供极具性价比的芯片制造技术解决方案。

“通过引进吸收再创新，仅这一系列芯片的国产化，就为国家创造了可观的经济效益和社会效益。”华虹宏力党委书记、执行副总裁徐伟说。

看似轻描淡写的几句话，研发背后却付出了极大的努力。这份研究，对于工作在一线的工程师来说，就是无数个日日夜夜的摸索、研发、实践。90 纳米嵌入式闪存需要经过上百次的试验完成工艺调试、考核等诸多环节，研究过程中失败是常有之事。研发团队通过组织设计、测试、工程部门集体攻关，通力合作，制定解决方案，有时候大家会为了某一个问题争论不休，甚至通宵达旦的思考，直到最终解决问题。

对于华虹宏力来说，90 纳米嵌入式闪存是公司最重要的战略工艺平台

华虹宏力生产线一隅

之一，该平台能否一炮打响，取得客户和市场的认可，也关系着公司技术路线是否顺利推进，对于该平台技术团队负责人李冰寒博士来说，时间紧，任务重，压力大。好在公司有良好的鼓励创新的氛围，许多想法只有五六成把握也敢尝试，当然项目成功的重要原因归功于公司在闪存领域深厚的技术积累，以及科学地评估了风险。90 纳米嵌入式闪存工艺平台目前已引入多颗产品并获得了大量订单。

华虹宏力在既有的专利布局上，找到了属于自身独到的创新点、突破点和优势点。比如，其新一代智能卡芯片中面积最小的一款，大小已不足半颗芝麻，兼具低成本和高性能的优势；而其新一代金融 IC 卡芯片，可以在很小面积上同时满足国内外主流发卡银行的加密标准。

连续 32 个季度盈利背后的布局

对于华虹宏力，华虹一厂、二厂及三厂三座晶圆厂的产出接连刷新历史

忙碌中的一线工作人员与机器人

纪录，截至目前，已保持了连续 32 个季度的盈利。

2017 年，公司两项重要盈利能力指标毛利率达 33.1%，净利润率达 18.0%，在行业中居领先地位。

对此，华虹宏力党委书记、执行副总裁徐伟表示，习近平总书记多次强调重大科技创新成果是国之重器、国之利器。在芯片行业，华虹宏力很早就确立了发展特色工艺的策略，并就此长期进行布局。20 多年来，华虹宏力的技术和市场聚焦于智能卡、微控制器、功率器件、电源管理芯片、模拟及混合信号等产品。由于提前布局，因此，每当相关市场起飞，华虹宏力总能先人一步，在新兴领域分享机遇。自 2011 年以来，随着智能手机、光伏发电、移动电源、金融 IC 卡、5G、物联网、绿色能源、新能源汽车、人工智能等领域对芯片的需求不断爆发，华虹宏力的经营状况一路向好。

据介绍，华虹全面支持推动集成电路上下游产业链的高速发展，促进了长三角地区产业经济的繁荣，服务国内近一半的集成电路设计企业（约 600 家），支持国内集成电路设计公司创新创业，目前华虹宏力国内客户占销售收入近 60%。通过不断的研发创新，公司积累了大量具有自主知识产权的专利项目，打破了单纯依赖国外技术引进的局面，大大降低了技术成本，从而为国内设计企业的产品制造提供了更加经济有效的芯片制造平台。

不仅如此，华虹宏力坚持“产学研”结合，培养了一支高素质的集成电路人才队伍，于2014年就建立起上海市集成电路行业的首家院士专家工作站。多年来，工作站已培养了2名博士后出站，近30名博士研究生毕业并取得博士学位。这些毕业生到了工作岗位以后，上手快，动手和独立工作能力强，许多已经成为国内大型集成电路制造企业或设计公司的核心技术骨干。

功夫不负有心人，公司技术中心被授牌为“国家企业技术中心”，华虹宏力“先进嵌入式非易失性存储器制造技术”项目荣膺2013年度国家科学技术进步奖二等奖，更成为首个跻身“中国企业发明专利授权量前十”的集成电路企业。除此之外，近期华虹宏力还荣获多项荣誉，包括位列“2018中国企业创新能力百强排行榜”第四、“2017年全国电子信息行业最具影响力企业”“中国工业行业履行社会责任五星级企业（2016）”，并蝉联“2017年大中华IC设计成就奖之最受认可晶圆代工企业”。同时亦是2015、2016

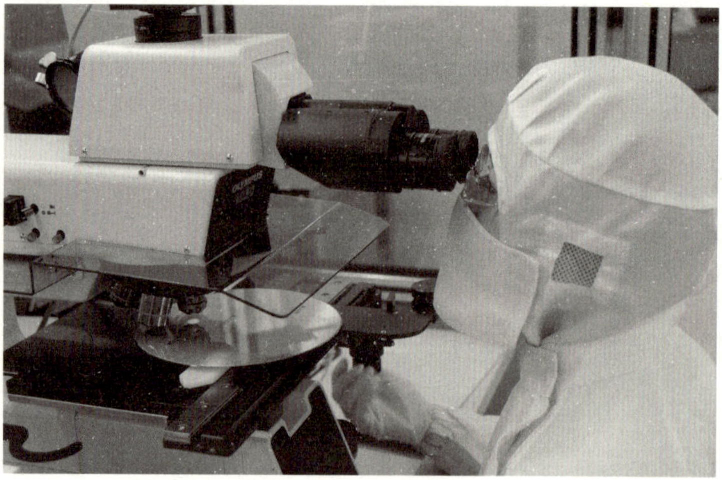

检测晶圆

年连续两年荣登上海市工业纳税百强排行榜的唯一一家半导体企业，充分彰显了公司的经营实力和诚信纳税的企业公民意识，为浦东新区、上海市经济社会发展作出了重要贡献。

立足长三角迈向全球化

自从2017年底明确了“共同打造世界级城市群”的理念以来，长三角各地区便开始携手加速探索区域协调发展新机制：从组建长三角区域合作办公室到编制《长三角一体化发展三年行动计划》，再到启动各项专题合作……人们真切地感受到，“一体化”一词从未像今天这般炙手可热。一体化了30多年的长三角地区，此刻已经按下了“快进键”。

从2017年起，华虹坚持立足上海发展的同时，在江苏无锡建设总投资100亿美元的新基地。无锡基地是华虹集团在上海市域以外布局的第一个制造业项目，同时也是无锡市最大的单体投资项目。华虹半导体（无锡）有限公司一期项目（华虹七厂）总投资约25亿美元，已于2018年3月2日在无锡高新区开工建设，在建一条工艺等级90～65/55纳米、月产能约4万片的12英寸特色工艺集成电路生产线，支持5G和物联网等新兴领域的应用。目前，项目建设进度超过预期，2018年底主体结构完成。

无疑，华虹项目的启动建设将使无锡成为全国集成电路高端生产线最密集的地区之一，巩固无锡作为“国家南方微电子工业基地中心”地位，也将进一步奠定无锡高新区在全国集成电路领域的领先位置，为无锡市集成电路产业生态圈的发展、壮大和繁荣作出突出贡献。同时无锡正在打造以物联网为龙头的新一代信息技术产业高地，华虹的到来，也将为无锡智慧城市建设提供有力支撑。

这一决策，一方面填补了华虹宏力在65/55到90纳米工艺节点上的空

华虹无锡集成电路研发和制造基地鸟瞰示意图

白，并充分利用了周边区域的人才、资金、配套优势；另一方面，也响应了中央关于推动长三角更高质量一体化发展的新要求，有助于在长三角打造全球芯片产业高地。

“华虹是应用国产装备和材料最多的集成电路制造平台。”徐伟表示，多年来，华虹全面支持国产半导体设备和材料企业的创新，积极促进中国半导体产业生态圈的完善，在业界有目共睹。

但同时，半导体供应链是全球性的，企业要以全球化的观念去吸引更多行业领先者植根于中国半导体市场，加强技术互动和合作，打造全球化发展共赢的生态圈。

“我们将与整个产业链共同努力，加速推动国产化替代进程，同时也期待能与更多国内外优秀的合作伙伴达成更深层次的战略携手，共赢未来。”展望前路，徐伟信心满满。

技术落地融合转化　助力城市智慧转型

我国第一台程控数字交换机 DS-2000、第一台程控数字市话交换机 DS-30、第一个大型公安 110 应急指挥系统——DS110 排队交换系统、国内规模最大的城市应急联动中心——上海应急联动中心……这些“第一”都来自电信科学技术第一研究所有限公司（简称电信一所）。如今，成立于 1957 年 3 月的电信一所已经走过了 61 个年头，在我国科技改革的浪潮中，为通信事业作出了突出贡献。

打破垄断实现零的突破

国家为了打破国外垄断程控数字交换机的局面，1983 年 10 月国家计委下达了“程控数字交换机”研制任务，这是“六五”期间的一个重大攻关项目。

这个任务交给了电信一所，电信一所组织动员广大科研人员解放思想，敢于创新，经过三年夜以继日的辛勤工作，投入了 400 余人一年的工作量，在相关单位的协作下，于 1986 年成功地开通了国内第一部程控数字交换机的科研样机，实现了国产程控数字交换机零的突破。

DS-2000 科研样机通过鉴定后，接着，电信一所生产了两台交换机，参加“程控—光纤联合工程”试验。一台 500 门交换机安装在中南海，另一台 2000 门交换机安装在国家计委。接入北京电话网试验结果：交换机能够与

电信一所研制成功我国第一台程控数字交换机 DS-2000

电端机、光端机正常配合，进网各项功能包括：本局、入局、出局、长途、国际全自动及各种特种业务等全部正常，用户反映良好，为通信网提供我国自行研制和生产的程控数字交换机打下了坚实的基础。功夫不负有心人，该成果荣获国家科技成果一等奖。

对于国家，电信一所创造了多个科技成果。而对于上海，电信一所有着特殊的重要的意义。

1993 年上海市举办东亚运动会前，市公安局为了确保城市安全，决定建立上海市 110 应急指挥系统，委托电信一所和上海市电话局研制并建立此系统。

时间紧、任务重……科技人员克服了重重困难，与上海市内电话局合作，实现通信和信息技术在该系统的综合应用，成功地研制并建成国内第一个大型公安 110 应急指挥系统——上海市公安局 110 应急指挥系统，为上海公安提高接处警效率，确保城市安全发挥了重要作用。

从此以后，“有困难打 110”就成为市民的口头禅，此后，电信一所在 110 排队机基础上又增加了调度功能，形成了 DS-300 程控数字排队调度机，成为国内推广社会应急服务系统的关键设备。

深耕客户需求助力城市智慧转型

五一节前返乡高峰，晚上 7 时，乌鲁木齐南站的接站口突然爆出一声巨响，打破了节前的祥和与喜悦。拉着行李刚刚出站的旅客，惊恐地发现有一伙暴徒混在接站口，一边引爆爆炸装置，一边对着人群挥刀乱砍。殷殷鲜血在流淌，生命在遭受屠戮，幼儿在母亲颤抖的怀抱里惊恐地啼哭，慌乱逃散的人们发出绝望的惊呼……时间，在无情地流逝，生命，在每分每秒中受到威胁。乌鲁木齐 110 指挥中心在接警后迅速反应，仅 1 秒内便检索出了距事发地最近警力，10 秒内完成了指令首派，3 分钟内警力到达现场，5 分钟内控制了现场局面，30 分钟内将伤员送往了医院，1 小时内完成了现场疏散和清理。从天而降的特警有效震慑了暴徒，高效的指挥让损失降低到最小。该事件中仅有 1 名群众死亡，乌鲁木齐 110 指挥中心因此荣立公安部一等功。

有谁知道，如此高效的指挥及处置，是借助高科技通信技术成就的；在军功章背后，还有一群同样响应迅速的无名英雄，一支战斗力极强的应急铁军，那就是指挥调度系统的设计开发者电信一所下属的迪爱斯公司应用软件研发团队。除了乌鲁木齐，他们的产品还服务着全国 700 多个城市，为全国 7 亿多人提供着报警服务，为人民群众的生命安全筑起了一道绿色堤坝，近年更是走出了中国，走向了海外。

“科技创新要以用户需求为根本。”为了使这条生命线更健壮、更强大、更高效，迪爱斯研发团队一直坚持贴合市场搞创新。他们反复调研用户需求，将 110 指挥调度划分为接报警、指挥处置、研判分析、防控体系构建、效能考评 5 个环节，逐个环节研究分析业务需求和使用要点，在此基础上不断引入即时通信、音视频处理、移动终端、商业智能、云计算、物联网、大数据等新技术，从“拍脑袋”到“实时动态”，助力城市管理从粗放型向精准化转移。

不仅如此，在科学创新的同时，迪爱斯公司在行业内创造出了大量第一：第一套三台合一系统、第一套大联动系统、第一套基于地理信息的实战勤务系统等，解决了一大批实战问题，大大提升了指挥处置效率。

单单是实战勤务系统，着力解决了各地公安“事多人少、警力不足”的问题，帮助客户实现了“警力跟着警情走”的科学布警。该系统在青岛中试上线后，当地刑事警情案件下降近 30%，基层民警巡逻时间平均下降 40%，彻底把他们从“人海战术”中解脱出来。

据了解，近年来，迪爱斯公司先后在全国各地承建了 1000 多个应急指

迪爱斯公司承建国内规模最大的城市应急联动信息系统“上海市应急联动中心”

挥中心，交付使用各类移动指挥车1000多辆，在国内应急通信与指挥等特殊通信领域具有较高的市场占有率，用户行业遍及政府、公安、消防、通信、军队、民防、水利、国土、电力、媒体及三大运营商等。

加快技术落地迈向海外市场

本土企业走出去，迪爱斯公司在不断加快自己的步伐，逐步形成了新趋势，即资本化、本土化、可复制化。首先加快推进资本运作进程，积极寻求战略合作伙伴，引入战略投资者。其次，深耕自己的优势领域，加大研发力度，以比较优势为原则，尽可能整合当地资源，推进融合。

2013年年底，迪爱斯公司成功中标老挝万象平安城市项目。2014年3月，项目组开赴老挝万象，但很快便遭遇了挑战。当项目成员日夜兼程，将系统搭建完毕，为用户演示时，用户脸上的表情不是认同肯定，而是疑惑无奈，欲言又止。原来，是系统界面的本地化翻译做得不够准确，让客户无法理解，而此时如果向公司求助，让翻译公司返工，是搬远水救近火。经过团队内部协商，项目组决定在当地聘请翻译。

然而在英语普及率非常低的老挝，这样的临时招人却是一大难题。项目组先找翻译公司，然而都只同意做文档翻译，不同意派人驻场合作。项目组随后又找到当地大学，在了解到只是临时合作时，也都一一婉拒。就在一筹莫展，万分着急时，有一个本地人响应了论坛上发布的招聘信息，此人有中国及欧洲的留学和工作经历。经过深入合作，翻译优化工作顺利完成。就这样，项目组凭借团队的智慧，一一攻克难关，最终顺利完成老挝项目验收，成为东南亚安全城市解决方案首个样板点，成功打响了进军海外市场的第一炮。

打响了以后便一发不可收拾，在一带一路国家，迪爱斯公司帮助巴基斯

迪爱斯公司承建巴基斯坦平安城市建设项目

坦提升应急管理系统，助力巴基斯坦建设安全城市；在战火纷飞的肯尼亚，电信一所排除万难，零故障完成项目，据肯尼亚官方统计，项目覆盖范围内犯罪率下降 46%。走出国门，项目组义无反顾，奔赴海外，项目组坚定执着。危机和险要的关头，他们“招之即来，来之能战，战之必胜”。

对于出海，电信一所副所长、迪爱斯公司常务副总经理邱祥平说，未来要重点发展海外市场业务，依托一批具备海外市场能力的国内合作伙伴，将国内成熟产品快速复制海外，加快海外市场拓展步伐。

“未来我们要探索研究大数据、人工智能、物联网等新技术融入应急指挥。”电信一所及迪爱斯公司总工程师雷霆告诉记者，“技术不仅仅只是技术本身，它要跟老百姓的需求连接起来，真正的为老百姓创造价值，为老百姓所用。加快技术的落地融合转化是我们接下来要全力以赴的事情。”

不仅如此，记者见到在电信一所的计划书里，设立了更明确的目标，“在行业信息化聚焦方向，形成业务定位；集中研发资源，开展核心技术和产品规划。高度重视国家重大项目、军队‘十三五’预研、型号立项，争取项目落地。”

绿色发展探路者　美丽电厂树标杆

“赤日炎炎，似火炙烤。当前南方多地饱受酷暑的煎熬，‘中国美丽电厂’的寻美步伐并没有就此放缓，这一站来到毗邻长江的华能上海石洞口第二电厂（简称石洞口二厂）……”就是这家坚持提倡清洁生产、一以贯之绿色环保理念的电厂，被业界和媒体赞誉为“绿色发展的探路者”。

走进石洞口二厂厂区，鸟语花香、碧草如茵，果然不负“美丽电厂”的称号。如今，不仅被上海市经信委和市环保局联合命名为发电企业中唯一一

绿色环保电厂主厂景

家“上海市清洁生产示范企业”的电厂，更成为经济效益突出、资源利用合理、环境与经济协调发展的时代典范。

创新 突破技术难关引领节能减排

作为华能集团旗下的主力电厂，华能上海石洞口第二电厂始终走在行业前列，提倡清洁生产是石洞口二厂一以贯之的绿色环保理念。多年来，电厂始终认真履行环保责任，重视污染物和废弃物的达标排放。

2009 年，华能上海石洞口第二电厂二期两台 660 MW 超超临界机组同步建设的 10 万吨级二氧化碳捕集装置，就诞生在中国向世界发出承诺之际。华能上海石洞口第二电厂二期项目二氧化碳捕集示范工程的产品，初期以循环利用、总量控制作为主要的处理方式，最终实现二氧化碳的封存，为我国

全国首套电厂 10 万吨二氧化碳捕集装置

温室气体减排作出贡献。

说起二氧化碳捕集项目过程中遭遇到的种种困难，电厂专业环保工程师张庆文格外感慨。因为在我国，火电厂大型二氧化碳捕集装置的研发，没有经验可循，一切需要从零开始，其中最需要突破三大技术难关。

首先就是高性能、低能耗、低降解和低腐蚀的 CO_2 吸收剂研制空白。为此，中国华能清洁能源研究院投资了 3000 多万，建立了温室气体减排技术试验室，试验过程共筛选单体吸收剂 40 余种，复合吸收剂 150 余种，获得了具有自主知识产权的高性能 CO_2 吸收剂。

其次，关键设备没有设计先例。于是，项目团队就根据 CO_2 吸收剂性能进行关键设备的研制开发，通过对小型试验台的不断改进优化，研制开发了适用于燃煤电厂 CO_2 捕集技术的吸收塔、再生塔、再沸器等关键设备，做到了关键设备完全自主知识产权，100% 国产化。

另外，没有成型吸收补集工艺怎么办？华能清能院根据石洞口二厂二期项目特点，先后制作了 5 套小型试验装置，获得了大量的系统运行数据，不断的改进优化系统设计，首次提出了双吸收塔布置的 CO_2 捕集工艺，提高了系统运行的灵活性和可靠性；提出了分级吸收再生烟气脱碳系统创新概念，能耗较低；提出了带自循环和激冷的喷淋脱碳系统，降低了建设和运行成本，得到燃煤电厂烟气 CO_2 捕集系统优化运行和控制能耗的规律，最终形成了完整的工艺设计软件包，成功应用在华能上海石洞口第二电厂二期项目 12 万吨 / 年二氧化碳补集装置工程示范项目中。

管理　瘦身健体提质增效树标杆

从 1992 年全面建成投产以来，石洞口二厂便积极探索适应市场竞争的现代电厂管理新路，依靠科学管理和技术进步，使企业始终充满生机和活力，企业的整体素质、社会形象和经济效益都取得了令人瞩目的成绩，在国内燃煤火电机组中始终保持领先水平。

石洞口二厂副总工程师兼管理二支部书记陈思勤，见证了企业创新发展的不凡历程。自从1992年进厂工作以来，她就在生产一线班组摸爬滚打了十多年，积累了丰富的专业技术和人员管理经验。近几年来陈思勤的工作重心转移到对电厂的生产技术方面和经营方面进行全面的管理，为厂领导出谋划策，为各部门排忧解难。带领安全生产技术创新团队创新技术和管理思路；这些年石洞口二厂在创一流电厂、创建燃料标杆电厂、创建优秀节约环保型电厂、节能标杆、安全生产标兵、提质增效标杆电厂等方面得到公司高度评价，她功不可没。

近几年以来，电力企业的竞争越来越激烈，瘦身健体提质增效是企业的唯一出路。陈思勤作为电厂六个核心管理部门的支部书记，创立以安全生产技术创新、环保创一流、争电量控煤价三个责任区为主的创新管理模式，为电厂在集团公司瘦身健体对标竞赛活动中获得标杆荣誉作出了贡献。

正是在陈思勤和同事们的积极努力下，近年来石洞口二厂相继成为集团公司首批节约环保示范电厂、优秀节约环保电厂；2号机厂用电率和4号机组供电煤耗连续多年保持全国同类型机组标杆水平，4号机、3号机获中电联组织的大机组竞赛一、三等奖，填补了股份公司在该机组类型级别奖项上的空白；3号机荣获能源局组织的机组可靠性金牌。

为使电厂的管理能够更上一个层次，近年来，陈思勤组织完成了SIS系统建设、资产财务一体化系统建设、燃料全过程管理平台、运营中心建设工作，特别是集团资产财务一体化系统，最大亮点是其高度集成化和关联化，可以实现各业务流程的自动化闭环控制，以及跨模块的同步集成凭证生成，对资源进行统筹管理，实现生产经营的全局在线监控和记录。陈思勤作为项目主要负责人，清醒地认识到“变革与创新过程必然伴随着阵痛，既然承担起‘试点’责任，就要尽最大努力，为后续工作做好铺垫！”经过反复优化方案，她带领电厂团队自上而下克服重重困难，出色地完成试点任务，为公司全面推进信息化建设作出了贡献。

多年来，电厂始终坚持以安全生产为基础，以经济效益为中心，以深化全面从严治党为保障，积极应对各种困难和挑战。电厂强化“人才强企”和“绿色发展”战略，持续推进企业文化建设，安全生产创造历史最好成绩，经营绩效保持较高水平，利润完成率名列公司前茅，管理提升工作不断推进，党的建设和队伍建设不断增强。电厂荣获“上海市五一劳动奖状”，连续十一次荣获“上海市文明单位”称号，多次荣获集团公司“年度先进企业”的称号。

“在绿色美丽电厂的发展之路上，石洞口二厂将继续领跑前行，为上海市和国家的环保发展做出新的更大的贡献。”华能上海石洞口第二电厂厂长樊哲军对未来充满信心。

极速完成新衣定制 “中国智造”改变的不仅是时间

对特立独行的年轻人而言，撞衫不亚于火星撞地球。低调内敛，没有耀眼的大 LOGO、做工精细的私人订制，在 2018 年已是触手可及。

一根软尺，一块画粉，一把剪刀，一筐针线……在上海，有不少橱窗里张贴着“高端定制”字样的裁缝铺，两三个老师傅忙碌着，为顾客提供“一人一版”服务。

在改革开放初期，定制服装需求不大，成衣企业如雨后春笋，争相抢

培罗蒙 90 周年庆

占市场份额。仅靠传统高端西服发展的培罗蒙夹缝中必然难以生存。如何发展，如何变革，培罗蒙用行动给出了答案。

从为国家领导人定制西服到承接人民大会堂统一换装任务，到成为世界技能大赛中国政府代表团指定服装品牌……桩桩件件，令人咋舌。90 岁的培罗蒙，不仅活出了"上海老字号"的沉稳，也洋溢着"90 后"的青春气息。

老字号占领市场 数量并非王道

"改革开放以来，中国的纺织服装企业经历了从无到有，从有到多的过程，部分企业还打造出了一批成功的品牌。然而从总体看，中国在整个国际市场中还只是个服装制造大国，在国际竞争中仍处于追赶和从属地位。"培罗蒙董事长金建华表示，究其原因，品牌影响力不够。

上海培罗蒙服装投资有限公司董事长、中国服装定制委员会副主任、上海市服装定制委员会主任、上海新世界集团有限公司董事 金建华

培罗蒙产品

“新的消费习惯决定了老字号不可能用数量去抢市场。”金建华知道，从市场趋势看，越来越多的“快时尚”品牌正在崛起。金建华坦言：“要培罗蒙和‘快时尚’比，没法比，也没必要比，因为对老字号、对拥有国家非物质文化遗产称号的培罗蒙来说，规模扩张不是特长。”

为了进一步保护和弘扬民族品牌，20 世纪 90 年代，培罗蒙最终确认了“做精定制、做强连锁、做大批发”的发展战略。此举为品牌以后的发展奠定了良好的基础。

“推、归、拔、整”打响“精”字招牌

“刚进公司，师傅就手把手的教我们推门、覆衬、扎壳子、撬锁钉，一道道繁琐而细致的工序着实让我觉得，做一件好的西服就如艺术家完成一件好的作品，需要精雕细琢，细致的手工活中蕴含了制作者的心血和才情。”1989 年毕业分配到培罗蒙的卢仁敏，如今已是培罗蒙 workshop 工作室经理、高级技师。

培罗蒙产品

他曾为国际质量协会专家吉米·哈林顿制作西服，然而这位专家身高 1.90 米，体重 200 公斤，腰围 1.55 米，臀围 1.75 米。通过简单交流，卢仁敏了解到由于体型的缘故，他根本买不到合适的服装。量体时，一把皮尺也根本量不

培罗蒙产品

培罗蒙产品

足哈林顿先生的身体。

特殊的体型，增加了裁剪的难度。服装要弥补体型的不足必须突破常规的裁剪思路，卢仁敏运用平面裁剪和立体裁剪相结合的方法，先做纸样，再裁面料，一件西服和两条裤子足足用料 8 米，是正常用料的 2 倍。衣服做好后，哈林万分感慨："培罗蒙师傅的手艺是世界一流的。"

而培罗蒙最擅长的就是：炉火纯青的推、归、拔、整等西服制作"四字真经"，以及一丝不苟的量体、裁剪、试样、改样、缝制、检验的"制衣六环节"。按照金建华的说法，它们从 90 年前培罗蒙品牌诞生起，一直延续至今。在目前其 20 多人的专业技师团队中，年纪最大的已经六七十岁，年纪最轻的刚刚 30 岁出头，50 岁左右的是"中间力量"。

校企合作 创新无止境

为了推进服装生产科学化、技术进步，培罗蒙与中国纺织大学合作建立“培罗蒙西服研究所”，推进了服装制作智能化；2001 年与东华大学合作建立培罗蒙博士后科研工作站；2009 年和 2010 年先后又与上海商学院、复旦大学视觉艺术学院校企合作，特别是在视觉艺术学院内建立产、学、研基地“培罗蒙男装工作室”，这是培罗蒙首次与高校合作开展男装研究项目……耄耋之年，培罗蒙依然创新无止境。

有一组数字值得关注：2009 年，上海培罗蒙的定制西服做了 5 万套；2010 年减为 3 万套，利润却增加了 30%；2012 年定制西服的数量仍在 3 万套左右，利润又增加了 30%。

培罗蒙场景

上海品牌认证证书

培罗蒙制服公司经理吴文青告诉记者，培罗蒙西服曾经的市场售价仅有1000元上下，如今一套培罗蒙高级定制西服的售价，已基本与国际一线品牌持平。这种变化的背后，是“基因重组”的结果。

2018年6月，上海53家企业的50个产品和36项服务通过第三方认证，成为首批“上海品牌”。培罗蒙西服高级定制服务不仅是其中之一，更以96分的高分通过认证。

培罗蒙西服公司章宇颖非常骄傲，她说，在时间紧任务重的情况下，培罗蒙人从标准的制定到标准先进性评价，从自评报告撰写到现场答辩，从材料审核到现场论证，每个环节都非常重视。

“上海品牌”荣誉加持，每个培罗蒙人的自豪感油然而生。不过，对他们来说，这并不是终点，而是一个新的平台。

突破时间限制 快速制成成衣

拥有90年历史的培罗蒙，依然披荆斩棘，所向披靡。“发展科技培罗蒙，打造世界级中国奢侈品服装品牌培罗蒙是我们的目标。”

据透露，培罗蒙研发设计中心即将投入运营。该中心将全力推进设计研发、高级定制及销售展示等三方面功能的建立，通过和上海工程技术大学战略合作，引进先进的技术和设备，创造出令人耳目一新的海派服饰，直至打造出更多的由“中国智造”的国际服装品牌。

培罗蒙研发设计中心

培罗蒙高级定制创意中心外景

培罗蒙高级定制创意中心内景

此外，堪称中国第一、世界领先的培罗蒙高级定制创意中心也整装待发。这座堪称 4S 服装体验馆的创意中心，坐落在陆家嘴。老字号 + 文化 + 技术 + 新场景体验是其最大的亮点。智能机器人、自行研发的培罗蒙测量系统（BMS）和培罗蒙快速成衣系统（BBS）将集聚中心。“3D 智能测量系统” 3 秒钟就可以完成一次全身准确测量。BBS 系统更是以三维人体扫描技术为依托，以样板自动生成设计软件为核心，配以力克软件系统及高精度裁剪设备，全面提供从服装量身定制到成衣尺寸获取、裁剪样片自动生成的一体化解决方案，快速实现服装个性化定制。过去做成一件衣服需要 72 小时以上。该中心从量体、选料、设计，至试衣、成衣，几个小时即可完成一件成衣制作。与此同时，上海 SMG 战略合作的环球荧幕 VR 放映厅将滚动播放全世界的所有服装电影，让消费者在体验一流服务、智能制作的同时感受浓郁的服装文化气息。

上海制造：新时代 新征程

未来篇

攻坚核心技术　打响高端医疗设备中国品牌

一台 7 米多的巨型机器，只要躺在上面扫描 15 秒，分分钟就可以得到一张完整的人体全身高清代谢图像……

灵敏度提升 40 倍，辐射剂量降低 40 倍……联影 uEXPLORER 探索者被称为探测人体的“哈勃望远镜”，它的出现几乎让中外医疗器械行业惊掉了下巴……

而这样的惊讶对于上海联影医疗科技有限公司已经不仅仅是第一次。

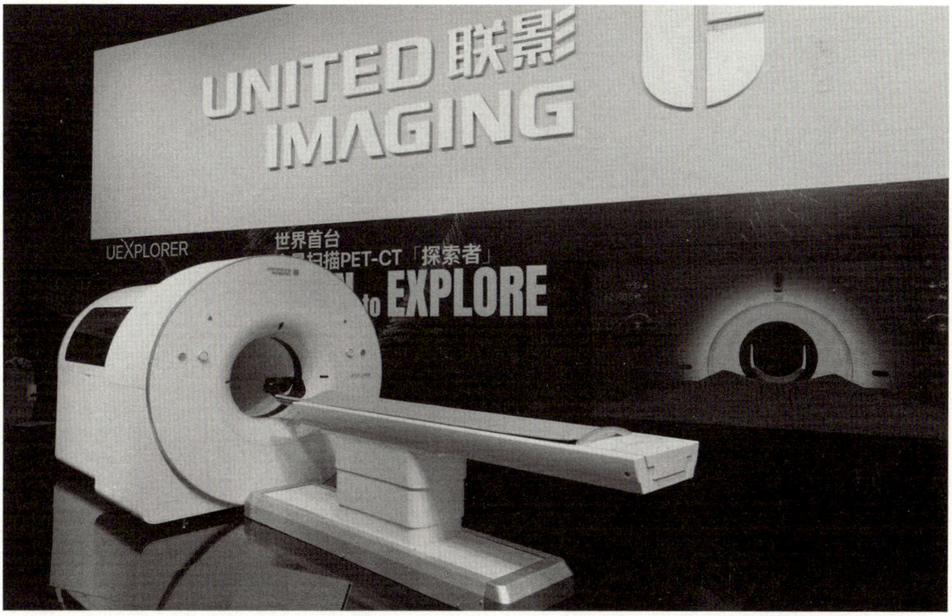

2017 年 5 月，世界首台全景动态扫描 PET-CT uEXPLORER“探索者”首次全球公开亮相

时间追溯到2014年，美国加利福尼亚大学戴维斯分校、宾夕法尼亚大学及劳伦伯克利国家实验室分子影像领域的国际顶尖专家组成了“探索者联盟”，获得美国国立卫生研究院（NIH）一笔大额专项资金支持，来将全身人体扫描的PET设备从构想变为现实。

“探索者联盟”为了确保项目的成功，四处寻找可靠的工业界合作伙伴来执行这个项目，最终却选择了上海一家在欧美名不见经传的小公司。是什么样的团队什么样的产品有这样的魅力？

“说到底，这么大的项目选择我们这样的新公司，连我自己都有一点出乎意料。”联影分子影像事业部CEO包峻坦白，“但是转念一想，研发这些年花了这么多心血，联影在这个领域已经有了很深的技术积累，选择我们也是情理之中的事情。”

新兴企业探索科研无人区

“这块的科研前无古人，是一个空前的挑战。”包峻介绍道，高端医疗设备是个非常复杂的工程，包括机械、电子、物理、图像、算法、软件、工艺，难度极大。传统PET-CT轴向视野只有15.7 cm—21.6 cm，最长也不过30 cm，如今要实现2米长的轴向视野，工程的复杂度将提升无数倍，处于真正的科研无人区。2 m PET-CT并不是简单的探测器模块的组合，对于可靠性、易用性等方面要求很高。以可靠性为例，假定一个普通20 cm长的临床PET产品的可靠性为95%，简单的将十台这样的产品凑在一起是可以组成一个2 m PET，但这样的2 m PET，其可靠性将只有0.95的10次方——59.87%。

由于技术难度极高、工程量巨大，美国顶尖分子影像团队“探索者联盟”也望而却步，希望交给具备丰富产品研发和转化经验的企业来完成。因此，在拿到项目后为期两年的时间里，“探索者联盟”开始在全球寻找合适的工业合作伙伴。

继首台商业化 PET-CT 在 2001 年诞生以来，PET-CT 技术迅速成为全球临床、学界、产业界关注和研究的焦点，几大国际巨头高端医疗设备公司都陆续研制出 PET-CT 产品并推向全球市场。而在中国，PET-CT 这一前沿且高端的设备鲜有企业能够研制成功，2015 年数据显示，日本每百万人口拥有 PET-CT 4.3 台，美国 5.1 台，而中国只有 0.2 台，且市场被外资品牌几乎 100% 垄断。

“探索者联盟”寻找合作伙伴期间，国际知名跨国公司均进入候选行列，但由于这些企业始终没有提出令项目团队特别满意的方案，合作伙伴的最终人选迟迟没有落定。没有人想到，在中国，已经有一家公司掌握了关键的核心技术。

成立于 2011 年的上海联影医疗科技有限公司是一家自主研发、生产全线高性能医学影像及放疗设备，并提供医疗信息化、智能化解决方案的高新技术企业，早在 2014 年就成功研制出了性能领先的 96 环光导 PET-CT。

与全球巨头技术 PK

无巧不成书，在 2015 年的美国核医学与分子影像学会年会（SNMMI）现场，“探索者”项目负责人，加利福尼亚大学戴维斯分校教授 Simon R. Cherry 博士见到了联影美国子公司 CEO 李弘棣教授。

在有限的 15 分钟时间里，李教授直奔主题，介绍了联影在 PET-CT 领域的独特优势：联影已经成功研制了 112 环数字光导 PET-CT，拥有当时业界最高灵敏度、业界最高分辨率、业界最大轴向视野等核心性能。最为关键的是，联影 PET-CT 的核心部件探测器中，藏着一个全新的“物种”——替代传统部件的高灵敏度硅光电芯片 SiPM。较传统光电部件而言，其尺寸从厘米级缩减至毫米级，却能突破现有 PET 技术极限，极大地提升了系统稳定性与可拓展性，SiPM 所带来的全面模块化的设计更意味着这台机器具有良好的可扩展性，能够更为方便地组成轴向视野长达两米的 PET。

“造这台人类史上最强 PET，探测器是核心，而基于 SiPM 的探测器技术就是其核心中的核心。但他们没想到，这一技术早已由一家中国企业实现了产业化！”李弘棣回忆说。这次匆匆会面，为联影赢得了一次技术答辩的机会。

一个月后，在加利福尼亚大学戴维斯分校举办的“探索者”项目技术答辩会现场，会议厅内核医学领域世界顶级科学家、临床专家云集，答辩实况在伯克利分校和宾夕法尼亚大学同步直播。所有人的目光聚焦于李弘棣身上，“那么多模块，怎么同步？如此庞大的数据量，怎么保证重建速度？系统优化、维护怎么办？”面对一个又一个极具挑战的难题，李弘棣总能给出完美的解决方案。

答辩会持续了整整一天——在李弘棣同与会专家分享学术成果、与探索者核心团队在项目技术、风险、开发计划及经费预算等方面开展深入讨论后，“探索者联盟”终于决定将联影纳入合作伙伴的候选名单。

尽管“探索者联盟”与联影达成了初步合作意向，但在高端医疗设备领域，历数美国尖端科研项目，还尚未有过中国企业参加的先例。想要说服美国国立卫生研究院（NIH）特批这次合作，必须拿出切实的证据证明联影的实力。

2016 年初，Simon 与项目另一位负责人，加利福尼亚大学戴维斯分校教授 Ramsey Badawi 带领着一个由美国加利福尼亚大学戴维斯分校及劳伦斯伯克利国家实验室研发人员组成的考察团到访上海，对联影开展了全方位无死角的考核，并同期比对其他竞争者方案。

2016 年 1 月，美国“探索者联盟”团队来到联影，开展全方位无死角的考察

现场，Simon 与联影研发人员一起聊技术、在工厂车间仔细勘察制作工艺与质量控制……团队经过与业界主要的 5 家企业广泛的接触和研讨，对各家厂商提出的实施方案做了技术评估，并进行了实地考察，从技术解决方案、质量控制、设计创新能力以及公司对项目的承办决心和力度等方面对厂商进行评估。美方代表还去了复旦大学附属中山医院，考察设备的图像质量以及系统在临床应用的情况。

一回到美国，考察团就向美国国立卫生研究院（NIH）提交了一份书面报告。他在报告中提道：“综合考核全球范围内的各大高端医疗设备企业，联影在技术实力、质量控制、设计创新和产品化能力上极具优势，是探索者项目合作的首选。”

2017 年 1 月，“探索者联盟”正式对外宣布选择联影为全球范围内唯一的产业化合作伙伴，全权负责 2 米 PET-CT 的研发和产业化，并掌握完全的知识产权。

"收到邮件说和我们合作，虽有些惊喜，但根据考察期间的交流情况看也是意料之中的"，包峻和他的团队回忆起当时的场景，"对方来上海考察的时候，我们就觉得是有戏的，因为在这个领域我们有研发优势并且积累时间长，但是这么快就落槌，是有一点点的意外，开心过后就意识到，新的艰巨任务要启动了。"

从 0 到 1 夜以继日一天工作 16 个小时

2m PET-CT 的项目，国际上没有任何可以借鉴的经验，一切都是从 0 开始。

"这个项目对于我来说就是一个挑战。"联影 MI 研发工程师丁喻谈到自己的感受，"我主要负责升级算法，这个项目的数据量是以前的 100 倍，这

2018 年 5 月，美国顶尖分子影像团队"探索者联盟"的领头人来到联影，与所有参与 uEXPLORER 项目的成员面对面交流，亲自表达感谢

代表以前我们运行只需要几分钟可以完成，数据量增加100倍以后，我们运行需要几个小时才能完成。”

如果继续按照以前的算法，不改进升级系统，普通人去医院使用新机器拍片子，可能需要几个小时才能拿到报告。

更大的挑战来了，从前端数据采集和发送到后端图像重建，所有的软件架构设计都需要推翻了重新来。

有一次，一个问题没法解决，一直在测试，却百思不得其解，研发工程师李俊有一天在睡梦中，突然有了灵感，想到可能是哪里出了问题，当即惊醒，打开电脑，把梦里的想法记录了下来，“第一个可能是、第二个可能是……”写完倒头就睡，第二天醒来，根据梦里的想法一个个的排查，竟然让这个问题修复了。

“预期没那么准确，反馈到哪些问题都不可预测，问题解决不了的时候，会萦绕着我24小时，也睡不着觉，睡睡醒醒，都是在想问题”。MI研发工程师谢辉滨跟记者分享道，“那段时间大家都是一天工作16个小时。不过我大学一毕业就来到了这里，有着自己的梦想。”

当时联影还是个刚起步的小公司，在清华开毕业生招聘宣讲会，一位前来宣讲的CEO说：“长久以来，中国高端医疗设备市场被跨国公司垄断，中国高端医疗设备行业发展疲弱，国产设备难以进入三甲医院。”谢辉滨告诉记者，“就在那个时刻，我意识到我们国家在这块的欠缺，没有自主创新的技术，就会被人牵着鼻子走，出于这样一种心理，我决定去参加联影的招聘。”

在PET-CT这个团队，每天早上中国项目各个小组的团队负责人会在公司一楼的测试间一起开早会，大家围绕着一个机器，共同探讨昨天研发过程中碰见了什么问题，应该如何来改进。会一起分享昨天做的实验，以及采集的实验数据，哪里需要重建，哪些地方有遗漏。

“早会的时候就是工程师们思想的碰撞，可能一个工程师的想法对另一个工程师有启示。”包峻给记者看了他们交流讨论的几十个微信群，“因为时差，美国分公司的同事不能参加上海的早会，但信息会在微信群里每天同步。”

“一个巨大的系统单单要找出是哪个零件出了问题，就要付出千百倍的努力。”李俊形象地比喻说：“如果有36个零件的机器哪里坏了，我们最多测试36下就可能知道哪里坏了，如果是2000个零件的机器，就要另当别论了。”

“工作带来的成就感也是不可比拟的。”丁喻说，“而且这么大的项目，对于我们来说就是不断发现问题，解决问题，这个项目做下来最大的进步是在自主创新中拥有解决问题的能力。”

实现了国际学界一个未完成的梦想

2018年5月，探索者项目开始渐入尾声，美国顶尖分子影像团队uEXPLORER联盟几位领头人迫不及待地来到中国了解项目进展，这是他们两年内第三次来到联影。

其中的领头人Simon R. Cherry，还在2018年6月获得了国际顶尖会议SNMMI（核医学与分子影像协会）的Paul C. Aebersold大奖，奖励其为核医学领域作出的杰出贡献。在获奖报告发言中，他提到自己职业生涯中最自豪的成就，当数与联影共同开发的这个探索者项目。

他们站在联影的机器旁边，爱不释手地摸着2米PET-CT，并亲自对联影的工程师表示感谢，为中国速度点赞。

“这么短时间完成基本的研发工作，关键因素在于成熟完善的通用硬软件平台、扁平化架构，跨部门快速响应协同、以往成熟的经验和技术积累。”

2018 年 5 月，“探索者联盟”的领头人来到联影，验收项目阶段性成果

包峻总结道。

刚刚从费城开会回来的包峻告诉记者，国外多家顶级研究机构对 2 米 PET-CT 的诞生表示了惊讶和赞叹，并提出了购买意向。目前，除了欧美日等高端国际市场，联影的影像产品还获得来自缅甸、越南、斯里兰卡、孟加拉国、菲律宾、乌兹别克斯坦、哈萨克斯坦及许多非洲国家的订单。

只有自主研发，才能在产品性能的持续提升和成本的持续下降上掌握主动权和自由度。短短 7 年时间，联影已攻克全线高端医学影像设备一系列关键技术，自主研发出中国第一台 3.0T 磁体、第一台“0”噪声时空探测器、第一台数字光导探测器等一系列核心部件，彻底改写中国人不掌握这一领域最核心技术的尴尬历史。

“智造”是为了更好的体验

上海的夏日，闷热的天气很容易让车间内温度超过40摄氏度，更让人“火上浇油”的是，装配线上一个热套作业使用的烘箱，温度居然高达180摄氏度！几乎每位装配作业人员的工作服都被汗水湿透了一遍又一遍，脸上如淋过雨水般不停淌下汗珠……

回忆起20年前的上海三菱电梯工厂，技术“老法师”陈勇最难忘的就是酷暑时节那“烤炉”般的车间生活，汗流浃背忙碌工作的场景仿佛如昨日一般。

赶上了“中外合资企业潮”

20世纪80年代，随着改革开放逐渐深入，中外合资企业不断涌现。上海长城电梯厂选择了走合资企业发展道路，先后与国际上多家知名电梯企业接触，在“货比三家”、慎之又慎的基础上，最后选择了具有世界先进技术的电梯制造企业日本三菱电机株式会社作为合作伙伴。

1986年2月，国家计划委员会、城乡建设环境保护部等四部委发文，批准上海三菱电梯有限公司为中外合资企业，合资期限为20年。

1987年1月，上海三菱电梯有限公司正式成立，投资方分别为上海机电实业公司（65%）、日本三菱电机株式会社（15%）、中国机械进出口总公司（10%）、香港菱电工程有限公司（10%）。1995年，投资方名称投资比例

上海三菱电梯有限公司办公大楼

变更为：上海机电股份有限公司（52%）、日本三菱电机株式会社（32%）、中国机械进出口（集团）有限公司（8%）、日本三菱电机大楼技术服务株式会社（8%）。

巨大先进的设备仪器，密密麻麻的日文说明书，第一次给日本专家打电话，小心翼翼的跟着日本专家后面学习设备……在刚刚成立的上海三菱电梯有限公司，一切都是全新的，陈勇第一次直观地感受到自己的差距。

学什么？怎么去学？向谁学？一连串的问题抛给了工人，回忆起学习技术的当年，陈勇说当时有去日本三菱学习的机会，大家边看边拍照，“当时拍的照片日方还需要审核，通过了我们才能拿回来。”

比对着这些细节的照片，工人们埋头研究，同事们互相探讨，拆开了研究再自己装上。一步步繁琐的程序，没法运作了再一个个的找问题，靠着勤能补拙，上海三菱电梯正常运转了。

从劳动密集型向技术密集型转变

长期以来，曳引机作为电梯核心机械部件，一直是电梯生产制造的瓶颈，由于机械结构的特殊以及产品升级换代的加快导致生产模式一直是劳动密集型的手工装配模式。那个时候，提高产能就需要工人“三班倒”。

2015年，上海三菱电梯在全新LEHY-III-S曳引机投产时，提出全新的曳引机装配理念，将智能制造的最先进技术融合于新曳引机的装配线中，完成了具有世界先进水平的电梯曳引机装配流水线。

但是以往的技术不够用，这对于他们又是一个新的挑战。

装配线的开发和调试过程困难重重。技术、开发、生产等部门组成技术团队，通力协作，共同参与针对产品部件、作业工艺、产品换代等各方面因素考虑，反复进行推算和模拟，不下数十次的将原方案推翻重来，攻克了一项又一项技术难题……

设备技术人员陈浩跟记者讲了这样的一个故事：为了同时覆盖一个系列曳引机的生产，在不同型号生产切换时，传统装配线往往需要大量的时间进行换产。而当时的生产效率低，不能完全按照订单化组织生产。

技术团队经过反复试验，采用运行在服务器上的MES软件进行管理，通过网络通信方式，自动按照订单组织生产，实现零部件的自动匹配，工装夹具的自动调整，实现型号切换的无缝连接。技术人员边摸索边实践，从零开始，自主开发了程序复杂的软件系统。

智造是为了更好的用户体验

2016年5月，一台台“大家伙”——工业机器人出现在了车间现场。

生产线上的库卡机械臂

无人库卡机械臂在自动运转，厂里的自动化生产线路有条不紊，工人们在设备室里一边观察数据，实时操控自动化生产……

而这样的现代化的工厂背后需要付出多少次努力调试？

答案可能有很多，由于设备供应商也是初次涉及类似高要求的智能化装配线，因此也缺乏经验，不同的工程师设计的设备操作界面无统一格式标准，繁琐、复杂、操作形式不一，导致操作出现习惯性的错误。

经验丰富的班组长作了大量的功课学习设备程序，发现问题的根源后，和软件工程师沟通提出了大量的建设性的改进建议，并手绘操作界面给设备供应商作参考，并对新版本软件的操作界面进行试用，通过不断的优化改进，最终将系统操作界面做到所有设备统一、简洁、一目了然、更易操作。

然而，设备故障还是不期而至。

8月的一天临近下班前，设备调试软件出现bug，发生机器人夹具与缓存库托板碰撞，导致夹具严重变形无法使用。

事发突然，设备供应商重新制作夹具所需周期长，又无现场维修能力，无法第一时间更换损坏部件。虽然装配线还处于调试试生产阶段，但整线产能已经大大高于手工装配，因此已经做到边调试边生产状态。

为了不影响生产，班组长靠着自身积累的工作经验，通过对夹具结构的分析，将夹具上所有部件拆除，利用压机对框架进行整形。

由于整形后的框架无法恢复到最初的状态，因此对所有有误差的导轨安装面进行刮铲确保精度，方可保证直线导轨调整后的顺畅。最后安装伺服电机，由于现场环境局促，维修时不得不又是趴又是跪。在这种情况下整整维修了 12 小时直到第二天凌晨 2 点多才将夹具修复，通过对抓具的检测发现性能还优于最初设备商出厂的状态。事后，连设备供应商都大加赞赏。为了确保第二天装配线调试生产，没休息几个小时的班组长 7 点又出现在了生产现场，并对杜绝此类故障的重复发生进行了管理改进。

“很多时候解决问题需要颠覆传统的工艺，边摸索边创新。”车间操作人员翁智杰说，“现在智能化装配线很新，科技含量高，劳动强度低，这些特点对我们工人也提出了更高的要求。”

现场高精度 AGV

随着 LEHY-III-S 曳引机装配线顺利投入生产，车间装配人员不用再围着 180 摄氏度的烘箱进行作业了，曳引机的运输可以摆脱缓慢，繁琐的行车起吊了，机床的钻孔作业交给专机直接完成，精度更高，效率更快。

数据显示，在没有采用该装配线前，每个工人一天生产 1 台曳引

生产线现场

机；采用该装配线后，人均可以装配 8 台曳引机，效率提升 8 倍。LEHY-III-S 曳引机智能装配线是全球最先进的曳引机装配线之一。

1998 年，上海三菱为金茂大厦安装了速度为 9 m/s 的三菱电梯，成为当时中国内地在用的电梯速度之最；2014 年，上海三菱为中国第一高楼上海中心安装了速度为 20.5 m/s、行程为 578 m 的三菱电梯，从地下 2 层直达 118 层观光厅，只需要 53 秒，创下世界速度最快、行程最长的电梯两项纪录。此外，上海中心还安装了行程为 470 m、速度为 10 m/s 的三菱双层轿厢电梯，创下世界行程最长的双层轿厢电梯纪录，其中电梯配备的轿内气压调节装置在中国内地为首次应用。

“你是否对公司的智造而感到骄傲？”

“其实我们做的还是很初级。”“老法师”陈勇的话语格外谦虚，“智造就是为了更好的体验，可能是工作体验，可能是用户体验，我们还有更多的空间可以去耕耘。”

打造“智造”工业互联网云平台中国名片

数控机床行业，是我国工业产业中非常重要的一项产业。机床是制造业中的关键一环，人们普遍使用的手机、电脑等产品的模具、外壳等都需要使用机床来进行加工。然而，在相当长的一段时期里，我国都不具备自主研发机床核心数控系统的能力，机床数控系统完全依赖于从国外进口。正因如此，即便是遇到了国外企业漫天要价的情况，国内企业也只能忍气吞声地为设备买单。

直到 2014 年，沈阳机床上海研究院（智能云科起源单位）自主研发的

iSESOL 工业互联网平台旗下产品在工厂车间的应用

i5 数控系统推向市场，一举打破了国外企业对中国机床数控系统市场的垄断。“国内曾经有一款数控系统，一直是从日本采购的，当时日方给国内企业的售价是 15 万元一台，当 i5 数控系统推向市场之后，对方的售价直接调整到 8 万元。”智能云科总经理朱志浩表示，i5 数控系统对标的都是国外进口的数控系统，从性能、价格的指标上都可以与之匹敌。因此，自主研发的国产数控系统的推出，受益的是整个中国的装备制造企业。

七年磨一剑　中国智造终破国际垄断

2007 年，沈阳机床上海研究院初创团队——沈阳机床上海研发中心正式组建，朱志浩和他的团队成员们决心研发出真正的国产机床数控系统。然而，机床数控系统并不简单，它是一个复杂的系统集成，其中涉及了软件、电子、电器、算法、机械模型等各种与控制相关的内容。要实现完全的自主研发，团队必须从代码、硬件开始一步一步地慢慢摸索。朱志浩回忆，那是一段“不堪回首”的岁月，他们不知道经历了多少次失败和重来，每一步都走得异常艰难。“相比较于技术上的困难来说，对未来的迷茫更让人感到焦虑，毕竟，最后能不能成功，是谁都无法预见的。”

苦心人，天不负。在经过了长达 4 年的钻研后，i5 研发团队终于在 2011 年实现了首台原型机的突破。这款原型机搭载的被称为“i5”的数控系统不仅可以完全替代进口数控系统，更重要的是可以通过接入云平台来实现设备的远程诊断维修，大大提高了设备的使用效率和寿命。2013 年，“i5”远赴德国参加了德国电子信息展，备受当地企业和媒体的关注。“当时德国刚提出工业 4.0 的理念，而我们已经做出了符合他们理念的模板。”朱志浩自豪地说。尽管“i5”在国外出尽了风头，但这并不意味着最终的成功，因为它尚不具备产业化的标准。“我们又用了两年的时间，对 i5 智能机床的生产工艺等内容做了很多优化，为产业化做准备。2013 年，我们通过一些合作用户上给 i5 智能机床做了测试，并最终于 2014 年开始对外批量销售。”朱志浩回忆道。

最终的结果是令人振奋的：2014 年，i5 智能机床达到了 2000 台的销售量，2015 年则达到了 6000 台，从 2016 年至今，每年都保持在 10000 台左右的销售规模。这些数字听上去似乎并不多，但对于机床产业来说，已经是一个非常庞大的销售量了。这个销售量也意味着，i5 智能机床在国内市场已经有了很高的占有率。

随着 i5 智能机床的市场占有率逐步提升，智能云科这家基于“智能终端 + 工业互联 + 云服务”创新模式的公司也应运而生，秉承“让制造更简单”的理念，打造 iSESOL 工业互联网平台，为制造企业提供一站式工业服务。

智能云科信息科技有限公司前台由一部老机床改造而成

从"IOS"到"Android" 数控机床玩转共享经济

无论在哪种行业，"个性化"永远都是最受欢迎的。一个企业如果能根据不同用户的需求，为其实现产品的"私人定制"，往往可以在竞争中立于不败之地。这也是智能云科的发展方向。想要做到这一点，一直以内部封闭生产为主的"i5"数控系统就势必要进行改革换代。朱志浩说："我们发现，其实这个系统是可以分享到其他装备上去的，像一些激光的切割、折弯以及木工的雕刻、切板等产品都可以使用 i5 系统。"2017 年开始，i5 研发团队将底层技术包装起来，把通用技术以 APP 的形式推向社会，希望由行业专家来开发更多面对行业的应用，以 APP 的方式搭载在 i5OS 的平台上。"这样一来，i5 系统相当于从相对封闭的 IOS 系统变成了更加开放的 Android 系统，得以实现更多的差异化功能。"朱志浩表示。

这样的转变无疑使 i5OS 平台变得更加开放和多元，企业可以像在手机应用商店里下载 APP 一样，在 i5OS 平台上选择适合自己的程序下载使用。例如，某企业需要使用视觉识别系统，如果按照传统的方式，做这样一个软件需要经过地推、搭建销售渠道等繁琐的过程才能实现。但如果该企业使用了 i5OS 平台，就可以自主搜索"视觉识别定位功能"，平台会自动匹配不同厂家提供的不同类型的视觉识别软件供企业选择。不仅如此，企业甚至可以使用其他厂家提供的 PC 平台，只要经过企业认证，就可以使用 i5OS 平台，通过功能键来切换桌面和 APP 的应用，减少了很多不必要的麻烦。

此外，通过智能云科的"iSESOL 工业互联网平台"，基于装备互联，可以实现数控机床的共享生态，将有制造需求与制造能力的企业汇聚在一起。"我们聚焦机加工垂直领域，通过工业基础装备（数控机床等）的实时互联技术，实现了制造过程数字化分享，以装备全生命过程数据为依托，为装备制造商和装备使用者提供装备诊断数据和可预防性数据服务，为装备用户提供设备增效工艺数据服务、管理数据服务和加工订单推送服务。最终，为我国制造体系带来系统化的能力提升。”朱志浩介绍说。

截至2018年12月底，iSESOL工业互联网平台服务范围已涵盖26省、161市，服务企业客户3000余家，已连接智能设备25200多台，累计服务机时5500多千时；智能云科的技术及服务方案被广泛应用于汽车刹车盘、铝雕、消费电子、珠宝等行业。智能云科正逐步创建一种开放智慧的共享工厂模式，打造扁平灵活、协同有效的共享智造生态，打通上下游产业链，从多维角度提升中小微企业的核心竞争力。

用实力说话　中国制造要走向国际

机床是制造业的“工业母机”，数控系统是机床装备的“大脑”。从2007年至今，十余年的光阴，智能云科并不简单满足于装备制造本身，它

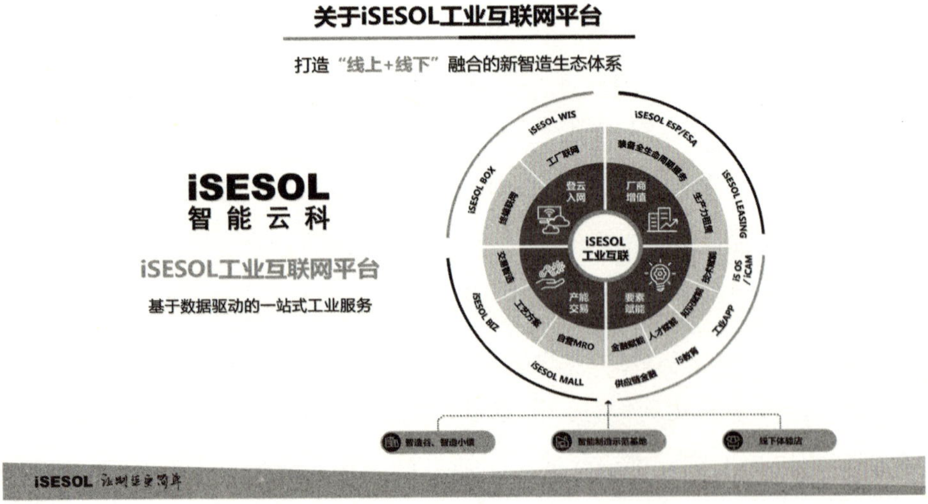

iSESOL 工业互联网平台业务全体系

身上肩负的是推动“中国制造”走向“中国智造”的光荣使命，代表了国家制造业的核心竞争力。凭实力说话，靠技术赢得战场，真正推动中国制造走向国际，这是智能云科的底气。

智能云科参与了很多国家工业云标准的制定，是工信部工业互联网及云平台标准起草单位；是工信部云计算服务能力标准首批试点单位。iSESOL工业互联网平台还成为了“中国五大可信工业云服务互联网平台”之一。与此同时，智能云科还计划基于i5OS来打造“i5教育”“i5学院”等教育平台，让更多人了解和学习数控机床，让“中国制造”真正走向国际。

“智能云科要打造的，是一个完善的工业互联网云平台。当然，这无论对线上的系统、软件，还是对线下的装备、工艺、制造能力都有着很高的要求，但我们有信心把它做好。”面对未来，朱志浩充满希望。

国产校园“助教” 登上了国际“红毯”

能力风暴是上海未来伙伴机器人有限公司旗下的教育机器人品牌，于1996年在全球开创了教育机器人这一全新品类，是教育机器人的全球发明者。

两只大眼睛眨巴眨巴活灵活现，臂膀伸展，小脑袋一斜，十几个蓝白相间的机器人在你面前做着同样的指令，仿佛是一群正在做广播体操的孩子，这就是教育机器人——能力风暴。你以为这是一群只跟随指令的机器人？其实不然，这些机器人已经成为了孩子们最亲密的伙伴，他们还走进了校园，做起了“助教”的工作。

故事的开始还得从一位兼具博士和CEO双重身份的先生说起。

从博士到CEO 搞研究的“惯性”一直在发挥余热

“咱们在做实践的时候，就把这个通过实践产业化了，并做了很多发明，同时还建立了教育机器人学，一般做企业的过程中还顺带建立一个学科，确实比较少见。”恽为民是上海未来伙伴机器人有限公司董事长兼CEO，而在这之前，恽为民一直是以一位博士的身份出现在大众的视野里。当被问及更喜欢被称呼为恽博士还是恽总的时候，恽为民说：“做研究的人跟练气功差不多，恽博士有点精神享受的味道，感觉灵魂在升华，整个物质世界是屏蔽在外的。”

上海未来伙伴机器人有限公司董事长兼CEO：恽为民

1996年，恽为民与美国著名教育学家Jake Mendelssohn教授共同创立了教育机器人学，提出教育机器人学的三大教育理论基石：斯滕伯格（Robert J. Sternberg）的成功能力、冯·格拉斯费兰德（Ernst von Glasersfeld）的激进构建主义和加登纳（Harward Gardener）的多元智能。

同年，上海未来伙伴机器人有限公司创立，“能力风暴”教育机器人也第一次被提及。基于教育机器人学的理论开发产品、课程内容和教学体系，也构成了未来伙伴教育机器人与其他教育机器人产品最根本的差别，是未来伙伴教育机器人最底层的系统。与大多数创业者相同的是，创业的过程总是孤独的、不被理解的，然而，恽为民的创业过程还有一段不足为外人道的荆棘路。

博士出身的恽为民，身上有着学术研究者的通病，“遇到点事儿，总喜欢研究到底，难免给公司的财务造成一定的压力和阻力。”在“未来伙伴机器人”起步之初，恽为民一直在用早前自己的“光艺术品”公司赚来的利润来补给教育机器人的研究经费，“每年到年底，最对不起的就是自己的员工，年终奖都被搞教育机器人的研究给侵吞了。”恽为民潦草一提，看似平淡的口气里多少读到一丝无可奈何与举步维艰。

“北京奥运场馆‘水立方’创意无限的灵秀‘晚礼服’、上海世博轴‘阳光谷’让人过目不忘的绚丽灯光，那些都是当时公司叫得响亮的光艺术。”又是轻描淡写一笔带过，这一次多了一份自豪与荣誉感，恽为民早年的创业路像开了挂一样精彩，这多少和他勇于创新与坚持不懈的努力分不开，“好汉不提当年勇，能有这些成绩都是大家一起的努力，但之后‘教育机器人’这条路能一起走下来的，都不容易，离开了很多最初创业在一起的好朋友，很遗憾。”

“搞学术出身的人，身上自带惯性，即便开始做企业了，时不时也容易钻个牛角尖。”在创业之初，恽为民感到了前所未有的孤独，对他来说，从做研究、搞学术到做企业、办公司，肩上多了一份社会责任感。

做企业之初，恽为民就有一个很原始的想法，做一些创新的东西，“这是一种天生的冲动，大部分做研究出身的转去经营一个企业，都会有这个冲动。有的时候，从营销层面上来做企业，是为了经营得更好，这和真正想创新的驱动还不一样，做学术的天生就想做新的东西。这算是那份‘惯性’发挥的余热吧！”

没有蓝本 搞创新就像在深山老林里开荒

继1996年能力风暴创立之后，1998年，能力风暴全球始创并发布教育机器人产品AS-M，2000年，能力风暴在中国率先创立机器人比赛——“能力风暴杯”中国教育机器人大赛，2001年，能力风暴教育机器人在美国三一学院获得中国第一个机器人比赛世界冠军，2004年，能力风暴教育机器人批量进入美国教育市场，并发布第一套英文教材，2005年，能力风暴将自主研发的创新课程，9种语言版本批量出口全球31个国家，成为中国少数批量出口的高科技教育产品之一，2006年，能力风暴发布创新积木C系列教育机器人，迅速成为世界三大智能拼插型教学产品之一，2010年，能力风暴累计获得161项专利技术，是教育机器人产业领域中技术全面的品牌，2013年，能力风暴成为世界教育机器人大赛全球唯一指定比赛平台，2014年，能力风暴发布全球可快速搭建的模块系列教育机器人，可搭建出

能力风暴全系列产品

上百种仿生类机器人，2016年，能力风暴教育机器人活动中心开始建立，年内全国已建成超过200家，2016年，能力风暴全球发布面向家庭的四大系列、九款教育机器人产品，2017年，世界教育机器人大赛2017赛季世界锦标赛全球近万名小选手在上海国家会展中心上演巅峰对决，22年来，能力风暴共取得600多项专利技术，自主研发120余种教育机器人，并编写出9种语言版本的50多套机器人教材。

目前，全球已有50个国家和地区的40000多所中小学与培训机构、1200多个学校教育机器人实验室、300多家教育机器人活动中心以能力风暴教育机器人为平台进行教学、竞赛以及科技活动，而能力风暴面向家庭用户的产品经销与服务网络、线上商城、线下体验店等也已在全球范围内建立。

而这仅仅只是教育领域的成绩，事实证明，未来伙伴参与研发的各项机器人技术，早已走在时代的最前沿。2001年，未来伙伴参与中国早期的国产服务机器人电视专题，并率先研发出昆虫机器人及月球探险昆虫机器人原型，2002年，能力风暴在全球率先发布机器人流程图编程软件，2006年，未来伙伴参与月龙一号月球探测器原理样车的研制，独立完成研制极端环境

能力风暴教育机器人实验室

下超低速 CPU 上实现自主移动机器人视觉导航控制系统，2008 年，未来伙伴在中国率先发布模块化工业机器人，2010 年，未来伙伴自主研发的“贝贝”作为国内技术领先的服务机器人参展上海世博会，这是当时唯一参展的国产智能机器人，2015 年，未来伙伴承担国家 863 科技支撑计划——机器人通用操作系统，建立出完整的通用化、标准化家庭服务机器人产业生态系统，2016 年，能力风暴成为第三届世界互联网大会唯一指定参会机器人，2017 年，能力风暴登陆纽约时代广场大屏，2018 年，能力风暴首个太空形象店空降武汉，开启能力风暴千家智慧终端计划。

而以上所有的成绩，都是新品类的首创，“没有蓝本，刚开始就像走在深山老林里，没有参照物，很容易迷失。”作为一个全新的学科，恽为民深知如若没有“前行者”的经验借鉴，企业每走一步都是如履薄冰。

“但是呢，做别人没有做过的事儿，等于是从零开始，每做一点点，就很有成就感。特别是慢慢地有客户接受，这就是最大的肯定。”恽为民的教育机器人，第一个产品诞生花了三年时间，“出来的时候带着小朋友玩，慢慢得到了很多正面的反馈，接着，才有了第二步——政府、区县、学校接受，才能慢慢提到商业层面，这是一个跑步向前的过程。”

市场反馈周期长仅仅是第一个要克服的问题，也是心理层面需要去解决的问题。另外一个，就是资金上的困难，当现实的困境摆在眼前，恽为民不得不硬逼着自己做起了“光艺术品”的老本行，“那个就是逼出来的，要赚钱，所以重新做起了对我来说相对容易的，成熟的东西，这边光艺术作品挣了钱了，然后又开始接着做机器人，光光这样支撑了十年。”理想和现实的冲突，压得恽为民时常喘不过气儿，但即便没有蓝本，缺乏经验，资金偶尔掉链，这个在深山老林里开荒的“新星”总算开辟了一方沃土。

只有挣脱桎梏 才能真正理解教育的根本

教育机器人是基于教育理论开发，用于教育的有丰富项目开发空间和实施空间的智能机器人。孩子们在实施教育机器人项目的过程中，通过创意项目方案、搭建机械系统、调试传感器、编写程序等，能全面锻炼孩子的创造能力、分析能力和实践能力，提升科技素养。

“什么是教育的根本？”恽为民给自己下了一个终身命题，教育的最终目的是什么？是两三年级孩子口中说的“考个高分”？还是四五年级孩子口中说的“考个好的中学”？抑或是上了中学之后又想“考个好的大学”？

恽为民认为，真正的教育，只有先挣脱本来的桎梏，才能达到真正教育的目的。“首先是有人告诉孩子们‘1+1=2’，所以没有孩子会去想为什么不能等于3。”恽为民深谙当下教育的痛点，知道如果不先解放孩子们的思想，没办法做到真正的创新，教育的终极目标不可能实现。“现在很多孩子做算术题，喜欢套公式，这些公式往往就是束缚孩子天性的‘紧箍咒’。”在恽为民的教育理念里，没有那套“无规矩不成方圆”，挣脱原有的枷锁才是关键。

“如果把教育机器人看作一个人，那么‘机器人’就是骨架和血肉，‘教育’才是教育机器人的灵魂！肉体为灵魂服务，而灵魂使这个肉体更有价值。”这是从事了20多年教育机器人事业的恽为民博士对于教育机器人的“灵”与“肉”的认知，这是他20多年的研究和思考得出来的结论，也是他自创立未来伙伴，创立教育机器人学之初就已经明确并始终践行的理念。

20多年来，教育机器人巨大的教育价值已逐渐深入人心，仅据世界教育机器人大赛（WER）资料显示，全球每年就有50多个国家和地区的50多万孩子参加各级选拔赛，且这个数字还在迅速的增加中。通过在学校能力风暴教育机器人实验室来学习他们最爱的教育机器人。能力风暴早期的小用户现在大多已经进入哈佛、耶鲁、麻省理工、清华、北大等国内外名校，甚至进入社会创办了自己的机器人公司，或成为各条战线高科技创新领域的骨干力量。

现如今，人工智能已经是大势所趋。对于孩子来说，越早接触这一领域，在未来的竞争中也将越发有优势。人工智能从娃娃抓起，已从口号上升到国家规划和战略布局的高度。而在我国一些发达省份，也已将编程纳入高考。

当下，国内的人工智能领域方兴未艾，但大多还处在研发阶段，市场远未成熟。而未来伙伴自1996年创立能力风暴开始，全球教育机器人市场已经孕育22年之久，尤其是近年来取得快速的发展，无论从技术、产品还是市场用户，已经相对成熟。而且，教育机器人还是全球第一个盈利的人工智能领域，且前景广阔。

据权威机构预测，到2025年，全球教育机器人市场空间将达到3000亿元，将成为第一个超过工业机器人的全球最大的机器人市场，或可领跑人工智能的未来。

创新冲动不止，前方道路未央。教育机器人欲从整个教育长河的支流壮大为主流，或许，时间是最后一道通关密语。

污泥变成“宝” 创新环保守住城市的蓝天白云

生活污水经过污水处理厂处理以后会产生大量污泥，直接填埋污泥又会将污染源从污水转嫁到了土壤里，污泥将何去何从？燃煤采暖污染物排放到空气中，造成空气重度污染，雾霾阴影挥之不去。如何将污泥变废为“宝”，如何从源头防治雾霾，成为环境治理亟待解决的难题。

AO 干法脱硫脱硝协同技术和 SL-STP^{TM} 污泥资源化处理技术，国惠集团独创开发的两项具有自主知识产权的核心技术，让中国在大气污染治理和污泥处理处置领域的研究有了新突破，并且代表我国环保技术亮相了阿斯塔纳世博会。

独创干法脱硫脱硝技术　惠及居民近 3000 万

立足上海，服务上海。2017 年 11 月，AO 干法脱硫脱硝协同技术应用于上海青浦工业园区热电有限公司的超低排放提标改造，这是一家成立于 1998 年的老牌燃煤热电厂。国惠集团副董事长华涵介绍，AO 干法脱硫脱硝协同技术是由国惠集团自主研发的一项能够从源头有效防治雾霾的干式减排技术，能高效同步脱除烟气中的二氧化硫和氮氧化物，达到超低排放的要求，有效降低空气中的 $PM_{2.5}$ 含量。

2017 年 11 月，上海青浦工业园区热电有限公司急需寻找一家能够在较短工期内完成环保设施超低排放改造的优秀服务商来完成这项艰巨的任务。

青浦项目

国惠集团临危受命，接受了这项艰巨的任务。

2017 年 12 月 31 日，青浦项目点火启炉，顺利进入运营。“国惠集团在一个半月的时间里，如期圆满完成改造任务，受到青浦区政府相关部门的充分肯定。”国惠集团此次项目负责人梁婉如是说。

青浦项目运营期间，运行状况良好，锅炉中的二氧化硫、氮氧化物、尘等污染物全部稳定实现超低排放，达到上海市地方污染物排放标准《燃煤电厂大气污染物排放标准》中涉及的所有指标。国惠集团为业主单位上海青浦工业园区热电有限公司交出了一份满意的答卷。

“然而技术研发都不是一朝一夕的事情。”华涵坦言。2012 年，国惠集团董事长兼总工程师于宁瑞首次在媒体发表文章指出湿法脱硫会造成二次污染，助长雾霾。这个观点当时在整个学术界质疑声比较大。“没有前人经验，我们只能小心求证。整个团队在研发过程中克服种种困难，反复论证至少一千次以上，以此降低用户使用新技术的风险。”

华涵深有感触，药剂配方的筛选要经历一个非常漫长的过程，“一个实验一做就是半年时间，研发人员都很专一，就在实验室搭一张小床，半年都不回家”。正是这份钻研精神，让 AO 干法脱硫脱硝协同技术成为国惠集团的核心技术，成为了上海的环保名片。

服务上海，放眼全国。目前，AO 干法脱硫脱硝协同技术已在上海、烟台、济南、洛阳等多个城市的区域化治理项目中进行了应用，提标改造燃煤锅炉总规模超过 12000 蒸吨，惠及城镇居民近 3000 万人。统计数据显示，2018 年 1 月至 3 月，AO 干法脱硫脱硝协同技术为供暖行业减排二氧化硫近 7 万吨，减排氮氧化物 1 万余吨，减少粉尘排放约 18 万吨，减少水消耗近 700 万吨，减少废水排放 200 余万吨。

自主研发污泥资源化处理技术　助推全国环境治理

相比市场上五花八门的污泥处理新技术，国惠集团在污泥处理处置领域自主研发的 SL-STP™ 污泥资源化处理技术已经比较成熟，迄今已经经历了十余年的技术优化。

“SL-STP™ 污泥资源化处理技术采用纳米改性剂将污泥调整到标准形态，脱水环节不添加干化物，也无需消耗能源进行烘干处理，制作燃料棒环节不添加煤、秸秆等助燃物，氧化焚烧环节无需掺煤，也无需天然气助燃，尾气处理采用 AO 干法脱硫脱硝协同技术进行超低治理，全过程零污染、零排放，突破了污泥处理处置领域多重难以攻克的技术壁垒。”华涵说。

尽管 SL-STP™ 污泥资源化处理技术破解了污泥从改性脱水、燃料化到焚烧发电、尾气治理全流程的技术难题，然而说起在河北省辛集市建纯污泥焚烧发电厂，却依然是不容易的事。

河北辛集有中国北方皮都之称，制革业在带动当地经济发展的同时，也

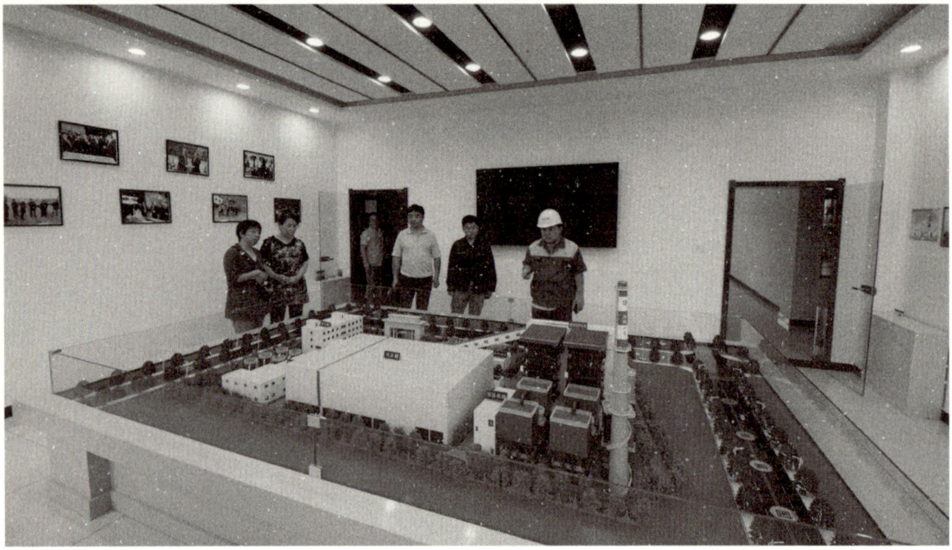

辛集电厂

给当地带来了触目惊心的水和土壤的污染，污染物渗入到农田里，对当地人健康带来极大威胁。解决制革污泥污染问题迫在眉睫。

“当时掺烧污泥还不成功，没有人相信纯烧污泥可以成功，包括专家也都持质疑态度，因为我们是全国第一家，这件事做起来非常困难。”华涵解释道，当时没有人做过，所以没有可以与之比对的数据，这是最大的问题。通过多次与当地政府交涉，并多次进行测试，一遍一遍跟专家研讨、论证，拿国外的数据进行对比。“最终，从小试到中试再到工业化应用，我们用了四年的时间证明了纯污泥是可以直接焚烧的。”

污泥真的变废为“宝”，被用来焚烧、发电、供汽，彻底解决了污泥围城的现象。国惠集团携 SL-STP™ 污泥资源化处理技术，在雄安新区外围核心区域河北省辛集市投资兴建河北省辛集污泥集中焚烧发电处置中心，可日处理含水率 97% 的污泥 8720 吨，每年可为辛集市节省填埋用地约 100 亩。

“可喜的是，辛集纯污泥焚烧发电厂的建设给行业带来了概念性的转变。”梁婉自豪地说，河北省辛集污泥集中焚烧发电处置中心投运后，能够极大地提升辛集市及周边县市市政污泥和工业污泥处理能力和处理水平，有效实现污泥的减量化、资源化和无害化，为中国污泥处理处置行业树立一个高水平世界级的标杆和典范。

如今，国惠集团环保技术的研发走在全国前列，在大气治理、污泥处理处置、河道生态修复、矿山/渣场生态修复等领域全面发力，进行技术储备和推广应用。

创新商业模式　打破企业环保发展瓶颈

环保投入巨大成本、投入达不到预期、资金投入后无人维护等问题，一直是企业在环保投入上的一些痛点。而针对市场出现的种种情况，国惠集团推出了业内独一无二的商业模式——“免费模式”，从而降低企业和政府在环保方面的资金压力。

“免费模式”即在不增加企业运营费用、不收取项目建设费用的前提下，采用 AO 干法脱硫脱硝协同技术，免费为企业提供脱硫脱硝提标改造及运营服务。

国惠集团还推出工程 + 运营模式，为企业提供长久性第三方超低排放运维、融资租赁等服务，减少业主单位的人员、设备、资金投入。

另外，国惠集团为每套 AO 干法脱硫脱硝协同装置建立自动化控制系统，借助大数据、云计算技术，把各地的 AO 干法脱硫脱硝协同系统进行联网，任何地点出现问题，都可立刻响应，2 小时抵达现场，20 小时解决问题。运营人员能够在智能手机、IPAD、电脑上进行远程监控操作。运营数据采用云端存储技术进行保存，保证数据安全，可根据客户需求进行相关分析。

通过创新技术和商业模式，国惠集团从单纯的环保设施建设者中脱颖而出。2014 年，国惠集团获得软银中国资本的投资。“吸引我们投资的主要原因在于国惠这个团队非常优秀，创始人有市场前瞻性和洞察力，团队成员有很强的执行力。”在软银中国资本常务副总裁邸灵看来，国惠集团的技术非常先进，“在大气治理和污泥处理领域，国惠集团一直都在寻求突破，走在了中国，也走在了世界的前沿。”

“作为投资方，要找板块里具有核心竞争力的企业，看他们的技术在未来能不能领先五年、十年。”邸灵说：“国惠集团根据污泥的处理量收取服务费，商业模式具有前瞻性，我们非常看好，并且会继续投资。”

“我们希望通过创新的商业模式为更多的企业带去服务，不要让环保问题成为企业发展的瓶颈。”华涵说：“我们要走在行业的前列，用我们研发的创新环保技术，为上海的天更蓝、水更绿，作出更大的贡献。”

电路板中跳动的“中国芯”

1971 年，英特尔公司发布了世界上第一块微处理器——INTEL 4004。它集成了 2250 个晶体管，能够处理 4bit 的数据，每秒可运算 6 万次。自此，随着半导体制造工艺的不断完善，CPU（中央处理器芯片）的性能也逐步得到提升，慢慢地发展到了今日的状态。

如今，芯片已经渗透到了人们生活中的方方面面。无论是乘地铁、刷银行卡还是使用电脑，CPU 作为每一台终端设备的处理器，都起到了举足轻重的作用。也正因为 CPU 芯片在设备中的重要位置，因此相对于其他元件来说，CPU 芯片的研发难度和技术门槛也都是最高的。一直以来，全球电脑 CPU 市场一直被美国的英特尔公司和 AMD 公司所“霸占”，特别是英特尔公司，他们的市场份额一度达到 85% 之多，几乎形成了垄断。

兆芯自主研发的 x86 CPU

CPU 芯片研发水平的高低，代表了一个国家信息技术水平，更是信息产业和信息安全的基础。也就是说，如果长期无法改变这种芯片依赖进口的局面，我国就很难在国际竞争中取得领先地位。

2013 年，致力于研发并量产自主可控国产芯片的上海兆芯集成电路有限公司（简称兆芯）成立，经过多年的努力和探索，兆芯成功推出了一系列国产 x86 CPU，一举撬动了进口芯片在国内市场的统治地位。如今的兆芯，在工艺、软件集成、操作系统以及嵌入式工控上已经形成了一个完备的生态产业链。

打破垄断国产芯片的崛起之路

事实上，我国的芯片自主研发历程走得并不轻松。直到 2001 年 5 月，在中科院计算所知识创新工程的支持下才成立了“龙芯课题组”，这也是我国国产 CPU 芯片发展的开端。然而，由于不掌握核心技术，长期以来我国依然要花费巨额的经费进口芯片。

数据显示，我国进口集成电路的总额已连续 5 年超过 2000 亿美元，2017 年更是达到了 2500 亿美元之多，创造了新的纪录。而在这之中，与 CPU 相关的进口额就有 550 亿到 600 亿美元之多。

2013 年，上海兆芯集成电路有限公司成立后，将目标直指国产芯片的研发和量产。“这个目标说起来容易，但想实现它却绝非易事。”兆芯副总经理罗勇博士告诉记者，别看芯片的个头不大，里面的门道却不小。“研发芯片最重要的是它的内核和架构。但内核里面要怎么做？缓存要做多大？做多少个内核，它们之间怎么相连？这些都没有人会告诉你，要一步一步自己摸索。”

坚持自主研发的兆芯都要完全从零开始，一点一点地摸索，通过反复的失败来寻找最优化的方法。

“完整验证一款芯片一般需要一年到两年的时间，因为你要保证推向市场的产品性能、质量，这是一个复杂的过程。像兆芯这种做通用型CPU芯片的就更是如此，因为我们要保证产品的兼容性。例如对于Windows系统，我们就要保证无论是Win7、Win8还是Win10，都要能够完美地适配才行。因此，在研发新的芯片的时候，我们的测试员工和研发团队会一直都处在7天24小时全程反复检查的状态。”

基于兆芯 CPU 的联想电脑

罗勇博士表示，正是通过这样一次又一次一丝不苟地反复测试，兆芯才终于成功推出了国产x86 CPU芯片：其全系列CPU都能够与微软的Windows视窗操作系统和应用软件良好兼容，搭载兆芯CPU的电脑整机顺利完成了平均无故障时间10万小时的测试，完全满足商业化量产的标准，也逐步打破了进口芯片在国内市场的垄断地位。

自主可控　国产芯片助力党的十九大

罗勇博士告诉记者，兆芯的CPU不仅支持Windows以及其他的国产操作系统，其本身还可以与Intel、AMD的芯片、CPU进行无缝替换。

“简单地说，就是如果你把电脑拆开，在不改动内存、显卡、硬盘等硬件的情况下，只把里面的主板CPU换成兆芯的主板CPU，电脑的系统、应用依然可以正常使用。”罗勇博士说，由于兆芯所有的研发的代码都是自主研发，因此整个环节都是可控的。这对一些对信息安全级别要求高的政府部门和企业来说都是一件好事。

目前，基于兆芯CPU的国产整机已经成功进入到上海、安徽、福建等

第 20 届上海工博会上，观众正在现场体验基于兆芯 CPU 的整机

政府采购目录。此外，在党政军等安全涉密的约 5% 的市场中，兆芯也已经成功占据了相对较大的比重。

据介绍，兆芯的产品分为开先和开胜两个系列。其中，开先主要面对桌面办公的台式机、笔记本；开胜则主要面向服务器。在 2017 年召开的党的十九大会议上，数百台的会务用机全部都采用了兆芯 CPU，主要供全部 38 个代表团会议现场办公和民族语言翻译使用。除此之外，基于兆芯 CPU 的整机还成功完成了在 2018 年 9 月初举办的中非合作论坛会务保障工作，根据会场使用反馈情况来看，兆芯 CPU 的表现堪称完美，在整个会议期间没有出现一次宕机或故障情况，获得了与会代表的认可。

强强联手　打造国产化产业链

在兆芯之前，国产芯片的性能只能达到英特尔的 10% 左右，而兆芯的产品性能已可以达到英特尔主流产品 i3、i5 同等水平。

但这样跨越式的进步，并没有让罗勇和同事们太过兴奋。他坦言，目前国内的研发技术与国外相比仍存在一定差距：“在英特尔近四十年的研发道路中，他们投入了很多金钱和精力，想要在短期内追上这样大的差距几乎是不可能的。”但在计算机、服务器等关键性领域，对进口产品的依赖度越高，对我国集成电路产业、信息产业的发展就越不利。因此，国产化势在必行。

在罗勇博士看来，目前兆芯在工艺、软件集成、操作系统以及嵌入式工控上已经形成了一个完备的生态产业链，已与神舟网信政府版的 Win10、普华的操作系统、中科方德、中标麒麟等国产操作系统进行深度合作，并能够实现兼容，正在齐心协力打造国产化产业链。

从汽车跨界到软件
全国首家信息安全上市企业诞生记

置身互联互通的网络时代，网络安全一直是人们持续关注的话题，人们对于个人信息安全的保护意识也越来越强。然而，在 20 世纪 90 年代，互联网在中国刚刚兴起之际，上海便有一家企业投身信息安全领域，成为中国首家上交所主板上市的信息安全企业——格尔软件股份有限公司（简称格尔软件）。

“一支部队的气质和性格与其初创者有关。他的性格强悍，这支部队就强悍，就会嗷嗷叫，就有了灵魂。从此以后，这支部队不管换了多少茬人，

“砸掉铁饭碗” 从“汽车零部件生产”跨界到“软件研发”

它的灵魂仍在。”格尔软件的一路成长，与创始人孔令钢、陆海天等自身敢于尝试、勇于突破、不断创新、坚持不懈的“亮剑”精神分不开。

“东方风来满眼春”，1992年邓小平南方谈话解放了很多人的思想，滋润了很多人的心田，也点燃了格尔软件创始人孔令钢的激情，他萌生了“下海经商”的念头。

当时引起了亲朋好友的不理解，因为年满34岁的孔令钢插过队、下过乡后来回城上学，并在上海轴瓦厂入党、提干兼任单位的团委书记，前途一片光明，可谓“正青春”。正是在这种情况下，孔令钢联系同学陆海天，决定“砸掉铁饭碗，一展凌云志”，共同创建了从事汽车零部件生产的格尔品牌。

“作为一个初创的民营公司，想要和同类型的国营企业竞争，必须要摸清市场，产品的生产速度、产品制造工艺、产品质量等都是重要环节，如何在降低成本的同时提高产品质量是发展的重要步骤。”据现任格尔软件副总经理叶枫回忆，公司成立初期，孔令钢和陆海天几乎天天睡在公司，亲自跑一线，他们付出的不仅仅是时间和金钱，更是思想精力的付出，他们利用这些契机抢占了市场，将产品配套出去，又开始涉及其他领域，但这些都还是属于打拼在自己熟悉的行业，没有重大突破。

1998年初，孔令钢与吴田平博士的一次偶然相遇，让格尔企业走上了跨界的道路。一位是董事长、企业家，一位是获得信息、生物双学位的博士；一位在经营管理上颇有才华，一位在密码学、神经网络方面颇有建树；一位有资金，一位有技术；一位睿智胆识，一位敢于创新。孔令钢与吴田平一见如故，“激发出想要打造信息安全产业的创业动力，让每个老百姓都能拥有一个买得起的加密软件。”正是基于这样的初衷，加上1992年到1997年的资本积累，1998年3月，上海格尔软件有限公司成立。格尔人有了新的梦想：把技术变成产品，打造中国民族品牌的信息安全产业。

创始人抵押房产发工资 坚持发展信息安全领域

“从‘砸掉铁饭碗’到从事汽车零部件生产，孔令钢只是换了一种方式去干熟悉的事，但是从事信息安全产业生产则是一次巨大的‘勇敢跨越’，跨界干不熟悉的事。”叶枫说。

“守土有责，殊为不易。”公司创立之初，上海市原副市长杨晓渡来格尔视察，并着重强调了这八个字，这是对格尔的褒奖，也是对格尔提出的更高要求。在格尔软件，有一个词被提起的频率最高，那就是“责任”。

投资办企业，谋盈利、要回报，这是市场经济的规则。然而，1998 年 3 月，公司创建之时，格尔人就下定决心，以打造中国安全软件的民族品牌为己任，当社会责任与公司利益发生冲突时，一定要把社会责任放在首位。在公司最困难的时候，孔令钢曾把房产抵押贷款来给员工发工资。

“一面国旗和一面党旗。”2006 年底，曾在上市公司杭州信雅达集团担任了十多年董事及副总裁的杨文山受孔令钢的邀请来格尔软件担任总经理，当时正值格尔软件的低谷期，董事长送给了他这份特殊的见面礼，并告诉全体格尔人：“企业再困难也要坚持，因为我们不能对不起那些曾经帮助过我们的各界朋友。我们要坚信，未来的国家安全一定会用自己的产品来维护。”直到现在，杨文山的办公桌旁都摆放着那面国旗和党旗。

“一个企业能不能生存下去，首先是看人，然后再看走的方向对不对。”叶枫介绍，早在 1999 年，格尔软件就成功开发出数字证书系统，但没有急于推出，抢占市场。因为当时的用户需求不明确，系统不能根据用户需求进行客户化。经过深入调查研究，直到 2003 年，格尔软件才把区域 CA 推向市场，得到了客户认可，占据了绝对优势。

格尔软件作为格尔实业集团的下属，在格尔软件成立初期面临巨大挑战

推进国产化 自主研发打造民族品牌

时，提供了巨大的资金支持，2000 年，格尔软件从报表的数据来看，早就已经资不抵债了，每年不是靠格尔实业集团支援，就是靠孔令钢个人的资产来维持。叶枫说：“从 1998 年到 2008 年，信息安全产业经历了很多风风雨雨，也有爬坡爬上来的，但 60% 从事信息安全的企业都已经不干了，从事了别的领域，但格尔软件依然坚守岗位，砥砺前行。”

推进国产化 自主研发打造民族品牌

身份管理平台及应用产品技术体系、安全认证网关技术与产品体系、银行 IC 卡密钥管理技术体系、统一信任网络平台体系；SRQ15 数字证书认证系统、SJY128 SSL 安全认证网关、SJR01 网盾桌面保护系统、SJY49 金融 IC 卡密钥管理系统等；整体安全集成解决方案、PKI 产品及其应用系统解决方案和IC卡产品及其应用系统解决方案……

正是20年来坚持，格尔软件形成了以密码技术为核心，具有自主知识产权的四大技术体系、四大类产品系列和三大应用业务群，推进国产化，也成为了格尔软件的品牌特质。

“除了自主产品的研发，在CA的整个市场里面，格尔软件做了两大块比较关键的技术积累，第一块是1998年开始做一直到目前还在做的安全认证码网关性产品；还有一块比较关键的技术积累，密码云产品在终端上的使用，有两个技术路线：一个是Windows平台，要自己做一个完全驱动来实现整个安全管理和应用；另一个是直接借用微软浏览器中自带的数据—CSP，只要Key符合这个协议可以直接使用。”叶枫介绍，格尔软件在这个技术路线上始终坚持了在原有的技术基础上维护和实现自己的这套体系，这样做的优势在于，很快能够实现往其他平台上的移植，否则只能重新开发。

20周年年会高管合影

目前，格尔软件拥有22项发明专利、56项计算机软件著作权，参与研究制定国家密码行业标准共计23项，先后荣获国家科学技术进步奖二等奖、上海市科学技术进步奖一等奖、党政密码科技40年成就40个故事进步一等奖等多个科研奖项。

格尔软件的技术与产品，为全国6大军工集团、20多个部委、100多家大型企业以及200多家银行提供优质的信息安全服务，业务范围涉及政府机关、国防军工、科研院所、大型企业以及金融、证券、电力、通信、邮政等十多个领域，并在新兴的电子商务、互联网网络实名、金融电子支付、云计算平台、虚拟化、移动互联网、智慧城市等领域的业务安全发挥了重要作用。

2017年4月，格尔软件成功登陆资本市场，成为全国安全信息企业中唯一一家上证主板上市企业。叶枫认为，选择上市是一个正确的选择。上市以后，除了可以借力资本市场整合资源、健康发展、降低风险外，还可以从自我做起，带动行业其他企业守住底线，担起责任，发挥工匠精神，真正把安全产品建立在自主平台的基础上，让国家信息安全的大门牢牢把握在自己人手中。

做大“朋友圈” 引领长三角一体化发展

2018年6月1日，长三角地区主要领导座谈会还在召开，刚刚扩容的G60科创走廊就进行了“朋友圈”的首次聚会——G60科创走廊联席会议，九城市的主要负责人悉数到场。1个月后，G60科创走廊联席会议办公室作为长三角区城合作办公室的分支机构，在松江区挂牌运行。

G60科创走廊建设是松江区委、区政府贯彻落实上海建设具有全球影响力的科创中心的战略布局，结合松江的经济基础和产业实际提出的顶层设计和创新举措。

如今，“G60科创走廊”已如同一串项链，正在将越来越多熠熠发光的城市连在了一起，在如火如荼的长三角一体化建设中显得格外耀眼。

1.0到3.0 科创走廊的“朋友圈”越来越大

2016年初，松江率先启动1.0版G60上海松江科创走廊建设。松江原本就有比较好的产业基础，沪杭高速又有40公里段在松江，沿着这条高速，区政府牵头进行顶层设计，对标国际一流片区，从规划、交通、产业定位等多个层面综合分析，布局了9个片区。“每个片区的产业规划是清晰的，产业定位是明晰的，今后的发展方向也是明确的，这样就形成了一廊九区。”松江区相关负责人告诉记者，这便是G60科创走廊的1.0版。

2017年7月，松江与杭州、嘉兴签订《沪嘉杭G60科创走廊建设战略合作协议》，标志着2.0时代的正式开启，三地在建立要素对接常态化合作机制、推动产业链布局、打造科创平台载体等方面取得显著成效。

值得一提的是，G60科创走廊建设两年来，一大批百亿级项目纷纷落户。“这样走了一段，大家发现这条路是蛮合适的。”经过讨论，大家一致认为G60科创走廊交通优势比较明显，如果把交通优势再补足的话，可能片区的活力会更强。

2018年，松江提出以沪苏湖合高铁建设为契机，深化拓展G60科创走廊从高速公路时代的2.0版走向高铁时代的3.0版。3.0版在沪嘉杭的基础上，向沪苏湖宣芜合拓展，形成“一廊一核多城”的空间布局规划，辐射范围扩

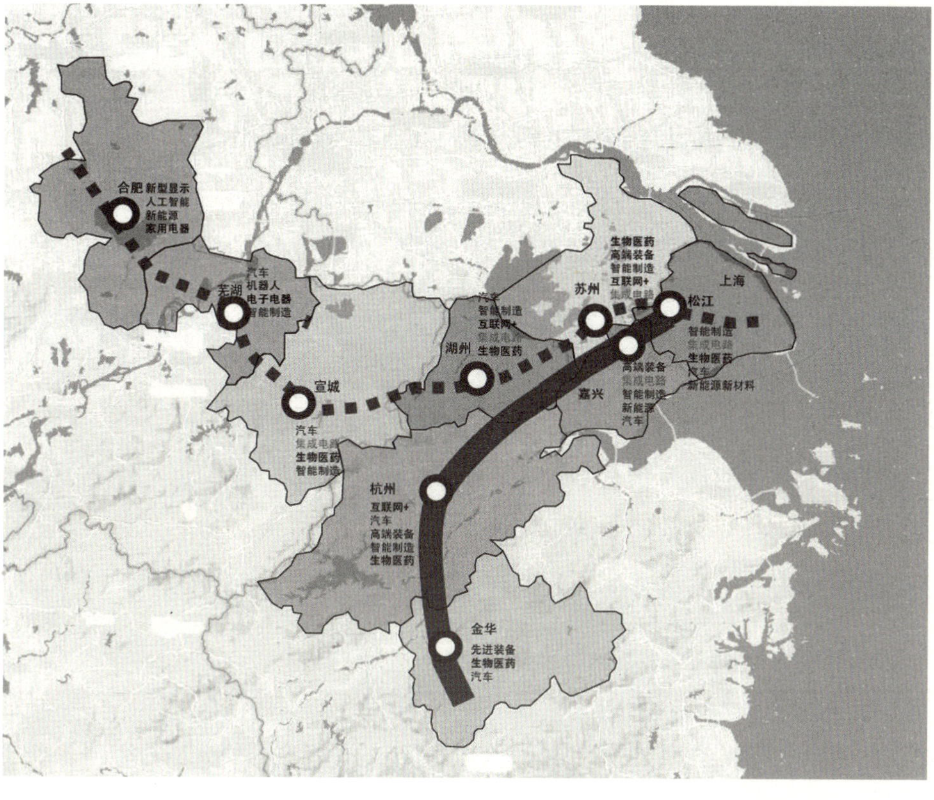

G60科创走廊3.0版布局图

大至金华、苏州、湖州、宣城、芜湖、合肥。“松江大胆试、大胆闯，走出了从 G60 上海松江科创走廊到现在 G60 科创走廊，真正把长三角一体化概念做实了！”

一廊串九城 锻铸长三角一体化发展引擎

3.0 版 G60 科创走廊的意义非同小可，这里是长三角经济密度最高的地区，同时也是最富活力和希望的城市群。其覆盖面积约 7.62 万平方公里，区域常住人口约 4900 万人，GDP 总量约 4.86 万亿元，分别占长三角三省一市总量的 21.2%、22.3% 和 24.9%。

在松江临港科技城双子楼上，G60 科创走廊联席会议办公室已经运行了两个多月。28 位来自长三角九地市的工作人员汇聚一堂——他们既代表所在城市投身新岗位，更为了 G60 科创走廊的协同发展而工作。

G60 联席办的 28 位工作人员中，松江区派出 12 位，其他八地市各派 2 人。整个联席办的管理强调扁平化——28 人完全被打散，编入产业、科创、综合、商务、宣传五个小组。

联席办是长三角区域合作办公室的分支机构，也是长三角更高质量一体化发展进入新阶段后第二个组建的跨区域协调机构。联席办工作强调务实、具体，在承接好前期工作的基础上，联席办已将未来一年的重点任务分解成 20 项大类和 43 条小类，每一项都有牵头小组、负责人员和主要节点，以确保计划可操作，任务可分解，效果可督查。

考虑到沿线城市的地位，在长三角一体化发展三年行动计划出台之后，G60 科创走廊非常希望能成为长三角一体化的引擎，以及若干重大任务先行先试的平台。联席办相关领导表示：“长三角一体化的新举措、新思路，如果经过我们的先行先试，那么在整个长三角三省一市就会更容易复制和推广。”

G60科创走廊营业执照和工业产品生产许可证 “一网通办”开通暨第一批异地证照发放仪式

为此，除了推动科技和产业资源的合理布局，G60 联席办近期最重要的任务就是为一体化发展完善制度配套、加强制度供给。近来，G60 沿线九地市将瞄准实现异地“一网通办”，联手建成全国第一个跨行政区域的证照颁发平台。打个比方，如果上海企业要去安徽宣城投资，那么企业相关人员无需赶到宣城当地，在上海就可以办理各种手续。

9 月 28 日上午，在松江区行政服务中心，上海市副市长许昆林向上海邦达天原国际货运有限公司总经理蒋翀彦发放了由合肥市工商行政管理局核发的安徽邦达通供应链有限公司营业执照，全国首批异地办理的营业执照和工业产品生产许可证在 G60 科创走廊诞生。

做好“店小二” 无事不插手 难时伸援手

以 G60 科创走廊为抓手，松江一边大刀阔斧淘汰落后产能，一边提高科创全要素供给、优化制度供给，同时推出零距离审批、微信审批等改革举措，营造良好的营商环境。

就在两个月前，位于松江的科大智能项目开始运作，这个人工智能产业研究孵化基地，35 天拿到开工许可证，项目从一片空地到主体建筑完成封顶，只用了 8 个月。

早在 2018 年春节后上班首日，松江区就发布了《G60 科创走廊产业集群项目“零距离”综合审批制度改革方案》，并在区级层面设立了审批代办服务中心，为落户 G60 科创走廊的产业项目提供集中审批、代办服务，实现“中心受理、中心审批、中心发证”。

“零距离审批”的核心要义就是要把审批服务放到离企业最近的地方，原来政府和企业是“面对面”“背靠背”，现在要做到“肩并肩”“手拉手”和

正泰启迪智电港项目效果图

“心连心”，推进行政审批制度改革，有效降低企业发展的制度性交易成本，为企业发展创造更加便捷高效的环境，吸引更多国内外优秀企业青睐、落户并扎根 G60 科创走廊。

位于科创走廊西部的正泰启迪智电港项目，总建筑面积约 100 万平方米，以高端制造和科创产业为核心。“上海的政府办事效率高，支持力度非常大，2019 年项目将全部交付成功，如今已经吸引到 40 多家企业成功落户。”正泰电气股份有限公司副总裁宋丹丕这样评价。

“松江地区高校聚集，提供了充足的人才资源，而且政府推出的人才政策，对企业来说也有着很高的吸引力，对于引进来的人才也有很好的安排。”中国龙工控股有限公司常务副总裁陈超连连点赞，他说政府建设的人才公寓解决了员工的住宿问题，还出面协调员工子女入学问题，让员工能够安心。

作为扎根松江 20 年的企业，在上海保隆汽车科技股份有限公司总裁张祖秋看来，G60 科创走廊给松江整体产业环境带来了新的升级，高端人才形

保隆科技厂区

成集聚效应。保隆科技依托人才、技术优势以及便捷的交通条件，今年将在合肥经开区内投资建设保隆汽车零部件升级项目产业基地，形成上海松江、安徽宁国、安徽合肥一体化产业布局的局面。

临港松江科技城副总经理杜玉梅说，政府负责社会治理，其他交给开发公司来做，极大提高了效率。“政府真正做到了‘无事不插手，难时伸援手’，园区整体的规划、建设、招商、运营、服务……政府都交给市场化专业化的主体来做，发挥各方能动性，我们把这个模式总结为‘政府招园区，园区招企业’。”

当然，这个模式带来的是双赢的效果。2007 年在新桥建设临港松江科技城，新桥镇农民集资 2400 万现金，2015 年上市当天折合资产价值是 12 个亿，8 年的时间为当地农民带来了巨大的收益。

松江国家级经济技术开发区总经理顾军告诉记者，作为国家级开发区，

临港松江科技城夜景

园区自2017年至今引进企业29户，其中百亿级5个，项目总投资800多亿，预计达产后可实现年产值超1000亿，税收80亿。

顾军还透露，对于园区规模以上的企业形成了定点式的联系制度，开发区所有中层以上班子成员，每人认领4—5家企业，一对一针对性解决企业提出的问题。“我们要继续一如既往做好企业的全程高效服务工作，做一个称职的‘保姆’和‘店小二’。”

“暖”“硬”皆施　在创新路上不停刷着“副本”

2018年上海百强企业名单发布，荣泰健康凭借出色的销售业绩和卓越的创新能力，分别荣获“2018上海制造业企业100强”“2018上海民营制造业企业100强”“2018上海成长性企业50强”和“2018上海民营企业100强”四大奖项。

在许多人看来，这是意料之中的事情。

2016年线上年销售额超过1亿元，连续几年在同类产品中排名第一，

“摩摩哒”按摩椅影院展示区

在移动支付的红利刚刚显现时，荣泰开始规划共享按摩椅“摩摩哒”，2015年底成立子公司稍息科技，在线下公共空间铺设共享按摩椅。

目前，“摩摩哒”已是国内规模最大的共享按摩椅品牌，2017年上半年到6月底累计铺设27000台，在线下铺设超过4000个点位，营收1亿元。

2002年起，林琪跟随父亲林光荣一起创业，从没想过荣泰按摩椅的发展道路还能这样走——从一开始研发制造按摩椅、按摩器、按摩腰带等健康器械，到之后研发了智能化的高端按摩椅，荣泰似乎从不甘心于仅仅制造商的角色。

在2018年的年会上分享感言的林琪，基于对未来的判断，预计到2025年全国共有1500万到2000万台的按摩椅中，荣泰能保证15%—25%的市场占有率，也就是350万台。而在年会的结束语中，林琪用了一句“谢谢各位家人！”让这个看似冷冰冰的按摩椅制造企业瞬间注满了爱。

搭着共享经济的班车　开启了智能按摩的“场景革命”

最初，荣泰的业务以外贸为主，主要面向日韩、美国、中东、东南亚等国际市场。共享经济“东风”吹的这几年，荣泰健康赶上了第一股热潮，作为一个传统的制造企业，荣泰健康是因为什么机缘将“共享经济”作为新赛道的呢?

近年来，林琪认识到更大的市场空间在中国。他认为，这也是第一次消费升级——随着人均GDP超过8000美元，以及新中产家庭的崛起，人们消费的目的不再只是满足基本的衣食住行，开始延伸到身心健康、精神愉悦。“为什么我们认为中国家庭对按摩椅有需求？一方面对标日本市场，日本按摩椅的家庭渗透率达到10%，中国还有很大的发展空间。另一方面，家里的电器从性能上已经无法再升级了，电视机变得更大，冰箱从一个门变成两个门，但是再往后呢？这时候家用电器需要品类的扩充，按摩椅就是个非常好的选择。”

虽然看好按摩椅的未来空间，但林琪也意识到了销售按摩椅的局限性。首先，按摩椅毕竟不是刚需，且单价高，因此受众不够广；其次，整个行业并不重视按摩椅的品牌塑造，这个行业里没有能让消费者印象深刻的品牌。面对这种情况，林琪和团队笃定，把按摩椅做成分时租赁，是一门更好的生意。

早在 2012 年，荣泰就试水过一次共享按摩椅，但当时的技术水平尚未成熟，只能通过投币的方式来实现，使用场景也仅限于机场的 VIP 厅、高端会所和部分商超。“当时存在很多问题，最头疼的就是投币环节，早前投币机的使用，都是引进外面的技术实现，这个环节不仅容易出现硬币卡顿的现象，直接影响按摩椅提供服务作为整个流程的用户体验，用户换硬币消费和

“摩摩哒”按摩椅候机室展示区

我们用硬币清点结算都是‘硬伤’。”林琪和他的团队享受着共享经济春风拂面的同时，也难免在“刷副本”的过程中碰见几个难打的“大 boss”。

好在创新路上，荣泰并不是孤身一人。2015 年底，随着二维码、移动支付和物联网三项技术的成熟。荣泰毅然走上了这条赛道，以共享按摩品牌“摩摩哒”走进全国各地的商业空间，并开启了智能按摩的“场景革命”：目前，荣泰健康旗下共享品牌“摩摩哒”智能按摩椅已经覆盖了 300 多个城市，90% 千万票房的影院，万达传媒、星轶影城、CGV 星聚汇影城等行业巨头均陆续与“摩摩哒”签订了全面合作的战略协议，完成了多个业内首创——首创影院智能共享按摩，首创影院微 SPA 缓压概念，首创观影内厅按摩椅新纪元。

“在未来，我还希望荣泰能在一家或多家影院拥有属于自己的影厅——荣泰厅，荣泰能拿到影片的播放权，再结合一些主题活动，做属于我们自己的品牌。”林琪和自己的团队大胆画着荣泰的蓝图，并一步步用自己的实际行动为其“上色”。

“暖”于关怀“硬”在品质　创新路上剑走偏锋

当然，荣泰能闯出一条属于自己的康庄大道，“暖”“硬”皆施是其另一秘密武器。

“暖”于关怀——荣泰不仅仅是奥运会捐赠商，世博会赞助商，赞助中国第十二届冬季运动会，还是中国航天事业战略合作伙伴。不仅如此，荣泰还每年向附近的养老院捐赠按摩椅等按摩产品，每年组织参加无偿献血活动，发起图书募捐活动，为山区的孩子奉献一片爱心……用林琪的话来说，“这些都是企业该做的，不值得拿出来标榜。”林琪一直奉行的理念就是低调做人，高调做事，即便是荣泰的广告语，也是剑走偏锋。

“荣泰再多的努力，也不如你亲手的按摩”，细品荣泰的这则广告语，没有华丽的辞藻修饰，更不是唯我独尊的吹嘘，取而代之的是朴实无华的情感转移。

林琪坦言：“‘荣泰再多的努力，也不如你亲手的按摩’是荣泰的情感传播主张。科技让生活更健康，科技不断改变着我们的生活，让很多事物有了替代，但亲情是无法被改变的，也是无法被替代的。就像荣泰再多的努力，也不如你手心的温度和陪伴。”荣泰借此激发情感共鸣，呼吁年轻人多多陪伴父母，多倾听父母的心声。

或许广告语的最高境界莫过于此，这句“荣泰再多的努力，也不如你亲手的按摩”像是跟你玩了个填词游戏，告诉你“如果你不能亲手为父母按摩，荣泰或许能成为你的不二选择”。

“‘打开身心，坐回自己。’打开也意味着让眼界宽广，让未来走进，展示了荣泰愿意接纳的胸怀。”荣泰一直坚持初心，并不断吸纳新鲜元素。在林琪看来，如今的社会，人容易浮躁，“‘打开身心，坐回自己’这个 Slogan 既预示着打开身心，抛开烦忧和疲惫，对应荣泰的产品功能，对应消费者的身体需求；又与坐文化的‘坐’的完美结合，与消费者在纷乱繁杂的现代生活中做回单纯的自己的心理诉求相契合。”

2018 年荣泰以爱之名携手东方卫视《梦想改造家》，续写人与空间之外的“爱心改造”传奇，用优质的产品为梦想助力，见证每一个“用心生活，为爱改造”的暖心时刻！

“硬”在品质——在研发方面，荣泰有自己的工厂。众所周知，共享按摩椅和家用按摩椅不同，需要功能更简洁，结构更耐用。林琪的团队，仅“摩摩哒”按摩椅一个品牌，前后就进行了 8 次迭代，把机器做到非常稳定，故障率是万分之一。同时，“摩摩哒”在基础按摩椅的功能上还增加了测算用户心律等健康指数的其他功能，用户在按摩的同时，就能在手机终端看到自己的健康数据。

从传统制造到电商，再到共享按摩椅，再到年轻化的新品牌，林琪坚信，企业保持不断创新的能力才能做到“圈内”的常青树。林琪认为，首先，得保持对社会趋势的判断，比如看到新渠道的产生，人群消费习惯的变化；另外，产品要不断创新，做出差异化；最重要的是，企业要引入人才，对于已有的业务，依靠内部提拔，但对于专业的业务需外部招聘，比如公司如果要孵化新业务，成立新的子公司，物联网等团队就需要重新组建。

从“上海请你来坐坐”到“中国请你来坐坐”

“我们一直说产品创新是企业发展的动力，荣泰在产品创新方面一直坚持不懈。”林琪最引以为傲的，就是荣泰 RT8610S——行业内首台智能语音按摩椅，它拥有四大未来智能健康生态系统：智慧影音泛娱乐系统具备讯飞智能语音，可以实现四麦声控，精准识别指令，让用户解放双手，休憩更彻底；暴风魔镜系统轻松实现定制私人 VR 按摩馆，内存海量高清电影，让科技智慧给你开启一个虚拟新世界；搭载环绕立体声 Topone 发烧级音响，永久更新的喜马拉雅内容云平台，开启蓝牙轻松连接移动设备，即时获取海量音频资源；加上零重力太空舱催眠系统，增强了沉浸式体验感和人机交互，实现用户体验的升级，让人身心倍感放松。

当然，这些黑科技语言绝不是简单的堆砌，为传递品牌内涵，加强品牌关联，荣泰在线上、线下还做了大量的工作：同时刷屏纽约时代广场和上海外滩，向全世界发出“中国请你来坐坐”“上海请你来坐坐”和“荣泰请你来坐坐”的邀请。从传统媒体刊登大幅广告到社会化媒体话题发酵，荣泰健康代表的按摩椅品牌远不止走出了上海、走出了中国，还走向了国际。

正如林琪所说，按摩椅行业是个相对小众的行业，按摩保健器具的市场

荣泰刷屏美国纽约时代广场的“世界第一屏”——纳斯达克大屏幕

保有量与周边的日韩两国相比也有不小的提升空间，但正因如此，中国市场潜力无穷。

随着中国按摩器具品牌的竞争力与科技含量日益增强，林琪相信，在不久的将来，中国品牌完全有机会、有能力主导世界按摩器具行业的发展和走向。

一支独放不是春，百花齐放春满园！林琪认为，整个行业想要迎来“春天”，业内品牌必须拧成一股绳，群策群力、集思广益，一起努力提升整个行业的知晓度和美誉度。

看来，林琪不仅要带领荣泰“小家”致富，对他来说，整个按摩椅行业的“大家”崛起才是赢了这场游戏。

21 年来，荣泰按摩椅已经服务百万家庭。未来，荣泰健康不仅会陆续推出针对不同公共场景需求定制的共享按摩产品，更会将按摩椅打造成整体供应链输出给不同的有座椅需求的空间和场景，助力其他品牌和商业模式体验升级，提供整体的座椅升级改造方案和服务。

匠心呵护工业区的“绿色能源心脏”

工业区作为区域经济发展的重要组成部分，在城市发展中起着重要的作用。通过将各种生产要素聚集在一起进行科学整合，工业区有效地提高了城市工业化的集约强度，突出了产业特色。然而，伴随着经济效益而来的，或许会有对周边环境的破坏，难免跟“污染、脏乱差”等词联系在一起。

但莘庄工业区却是个例外。在这里，不但随时可见蓝天白云，而且到处充满着生机盎然的绿色。置身其中，与其说是走进了一个以汽车零部件、重

上海华电莘庄工业区燃气热电冷三联供改造项目

大装备制造为主的工业园区，倒不如说是进入了一座山青水秀的公园更为适合。

在莘庄工业区里创造出这一切的，就是上海华电闵行能源有限公司提供的天然气分布式能源站。这组新型的发电设备使用的是绿色清洁的天然气，在发电的同时利用余热来供热和制冷，实现了电能、热能、冷能的“三联供”，通过对能源的梯级利用，不仅降低了污染和能耗，更对周边环境起到了有效的保护。

解决传统能源供应模式的“痛点”

上海华电闵行能源有限公司莘庄三联供项目是在国家实施节能减排战略及中美合作的大背景下，中国与美国 GE 公司合作的首批航改型燃气轮机发电项目，也是上海华电闵行能源有限公司与华电通用轻型燃机设备有限公司共同打造的全球第一个“前店后厂”示范基地。

华电通用轻型燃机设备有限公司作业现场

“这套天然气分布式能源站的研发之路走得并不轻松。”时任华电通用轻型燃机设备有限公司生产经理的贾海军回忆说，分布式能源站以燃气轮机机组为核心，而燃气轮机的核心技术又与被称为“现代工业皇冠上的明珠”的飞机发动机同源，因此无论是生产工艺还是测试流程，都有着极为严苛的要求。“燃气轮机技术是飞机发动机的衍生品，所以它的组装标准就非常严格。另外，机组的测试环节也一样。测试中涉及高压天然气、高压电等都有很高的风险，所以生产和测试这两个环节就要求我们必须投入大量的人力和精力，来确保机组的质量安全。”

传统的集中式能源供应方式需要将冷、热、电三种能源分别供应，需要供电就要建设大电网，需要供热就要建设供热锅炉。这样的供应方式不仅花费巨大，而且能源在长距离的输送过程中也会产生损耗和环境污染，这都不利于经济效益与生态效益的协调发展。

而天然气分布式能源站则恰好完美地解决了传统能源供应模式的“痛点”。它以天然气为燃料，通过冷、热、电三联供的方式来实现能源的梯级利用：天然气进入燃气轮机，经过燃烧产生的高温高压气体推动燃气发电机组发电；燃气轮机排气进入余热锅炉产生高压蒸汽和低压蒸汽；高压蒸汽驱动汽轮发电机组发电，汽轮机抽汽作为供热汽源；低压蒸汽进入溴化锂机组，提供空调冷热负荷。这样一来，不仅实现了能源利用率高、环境污染小、降低输配环节损耗的目标，还可以灵活实现电力和燃气双重“削峰填谷”的特点。此外，天然气分布式能源站占地面积小，可以紧挨着用户搭建，因此这种能源的供应方式特别适合工业区这种人口密集、有大量稳定能源需求的区域使用。

据上海华电闵行能源有限公司运行管理部主任徐中华介绍，天然气分布式能源站一经使用，就取代了莘庄工业区内原有的 5 台燃煤供热锅炉和企业自备的 25 台小锅炉，成为了这里新的“能源管家”。经测算，在使用了天然

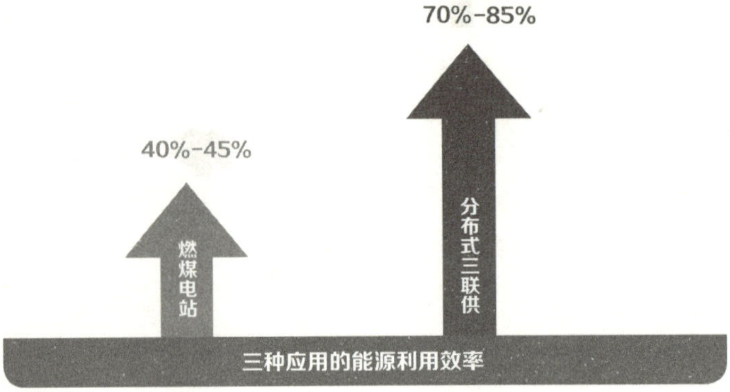

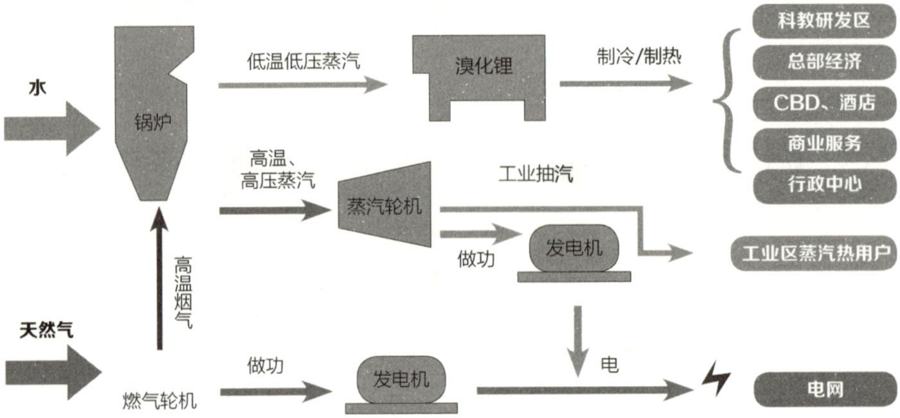

三联供生产工艺流程示意图

气分布式能源站后，莘庄工业区的能耗指标和污染物排放指标都有了显著改善：自 2015 年至今，莘庄工业区每年可节约标准煤约 9.7 万吨，减少二氧化碳排放约 24.42 万吨，减少二氧化硫排放约 2350 吨，减少氮氧化物排放约 462 吨，而烟尘、炉渣和脱硫渣则实现了零排放。

“上海制造”走出国门服务世界

天然气分布式能源站在莘庄工业区的成功应用，为华电通用轻型燃机设

2017 年 8 月，华电通用第五台 TM2500 移动式航改型燃气轮机发电机组下线

备有限公司在行业领域里打响了“上海制造”的品牌。

贾海军介绍，天然气分布式能源站的“本领”远远不止如此。燃气轮机机组分为移动式和固定式两种，因此天然气分布式能源站也就实现了“能静能动”：它既可以建造在工业区内，也可以利用汽车来运输移动。贾海军说：“燃气轮机机组无论是液体燃料还是气体燃料都可以用，而且可以根据不同的电力标准来输出 50 赫兹或者 60 赫兹的电力，再加上这个可移动的特点，可以说它就是一个移动式的能源供应站。无论是在海岛边疆，还是在人群密集的都市、楼宇，哪里需要用电，我们就到哪里发电。”

中国华电集团有限公司上海公司党委书记应光伟表示，目前中国华电已积极建立研发体系，并加大海外推介力度，让“上海制造”走出国门、服务世界。“现在华电正在谈一些国际项目，主要出口到中东等一带一路参与国家，促进他们的基础设施建设，让世界感受到我们改革开放的成果。”

大飞机翱翔蓝天惊艳世界　看中国浮沉“民机梦”

2018年5月11日，在中国商飞公司总装制造中心浦东基地，一座崭新的、镌刻着“永不放弃”四个大字的雕塑矗立起来。而在十年前的这一天，黄浦江畔，承载着中国大飞机梦的中国商用飞机有限责任公司在上海挂牌成立。从2008年至2018年，中国商飞公司矢志不渝、砥砺奋进，走出了一条我国商用飞机产业创新发展之路，开启了我国大飞机事业新的奋斗征程。

2017年5月5日，中国自主研制的喷气式大型客机C919成功完成首次蓝天之旅，79分钟的飞行表现惊艳了世界，这也标志着中国进入了少数几个拥有研制大型客机能力国家的行列。

你可知　38年前蓝天上曾有过中国民机身影

“新中国曾经在1970年、1986年、1993年和2007年先后四次作出发展我国大型民用飞机和大型民用飞机产业的重大决定，最开始是在1970年。”国家大型飞机重大专项专家委员会委员、中国商飞公司科技委委员吴兴世在接受采访时介绍道。

1970年8月，经过周恩来总理的批准，国家同意上海市试制生产运输机的报告。身为运十飞机研制亲历者的吴兴世告诉记者：“任务定名是708工程，因为是1970年8月份定的这个事儿，飞机的代号是运十。”

1970年9月，原上海飞机设计研究所副所长杨作利，那时还是年轻的

原来的大场基地停放着当年的运十飞机，现在已经移到了祝桥基地

小伙子，他是第一批奉命调到上海参加 708 工程研制的设计人员。当时，这架飞机的定点研究单位在上海的龙华机场，这是一座小飞机的维修厂，专门修理战斗机，厂房比较老旧。“我们第一批来这个地方有 100 多人，没有办公室，也没有睡觉的地方，就在大食堂里办公，甚至在小飞机的机舱里面设计飞机。地下室、仓库里都能睡觉。我们当时说，只要能放下一张办公桌，我们就办公，只要能放下一张床，我们就睡觉。”杨作利回忆道。

上海飞机制造厂是研制运十飞机的主机厂，从 1974 年初至 1976 年 10 月，全厂共进行了 12 次大的会战，使飞机的研制进度一再提前，年人均劳动生产率比 1973 年增加了 300% 以上，全厂义务加班工时达 2200 多万工时，相当于 1 万名定额工人 1 年多的工作量。

上海造飞机，全国来支援。据统计，当时全国共有 21 个省、市、自治区的 300 多家工厂、科研院所、大专院校参加了运十飞机的研制，其规模之大、范围之广、要求之高，为新中国历史所罕见。

“经过十年奋战，1980 年 9 月 26 日，我们把运十飞机推到了起飞现场。那一天，全厂就像过年一样，很早很早就来到了机场，有些人甚至爬到车间的顶上来看飞机。”杨作利回忆起 38 年前运十首飞的情况，依然历历在目。“那天上午 9 点 37 分，飞机发动机启动，发动机声音震耳欲聋啊，飞机慢慢地滑出跑道，慢慢地加速，越来越快，然后抬前轮，一下子腾空而起，就钻到云层里面去了，一会儿就看不见了。飞机终于飞起来了！”

从立项到首飞，运十客机用了仅仅十年的时间。1981 年 12 月 8 日，运十飞机从上海飞往北京南苑机场进行汇报飞行，获得了高度赞扬，首都各界人士 4400 多人排着长队上飞机进行参观。运十飞机先后飞抵北京、哈尔滨、乌鲁木齐、郑州、合肥、广州、昆明、成都等国内主要城市，并于 1984 年 3 月 9 日至 16 日，先后 7 次飞抵拉萨，在西藏遭遇风灾、大雪封路、救灾物资无法运进去之时，担负起运送物资救灾的任务，在 7 次飞行中未发生任何故障和事故。运十飞机是世界上第一架在试飞阶段货运拉萨的飞机，它经

运十抵达首都北京，数千人排队参观

受住了考验，为中华民族争了气。

后来，因为种种原因，运十项目搁置，以一代航空人的遗憾叹息告终。

雄关漫道从头越　中国大飞机终于圆梦翱翔

2001 年 4 月，以“两弹一星元勋”、两院院士王大珩为代表的 20 多位院士向中央建言，希望国家重视对大型飞机的研制。

2006 年，中共中央、国务院发布《关于加强自主创新建设创新型国家的决定》，国务院发布《国家中长期科学和技术发展规划纲要（2006—2020 年）》，在组织各方面专家进行科学、民主、全面论证的基础上，将大型飞机重大专项确定为 16 个重大科技专项之一，此后又组织大型飞机重大专项论证委员会完成实施方案论证。

C919 首架机总装下线

2007 年 2 月，国务院常务会原则批准大型飞机重大科技专项正式立项，同意组建大型客机股份公司。

2008 年 5 月 11 日，中国商用飞机有限责任公司在上海成立，总部依然设在运十的老家——上海。当年 11 月，C919 项目正式启动，这是中国首款具有自主知识产权的大型喷气式干线民用飞机。C919 中的 C 代表 China，也是中国商飞公司英文缩写 COMAC 的首字母。

2015 年 11 月 2 日，C919 大型客机首架机在中国商飞公司新建成的总装制造中心浦东基地总装下线。2016 年 12 月，C919 在浦东机场进行了首次滑行试验。2017 年 4 月 23 日，C919 首架机在进行高速滑行时，抬起了前轮。

2017 年 5 月 5 日 14 时，C919 大型客机在上海浦东国际机场腾空而起、直冲云霄，15 时 19 分，C919 以微微上仰的姿态着陆上海浦东国际机场。首飞机长蔡俊带领团队走出机舱，铿锵有力汇报道：“飞机空中动作一切正常！”

2017 年 5 月 5 日，C919 大型客机首飞成功

听完蔡俊的首飞汇报，时任中国商飞董事长、C919大型客机项目总指挥金壮龙大声宣布："C919大型客机首飞任务圆满成功！"自此，蓝天之上再度有了中国大飞机的身影。

"C919首飞那天，中国商飞没有忘记我们这些老同志。把我们请到试飞现场，我们这一批当年的航空人士，都是70岁以上的，两鬓斑白了。"杨作利说，"当C919腾空而起，试飞现场一片欢呼。大家高唱歌唱祖国，我感觉到我们胜利了。我们这一辈子的愿望，终于实现了！"

路途漫漫而上下求索之 让世界爱上中国造

首飞圆梦短短79分钟，但背后是几代航空人近半个世纪的摸索与奋斗，也是中国飞机制造业一段艰难、坎坷、曲折的历程。中国曾因在飞机研制上起步较晚，被嘲笑是"没有翅膀的雄鹰"。而从1980年运十的首飞，到2017年C919的首飞，这期间历经了中国自主研制大飞机的37载沉浮路。

大型客机制造被誉为"现代工业的皇冠"，其产业覆盖机械、电子、材料、冶金、仪器仪表、化工等几乎所有工业门类，涉及数百种学科。国外相关机构调查显示，现代社会大部分技术扩散案例中，60%技术来自航空工业，是典型的高技术、高附加值的高端装备业。发展大型客机项目，对于促进我国航空工业跨越式发展，提高我国自主创新能力，满足我国快速增长的民用航空市场需求有巨大的推动作用。

十年来，中国商飞公司统筹力量，稳步推进，型号研制取得重大突破。2017年5月5日，C919大型客机成功首飞，并在随后的一年里完成101架机转场和102架机首飞，目前拥有国内外用户28家，订单总数达815架。

此外，ARJ21新支线客机先后取得型号合格证和生产合格证，已向全球首家客户成都航空交付10架飞机，累计载客超过23万人次，航线运营和市

我国自主研制的 ARJ21 新支线客机

场化、产业化之路稳步推进。中俄远程宽体客机正式命名为 CR929，合资公司挂牌成立，研制工作转入初步设计阶段。

通过大型客机项目的实施，中国商飞初步掌握了大飞机的研制技术与方法；初步形成了从支线飞机、中短程窄体客机到中远程宽体客机的产品谱系；初步建立了支撑大飞机事业长远发展所需的人才、技术、管理等基础能力；初步带动了相关基础学科、航空工业及相关产业的发展。中国商飞公司在技术创新、产业带动、体系建设、适航能力和人才队伍培养方面取得了重要突破。目前突破了新技术、新材料、新工艺等 100 多项关键技术，掌握了数百项专业技术以及大飞机研制规律、研制方法，填补了一系列空白，形成了我国商用飞机研制核心能力与发展平台。

一路走来，中国商飞公司打造了一支信念坚定、甘于奉献、勇于攻关、能打硬仗、具有国际视野的商用飞机产业人才队伍。公司从组建时的 3800 多人到现在的 1 万多人，形成了一支涵盖商用飞机产业链条各专业门类的人

C919 大型客机首架机总装下线

才队伍，为我国航空工业面向未来、持续发展奠定了坚实基础。

经历过运十首飞、ARJ21 首飞和 C919 首飞的吴兴世坦言，目前中国商用飞机产业的发展还是面临着非常严峻的挑战。“我们今天只是做到了让我们的航空公司可以买我们的飞机，让我们的飞行员可以飞我们的飞机，让我们的乘客可以坐我们的飞机，目前还是支线飞机，还不是 C919。”

吴兴世表示，要继续坚持“长期奋斗，长期攻关，长期吃苦，长期奉献”，用前进的目标激励自己，用比较的差距鞭策自己，努力提升自己的水平。“我们要进一步让自己的航空公司、飞行员和乘客，还有全球的航空公司、全球的飞行员、全球的观众都喜欢买我们的飞机，让世界爱上中国造！”

从亏损500万到盈利1.7亿
股权激励改革搞活企业

世界上第一个大型风光储输联合发电系统、亚洲最大与单体建筑一体化的太阳能光伏发电站、国内第一座城市地下变电站……这些“第一”，都跟隶属于中国电力建设集团的上海电力设计院有限公司（简称上海电力设计院）密不可分，一项又一项的纪录使他们成为特大型都市电网规划、超高压输变电及新能源等领域的引跑者。

然而，回首60年的发展历程，上海电力设计院也曾是年亏损近500万的企业，是改革扭转了全局，其转型的关键就是激励机制的持续改进。

设计了当时世界最大的单体光伏建筑一体化项目——上海虹桥铁路客运站太阳能光伏发电场

设计了目前世界上第一座大型规模化商业运营的集风光储输于一体的新能源联合发电国家示范工程

设计了上海世博园区中国馆和主题馆太阳能发电示范工程

股权改革坚持与时俱进。从“全员持股”到“岗位与持股联动”，再到“股权分红与绩效挂钩”，上海电力设计院不断优化股权分红激励机制，三轮改革，形成了相对完善的股权激励体制。

如今，上海电力设计院实现年收入近24亿元，盈利高达1.7亿元，也从一家发展完全依赖上级的设计公司转身成为国内电力设计行业的优秀企业，并于今年6月获得“2017年度上海市市长质量奖”殊荣。

全员持股 率先走上股份改革道路

“20世纪90年代，上海电力设计院属于国家电网上海电力公司，还是上海电网内部的一个分支，在当时被称为设计所、设计室，相对比较封闭，可谓是‘温室里的一棵草’，公司的经济效益、员工的能力与水平都不行，业务量很小，企业年亏损近500万。”上海电力设计院党委书记、董事长余

承担了中国最高楼——上海中心大厦110千伏变电站EPC总承包工程

寅回忆说。

从着力建设员工与企业的利益共同体，到完善股权激励与员工激励双重有效机制，再到以全员绩效管理持续推动企业业绩增长和战略发展的卓越绩效管理，上海电力设计院的股权激励过程困难重重，经历三轮改革，最终形成了相对完善的股权激励体系。

2000年开始，在全国改革勘测设计企业第一轮改革改制浪潮中，上海电力设计院率先走上了股份改革的道路。本着积极稳妥公平的原则，企业采用了“面向全体职工、自愿认购”的方式，用最直接、最容易判断的工龄、职务、职称三个要素来确定职工的持股比例。这样一来，员工的利益与公司利益结合到一起，股权制激励了员工的积极性。

在最开始推行的员工持股计划中，其中国有控股比例60%，员工控股比例40%，实行的是全员持股，成为电力勘测设计行业内唯一一家实行员工持

设计了国内第一条长距离深入特大型城市中心供电的500千伏地下电缆线路——世博500千伏电力隧道

股的企业。有了固定股份的员工，相对于从前有了归属感，更增加了对企业的认同，企业的利润也增长了不少。

“但是，紧接着另一个问题出现：有了固定股份，不少员工少干活也可以通过分红拿到比过去还多的收入，使那些上进心更强的员工积极性受挫。”余寅坦言，由于存在这样的隐患，公司面临一些核心员工流失，新员工又因持股会预留额度有限无法激励，造成了激励钝化，公司发展严重受挫。

与时俱进，继续改革。“在这样的情况下，公司进行了第二轮的股权激励改革，重新确定了股权分配。”余寅说。

按岗持股 股权激励向生产一线倾斜

2007 年，上海电力设计院决定与每年评聘的技术岗位制度相结合，进行股权激励改革。根据岗位高低、业绩和能力表现，确定股权分配，实行“按岗持股、岗变股变”。这使得公司明确了股权激励向生产一线倾斜的导向。

“2008 年我从上海交通大学硕士研究生毕业进入公司工作，先后担任电气专业设计人、主设人、设总、专业组长、项目经理。”上海电力设计院一线员工靳静回忆自己“晋升”路程说：“公司的股权激励机制具有明显的导向性，作为一名普通员工，我感受到了公司股权激励向一线员工倾斜，同事们在激励机制的带动下充满工作激情。”

打破终身定岗，这是第二轮股权改革的又一亮点。比如：被评为“技术骨干”称号的员工，在岗位持股标准的基础上，可以上浮两个层级，最好持股上限可以与中层副职看齐，首席设计岗位持股可以向公司高管看齐。这使得员工的能力与价值创造成为了职业发展的核心部分，从而激发员工的积极性和主动性。

设计了国内目前跨度最大的、高度最高的架空线混合大跨越工程——上海洋山深水港大跨越线路工程

从技术岗转到管理岗的管理人员田羽就深有体会。“我 2013 年从电气专业高级设计师转到管理岗做专职。股份跟着岗位变，当时落差非常大，因为技术骨干持股和中层副职水平，管理专职的持股比技术骨干低不少。”

“从 2001 年开始，公司逐渐形成了两种绩效考核方式：一种是组织绩效，一种是全员绩效。我们的改革是循序渐进的，在原来的国企环境中，如果说因为你表现不好就解除劳动合同简直是不可想象的。”余寅说，通过近 10 年的不断改革，员工才渐渐转变了思想，接受了这种考核方式。

阶段性持股　不断创新股权激励模式

改革有时段性，需要不停的改。“二次改革没有消除‘激励钝化’的危

承担了国家首个“光伏领跑者计划”——山西大同采煤沉陷区国家先进技术光伏示范基地基础设施部分总承包工程

险。”余寅坦言，在第二次的改革中仍存在市场化程度不高、竞争力不强的问题，因而迎来了第三阶段的股权激励改革。

自2011年起，国家实行电网企业主辅分离改革，企业全面走向市场，走上转型升级的发展道路。2013年，上海电力设计院彻底打破了全员持股和分红机制，实行关键岗位职工持股方案。

“没有让渡，就无法吸引更优秀的人才。”2014年，利用公司资本金增加机会，持股采用收购会员股份方式增加持股会预留额度，提出“让老员工让股”。同时，新员工持股计划进行调整，采用阶段性持股。规定新员工自劳动合同履行满一年后方可持股，每年认购上限为持股标准的20%，逐年递增，五年持足。

2016年开始，上海电力设计院再次创新股权激励机制，将即期绩效同长期绩效相结合，打破分红与股份的完全挂钩。上海电力设计院总经理助理、监察审计部部长顾伟东介绍，在每年的股权分红的基础上，将分红收益划分为两部分，货币出资的分红收益和按绩效贡献的分红收益，实现货币资本出资和劳动贡献兼顾。绩效贡献收益按照绩效考核确定的分红系数进行分配。

2018 年，为适应新时代公司发展从高速发展向高质量发展转变，对绩效管理体系又做了全面调整，对于业务部门，考核指标从“新签合同”等规模指标为主，向“价值留存”等效益指标为主转变，并且精简指标数量，聚焦于项目管理、技术创新、人才培养等环节。

“对于职能部门，考核指标更聚焦于其对公司价值创造环节作出的贡献。”管理人员鲁斌说：“全员绩效管理体系的实施，有效促进了公司业绩增长和战略发展。”

目前，上海电力设计院已经成为国内城市电网和新能源行业建设领域的引领者和实践者。然而，防止股权激励钝化的改革没有终点，改革的道路还将继续。正如上海电力设计院的理念，面对未来新的发展和思路，相信“我们能够做得更好”。

企业理念：我们能够做得更好！

从证券公司营业部到纽约时代广场
LED 显示屏恋上“中国造”

当目光聚焦纽约时代广场，最醒目的无疑是那块竖在第七大街 701 号的 1600 平方米的显示屏。2500 万像素，这块屏因其卓绝的 LED 制造技术被国际同行称赞，而这块全彩 LED 显示屏是由“中国制造”——中国品牌“三思”。

20 世纪 90 年代初，陈必寿在五十岁知天命之年，放弃了国家研究所稳

纽约时代广场 1600 ㎡显示屏

定的工作，踏上了创业征程，创办了上海三思电子工程有限公司（简称三思）。这一年，还“没有人相信高精尖的 LED 技术能被一家民企所掌握。”

是什么给了这位研究员“下海”创业的动力，为什么这家民营企业掌握了 LED 技术，又是什么机遇让“三思”品牌登上纽约时代广场？

研究室主任 50 岁开始“下海”创业

1992 年邓小平南方谈话，再次吹响改革开放的号角，一批知识分子“下海”创业，成为中国现代企业制度的试水者。

“把多年的研究成果转化成现实产品并产业化，争取填补当时行业的空白，这也是科研人员的梦想。”1993 年，陈必寿 50 岁，是交通部上海船舶研究所研究室主任，在鼓舞知识分子创业的浪潮中，他决心创业。

上海三思董事长陈必寿

创立之初，公司首先要确定科研和产品的主要方向。“主要方向为计算机（Computer）、控制（Control）、通信（Communication）三个方面，叫三思比较好。”陈必寿回忆“三思”的命名时说：“还有‘三思而后行’，符合科研人员‘大胆假设、小心求证’的工作风格。”

商量成立公司时，共7人参加，到公司注册时，有16人参加，筹集到了16万元开办资金，租用了两间小办公室，把LED作为主攻方向，企业就这样开始运作了。

证券屏是“三思”创立后的第一切入口。邓小平南方谈话后，中国资本市场开始进入发展期，“三思”洞察市场空白，抓住先机，专为证券营业所（厅）研制证券显示屏及控制系统，使交易数据实时在证券屏上显示并滚动。上海证券交易所的第一块LED显示屏就是由“三思”特别定制。自此之后，证券营业所（厅）的大型LED显示屏几乎成为每个营业部的标配。陈必寿因在LED显示屏方面的积累，利用两年的时间，“三思”占领了全国证券公司营业部大厅90%的行情显示屏市场，成为名副其实的单品冠军。

开疆拓土塑造多个领域样本

1998年，在考察和总结欧美国家道路交通市场的现状后，“三思”再次抢抓机遇，跟紧全国大规模兴建的高速公路的步伐，率先研制出高速公路交通诱导屏、信息情报板等LED产品。很快就以优质的产品和完善的服务，为全国五百余条高速公路提供了数万余LED可变信息标志产品，在全国的占有率一度超过60%之多。

2000年，上海徐家汇东方商厦外竖起一块超大型室外弧度LED全彩色显示屏，“三思”开启了国内LED户外广告屏市场应用的先河。2003年，“三思”获得产品进出口权，全面启动全球市场战略，进入欧美、亚洲等发达国

1993 证券屏

上海三思成立，起步于全国证券显示屏市场，曾获得90%的市场份额。

1998 交通信息屏

打开国内高速公路市场，维持国内高速公路市场60%的占有率。

2000 全彩显示屏

室外LED全彩显示屏开始投放，开辟了户外广告新时代。

2003 出口国际

进军欧美发达国家市场，应用于德国超市、意大利体育馆的LED显示屏，被评价为是欧洲最好的屏。

2007 LED照明

进军国内LED照明市场，相继研制出独立散热像素灯和国家863课题的无眩光反射型面光源灯具等系列产品。

2010 LED小间距屏

LED小间距显示屏投放市场，开启小间距显示新时代。

2014 10W全配光球泡灯

三思重磅发布10W LED球泡灯，完全达到替代100W白炽灯规范要求。

2015 智慧路灯

三思自主研发的智慧路灯集舒适化、人性化、智能化为一体，为智慧城市的重要载体和终端系统。

2017 SANSI 云系统

三思云系统是基于大数据采集、存储，对产品状态进行实时追踪、监测的综合管理平台。

2018 智能家居照明

三思全面进入智能家居照明新时代，推出的产品受消费者青睐

上海三思发展历程

江西鹰潭高速公路　隧道照明

家和地区的 LED 显示屏市场。

在领跑 LED 显示屏应用市场后，“三思”开始携带在 LED 领域的技术优势，正式进军 LED 照明市场，这是一般 LED 照明同行难以企及的技术积累。业界公认的是，相比于传统照明产品，LED 是个具有较高科技含量的专业领域，没有一定的技术积淀，很难快速形成企业的独特竞争力。

“三思”的技术优势和独特竞争力很快就彰显出来。“三思”的 LED 路灯、隧道灯等产品被快速应用到国内各条道路上。2008 年，由“三思”承建的江西鹰潭高速公路隧道 LED 照明项目，被交通部评为“节能减排示范工程”，迄今十年依然毫无损坏。有关数据显示，“三思”在全国隧道照明领域的市场份额也一度超过 70%，“三思”品牌成了那段时期中国 LED 隧道照明的代名词。

捷报频传。“三思”独家研制的 LED 反射式灯具又大规模地应用到全国地铁照明项目中。深圳地铁二号线是国内第一条全线采用 LED 照明灯具的地铁项目，由“三思”一举中标，全线采用了25000多套LED照明灯具，树立了全国地铁照明的新样板。迄今为止，“三思”共计承建了上海、深圳、杭州、南京、西安等省市80余条地铁的LED照明工程，可谓“全国地铁照明冠军”。

深圳地铁二号线

自主创新　从制造到“智造”

三思生产安装了国门大屏——北京京信大厦全彩显示屏；国内较早支持3D效果的4K高清大屏——北京西单君太百货大楼显示屏；纽约时代广场目前面积最大的一块室外全彩屏……一路走来，“三思”创下了无数的先河，而能让它成为LED应用领域引领者的关键就是自主研发，不断探索创新。

“时代广场其中的一块800 m^2 显示屏项目，其实三思刚开始并没有参与招标，是有业主无意间看中了三思的产品，便让三思中途加入了，当时已经

北京京信大厦

杭州 G20 峰会会址　智慧路灯

剩下三家国际知名品牌，我们最后中标该项目。”上海三思总裁王鹰华回忆，时代广场显示屏项目采用了“三思”自主研发的特制显示屏，不仅实现了弧形无缝拼接，也攻克了“拐角无缝拼接”的技术难关。

自主创新引领行业发展。“三思”从最早解决户外SMD的防护问题到第一个生产目测无频闪的LED显示屏，再到独家研发的模块级CPU处理技术，自主研发制造的LED显示屏每一次亮相，都是一次超越。

随着智慧城市的发展，“三思”从制造开始布局“智造”。2015年，“三思”推出智慧路灯，国内首个大规模智慧路灯项目——江苏洪泽智慧路灯落地，这也意味着“三思”紧紧跟随国家智慧城市战略，开始全面布局智慧路灯系统。

这些智慧路灯集合智能照明、信息发布、信息采集、信息传输和控制、应急电源等功能模块于一体，由八大应用系统组成：LED路灯照明子系统、LED显示屏显示子系统、通讯与控制子系统、视频监控子系统、RFID 人 / 物监测子系统、环境传感监测子系统、电动车充电桩子系统和紧急呼叫子系统。在节约能源、事故预警、公共安全及便民出行等多个方面发挥作用，作为智慧城市的信息感知终端，支撑起城市物联网的全范围覆盖。

截至目前，“三思”智慧路灯系统不仅在国内成功应用于北京、上海、杭州、深圳、东莞、瑞金等数十个城市，还在美国、澳大利亚、英国、波兰、德国等多个海外国家落地。

精益求精　研发始终是核心竞争力

二十多年来，“三思”从最开始十几个人、两间办公室发展到现在 2000 多名员工，超过 23 万平方米研发生产基地的企业。还有一个关键就是科研人员的“工匠精神”。

“任何一家 LED 企业，都没有像‘三思’这样，不仅做灯，连灯内部的元器件、材料，硬件、软件等都是自己做的，”陈必寿自豪地说，上海三思在硬件、软件、灯具设计、结构设计、光学设计、散热、驱动、智能控制、系统集成、材料、微电子、艺术设计等凡是涉及 LED 应用的领域都进行了深入研发。

一次研讨会上，陈必寿受美国航天飞机“陶瓷隔热瓦”问题启发，开始研制陶瓷散热。经过两年多的努力，解决了陶瓷基材镂空灯体结构的散热设计、集成电路驱动电源的优化设计等问题，“三思”在 2014 年研制出替代 100 W 白炽灯的 10 WLED 球泡灯并开始生产。

陶瓷散热 LED 灯泡球成了全球独一无二的产品，它融合了镂空设计、陶瓷散热主体、光源和电源分离等创新技术。它的发明，也为“三思”中标港珠澳大桥照明工程立下了汗马功劳。

港珠澳大桥

港珠澳大桥全长55公里，“三思”提供全线LED路灯、LED隧道灯、LED景观照明灯、检修通道照明灯以及相应的智能控制系统，总数为27000余套，此外还提供900余套LED可变情报板和各类LED交通控制标志。“这些LED产品和系统均充分考虑了大桥严苛的应用环境，如海洋盐雾侵袭、振动、大温差、台风雷暴等恶劣环境，及大桥运行对光的舒适性的高要求。”

精雕细琢、精益求精。陈必寿说，“26年品质如一，方造就了今日‘三思’。在改革开放40周年回望初心，研发始终是核心竞争力。‘三思’每年投入销售额的8%作为研发经费，目前已拥有400多人的精英研发团队，共申请国内外专利422项。”

2018年8月28日，华为旗下品牌华为智选新品发布会在深圳华为坂田基地隆重举办。其中，由华为和“三思”联合设计的LED全彩灯泡首发亮相，这两家以技术著称的科技型公司走在一起，意味着“三思”未来在智能家居领域会有更大的战略意图，值得期待。

打造玻璃中国“芯” 全球领跑“传奇”

一张 A4 打印纸厚度 0.095 毫米，但有一种玻璃厚度只有 0.12 毫米，薄如蝉翼。2018 年 4 月，这片刚刚下线的神奇玻璃甫一亮相便惊艳世界！目前，它是世界上使用浮法工艺批量生产的最薄玻璃，更重要的是，它来自中国，来自中国建材国际工程集团有限公司。

美国时间 10 月 15 日，造出这片神奇玻璃的中国科学家代表、国际玻璃协会前主席、现任顾问委员会主席、中国建材国际工程集团有限公司董事长、总裁彭寿一举摘得被誉为世界玻璃行业的“奥斯卡大奖”——美国陶瓷

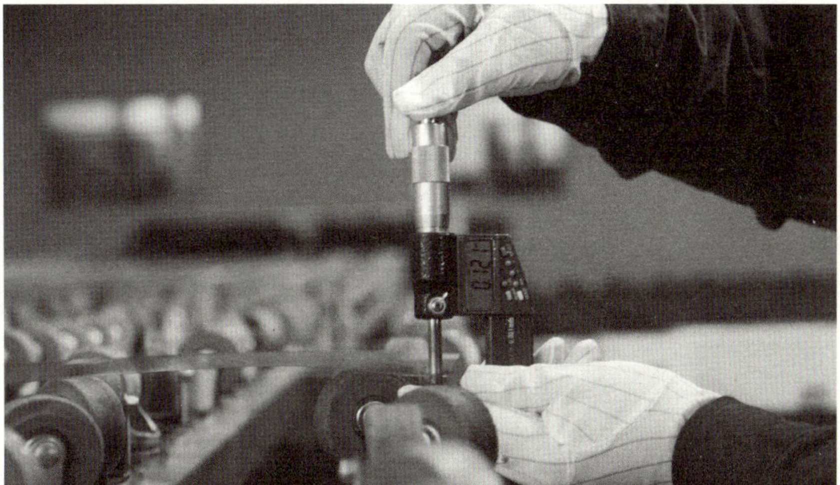

0.12 mm 超薄玻璃

美国陶瓷学会硅酸盐技术创新领袖奖

学会硅酸盐技术创新领袖奖，彭寿也由此成为世界玻璃技术领域获此殊荣的首位中国科学家，开创了该奖项设立以来首次授予玻璃技术领域科学家的先河，标志着世界对中国玻璃技术创新和自主知识产权成果的充分肯定和认可。

随着科技进步与社会发展，玻璃已不再是传统意义上的普通建筑材料，而是成为新能源、信息显示、航空航天等新兴产业关键核心材料，多学科、多技术高度复合集成，研发难度超出想象。

从传统建筑材料到功能性玻璃，从0到1，从跟跑到领跑，目标直指打造全球玻璃“中国芯”，中国建材国际工程有着一个跌宕澎湃的“传奇”历程。

三块“玻璃” 从无到有打造玻璃“中国芯”

1953年，中建材蚌埠玻璃工业设计研究院成立；2000年，蚌埠院加入中国建材集团并改制成立中国建材国际工程集团有限公司，主要从事玻璃技术的国际化工程服务。

“65年来，我们一直在解决核心问题！玻璃的中国芯！这要从我们获得三个国家科技进步二等奖说起。”采访中，中国建材国际工程集团有限公司党委副书记、常务副总裁孙建安回忆说。

第一个国家科技进步二等奖——光伏玻璃。

微铁高透过率玻璃，也称光伏玻璃或超白光伏玻璃，不管单晶硅、多晶

三个国家科技进步二等奖

硅还是薄膜太阳能电池都需要一块盖板玻璃，保护发电介质免受外部环境侵蚀，同时最大限度地让太阳能直接传递到发电介质层转化成电能。

透光率达到91%，成品率基本85%以上。2011年，“太阳能电池用微铁高透过率玻璃成套技术及产业化开发”成果荣获2011年度国家科技进步二等奖。目前，90%的中国光伏玻璃生产企业采用的都是中国建材国际工程集团有限公司提供的核心技术。

第二个国家科技进步二等奖——高品质浮法玻璃。

KCC公司是韩国最大的涂料和建材生产企业，日产逾千吨汽车玻璃和建筑用玻璃，玻璃生产线一直被欧美老牌玻璃设计厂商垄断。

2013年，集团一举击败国际知名竞争者拿下了韩国KCC公司1200吨/天浮法玻璃生产线项目。“我们技术能力和装备的水平不比欧洲人差。服务还有距离比欧洲可能更方便。”孙建安分析。

如今，除韩国外，集团玻璃工程项目还遍布伊朗、印度、阿尔及利亚、越南、南非、印尼和哈萨克斯坦等国家，在中国出口高端玻璃工程市场占有率始终保持在90%以上。

韩国 KCC 项目

第三个国家科技进步二等奖——信息显示玻璃。

我国大尺寸液晶产品所需的显示面板，曾是仅次于芯片、石油、铁矿石的第四大单一进口产品，原因就是面板核心技术“TFT-LCD 超薄基板玻璃”，一直被美国、日本垄断，超薄玻璃基板是触摸屏组件最基本的材料。

2008 年，中国建材国际工程集团有限公司瞄准市场需求，踏上了 TFT-LCD 玻璃基板技术自主创新的攻坚路。

2010 年，国内第一片 4.5 代 0.5 毫米超薄玻璃基板下线；2011 年 0.4 毫米、2014 年 0.3 毫米、2016 年 0.2 毫米、2017 年国内首片 0.1 毫米超薄玻璃基板下线，实现中尺寸面板玻璃市场的反超。

手机里四片玻璃，其中两片是 TFT 液晶显示用玻璃，另外两片是盖板玻璃和触摸玻璃，中国现在都做到了最薄 0.12 毫米，全球领先。

中国建材国际工程集团有限公司玻璃设计研究院院长江龙跃清楚记得，

“原先一片 4.5 代 TFT 基板玻璃卖到中国 500 多元，我们的产品做出来后，价格降到 100 多元。”在浮法触控显示玻璃厚度上，世界纪录一次次被刷新，国外技术垄断被打破。最直接结果，液晶产品便宜了。

液晶显示玻璃：国内首片 0.1 mm 液晶玻璃成功下线，正在建设 TFT8.5 代线；超薄玻璃：蚌埠 150 t/d 生产世界最薄 0.12 mm 电子玻璃；高铝盖板玻璃 ：最薄 0.4 mm 的量产，打破国内长期依赖进口局面；浮法玻璃：全球最大 1200 吨 / 天浮法国内外近 10 条；光伏玻璃：全球最大 650 t/d 全氧燃烧超白高透光伏玻璃……多项技术陆续打破国外垄断，填补国内空白，满足了太阳能光伏产业和电子信息产业及建筑节能快速发展的需要。

六年三次，国家科技进步二等奖！三子先行，满盘皆活！

打通全产业链　中国制造成功出海

“上游做研发，下游做装备！要做工程总承包！”按照中国建材集团董事长宋志平整体思路指导，中国建材国际工程集团有限公司数十年技术研制和追赶，打通了从设计、设备、工程、生产、到终端产品应用的全产业链。在发达国家的堵截中硬生生开辟出了一条路。

“我们有自己的核心装备，自己的创新和研发能力，有自主知识产权。”中国建材国际工程集团有限公司副总裁、蚌埠凯盛、凯盛机器人董事长邢宝山介绍，玻璃核心装备都是自主设计，由集团四个装备公司制造安装调试。

邢宝山一直认为，做装备一定要智能化和互联网或物联网结合。“真正的智慧工厂，在一个中央控制室大屏上，就可以掌握全厂任何一个角落的情况。我们现在的玻璃工厂，所有信息都在中央指挥调度中心大屏展现。工厂车间控制的参数，都上传到信息化智能系统里。世界各地，打开手机，都能看到当天的生产数据、当天的消耗量、当天的成品率、当天的生产是否正

新型全自动拉边机

常，如果不正常，故障在哪里。”

以市场为导向，研发的袋装水泥装车机器人已开始小露身手。

水泥厂粉尘尘粒小、分散度高，对人群健康危害性大。特别是人工对水泥进行袋装装车时，扬起的水泥粉尘让工人避无可避。

据介绍，袋装水泥装车机器人是全国唯一一款可以满足所有车型、实现各种堆垛方式的自动装车设备，可实现水泥厂装车系统的一体化作业。邢宝山说：“未来目标将打造装车的智能数字化车间，并在全国水泥行业推广。”

玻璃之外，集团新能源项目也在国际舞台频频崭露头角。

集团收购德国 Avancis 公司及 CTF Solar 公司，快速提升薄膜太阳能电池核心技术。碲化镉转化率 17.8% 达到世界领先水平，铜铟镓硒转化率 18.2%，再创世界纪录。

继包揽英国单体规模第一和第二大光伏电站后，集团又承建了欧洲最大的葡萄牙 300 兆瓦光伏电站，并在美国加州累计承建 400 兆瓦光伏电站项目，成为欧美顶级的光伏电站 EPC 工程服务商；泰国、缅甸光伏电站超 1 G 瓦……依靠 EPC 成功经验及产业链协同，新能源工程合并收入占 40%，成为欧洲最大中资光伏 EPC 领跑者。

孙建安总结，“成功出海的秘籍首先是以海外城市的需求为出发点和基本点，恪守当地法规并尊重民俗，再凭借踏实的做事风格获得认可。”

建设美丽中国　打响上海制造品牌

众所周知，玻璃行业是我国重点工业污染控制行业之一，大气污染物排放问题较为严重。

2011 年，中国建材国际工程就利用具有自主知识产权技术分别改造了中国第一条浮法玻璃熔窑全氧燃烧生产线和该生产线的余热发电工程。利用余热发电前，烟机温度高达 500 多摄氏度，而余热发电后，烟机温度降到了 120 至 130 摄氏度，余热生产的电力，完全能够满足玻璃厂的日常用电。

目前，中国建材集团对国内外 95 条生产线实施富氧燃烧和全氧燃烧工程，氮氧化物降低 85%，烟气和粉尘降低 50% 以上，能耗平均降低 10%；对 83 条生产线实施烟气余热发电项目，平均年发电 259980 万 kWh，年节能 91.28 万吨标煤，年减少温室气体排放 208.12 万吨，年节约电费开支 159267 万元。

推进玻璃行业的节能减排、结构调整和发展循环经济，玻璃、水泥工厂脱硫脱硝、余热发电一体化技术行业领先，集团垄断玻璃行业全部环保业务，水泥余热发电技术出口国外，助推多省、市大气污染防治，建设绿色行业及美丽中国。

同时，智慧农业工程成果丰硕，集成荷兰一流技术，在山东德州建成全国单体面积最大、最具智能化的现代农业工程。包括山东在内、四川、安徽、江苏、江西、甘肃、陕西、黑龙江等地3000亩智慧农业示范项目，已经成为工程业务盈利的新增长极。

2017年10月12日，国内第一片铜铟镓硒薄膜太阳能高效模组在安徽蚌埠成功下线，为全线打通太阳能光伏产业链奠定坚实基础。2018年4月，世界第一条大面积发电玻璃生产线，也是我国首条大面积碲化镉弱光发电玻璃生产线，在四川成都正式投产。

至此，中国建材国际工程集团有限公司成为世界上唯一一家同时掌握铜铟镓硒和碲化镉薄膜太阳能电池组件研发和量产技术的企业。

不断突破，玻璃的澎湃传奇依然在继续！

“设计新、质量好、标准高、服务优”，由中国玻璃知名品牌提升为国际玻璃知名品牌，包括新能源等多个领域，中国建材国际工程集团有限公司已成为国内外知名品牌，兼具综合实力和国际竞争力。

“作为上海的企业，行业内深耕细作。埋头做好玻璃，埋头往前走，把玻璃做到有全球影响力，那么自然而然就打响了上海制造的品牌。”孙建安直言。

从生产销售到聚焦服务
IT 界“黄埔军校”的蜕变之路

近年来，作为 A 股 IT 行业的首家上市公司，华东电脑通过系列资产整合重组，朝着“中国软件与信息服务龙头”的目标又迈进了一大步。

事实上，在几十年的风风雨雨中，华东电脑经历了从信息技术产品生产销售，到聚焦专业服务，再到面向新商业模式和新一代信息技术的综合服务

华东电脑践行“以人为本、变革创新、成就客户、协作共赢”的价值观，在行业二十余年起伏浪潮中始终占据相关市场的领先地位

转型。而在每一次艰难转型探索的背后，“以客户的需求为中心”的理念始终如一地牢牢镌刻在每一个“华东人”的心里。

历经三次改革 上海IT界的“黄埔军校”沉重起飞

华东电脑的历史渊源最早可以追溯到1958年。那一年，华东计算技术研究所成功创立，是我国最早建立的计算机科学技术研究所之一。作为电子科技的国家队和信息产业的主力军，在之后的60年里，创造的辉煌历历在目——我国计算技术发展史上数十个第一、500余项科技成果奖……

1985年，为响应中央的科学技术体制改革的决定，华东计算所迈出了改革的第一步：分流部分科技人员创办了上海华东电子技术服务公司，从推广计算机应用、技术服务和销售计算机产品开始。

说起这段时间的经历，前华东电脑董事会秘书吴志明笑言“真的是摸着石头过河”。他表示，“这是在逐步地摸索办企业的经验，从前研究所的人往往专攻于技术研究，对于商业化运作很不熟悉。”

在取得了成功的基础上，先后又创立了上海华东磁记录电子公司、上海华东计算机系统工程公司等经济实体。通过创办这些公司，逐渐形成了科研开发和市场导向的双向循环。

1990年3月，对市场有了一定试水的华东计算所毅然迈出了改革的第二步：在原有公司的基础上组建了华东电脑总公司，使旗下的各子公司的专业优势都能实现较好的发挥。吴志明介绍道，公司先后推出了EC系列微机，投放到市场颇受欢迎。与此同时，公司将软件技术大规模面向市场，完成了一系列功能齐全、规模较大的计算机系统应用系统并积极开展和外资的合作。

吴志明颇有感慨：“这个时期，可谓是华东电脑的一个黄金时代。从技术人员到管理人员，我们培养的优秀人才分流到各个公司，为整个 IT 行业输送人才。华东电脑可以说称得上是上海 IT 界的黄埔军校。”

然而，华东电脑总公司虽然在探索科、工、贸一体化的道路上取得了一定成绩，但是在深层次的改革中也遇到了不少困难——如开发生产环境薄弱，重大项目难于上马，企业活力不足等问题。吴志明坦言：“国有企业的改制往往要经过非常痛苦的探索。要解决这些问题，必须打破僵化的思维模式。”在这之后，公司“痛定思痛”，进一步深化改革。

作为上海 58 家深化科技体制综合改革首批试点单位之一，1994 年，华东电脑迈出了最重要的第三步：向社会公开发行 2000 万股，共募集资金 6000 万元，正式在上交所上市。吴志明颇为自豪地说道：“这是国内 IT 行业第一家上市的公司。”

经过几年的努力，华东人以超强的干劲全身心投入到市场的搏击里，与众豪强一较高下。华东电脑也终于挣脱了身上的种种桎梏，在“阵痛”中腾飞。

按市场校正企业“晴雨表” 吹响 IT 服务业新号角

2000 年，全球互联网泡沫破灭，信息产业在遭受重创的同时，也悄悄孕育着一些新生机。一些优质的创新型企业开始异军突起，并引领行业变革。

这是风起云涌、翻腾激荡的一年。

华东电脑技术经理谷嵩表示：“这种产业环境的剧变，对华东电脑当时以 EC 电脑销售为主导的业务形态造成了巨大的冲击。”从市场格局看，本土企业面临的跨国巨头竞争压力大，在核心技术、知识产权等方面与国际先进水平存在较大的差距。因此从 2000 年以后，公司开始谋求业务转型，从销售 PC 到提供所有 IT 综合服务，提供整体的 IT 解决方案。即从以 IT 产品生产和销售为本，向以软件和系统集成为主导的 IT 服务业发展。

此外，公司还借力国际先进厂商的优质产品，围绕网络、服务器、数据中心等新兴领域发展系统集成和技术服务，探索公司控股、管理团队持股的混合所有制模式，先后成立了华讯网络、华存数据、华东系统等公司，主要服务金融、运营商与互联网、政府和公共服务、企业等行业，淬炼了专业技术能力，积累了行业服务经验和一批优质的行业客户，树立了良好的业界口碑和行业影响力。

谷嵩回忆起自己亲身参与的几个大型项目：上海虹桥机场、浦东国际机场、网络系统架构项目、世博会网络系统修护保障与安检系统建构项目、汶川大地震的灾后援建工作等，表示自己充满了成就感："感觉自己的服务是有价值的，为社会贡献出了自己一分力量。做世博会网络系统项目时耗时整整 6 个月，每天 14 个小时的高强度工作来进行维护保障；机场项目耗时更长，整整一年多的时间，直到现在那曾经走过的 147 个房间仍然记忆犹新，每次都能很清楚地指给儿子看，很自豪。"

谷嵩表示，虽然市场环境在不断变化，但是华东电脑的"理念"始终如一。他强调了一个词语——"使命感"。在向专业服务商转型的过程中，华东电脑始终恪守贴近客户、深耕行业的理念，牢记自身使命，在一些重大民生相关行业领域，积极承担社会责任，助力社会和谐发展，在实践中注重产品技术创新与行业业务应用的结合，积极打造行业领先的创新解决方案。

业务数字化、互联网化赋能 深度参与"上海智慧"

进入新兴互联网时代以来，以云计算、大数据、移动互联、物联网、人工智能等新一代信息技术革命催生了大量新兴商业模式，也推动着各行各业的互联网化与数字化转型，这些变化正在快速和深远地影响着人类的生活方式。

在这个浪潮中，华东电脑始终站在前列，主动取势转型。华东电脑股份有限公司首席顾问宋晨向记者介绍道："一方面，从供给侧角度出发，华东电脑着重业务创新、力图打造新动能，为客户创造新商业模式以及为传统业务的数字化和互联网化赋能；另一方面则是苦练内功，实施资本运作和业务的整合升级。"

根据《上海市推进智慧城市建设2011—2013年行动计划》，"云计算"被列为重大专项之一，包括推进健康云、金融云、社区服务云的应用示范等。2011年，华东电脑及股东中国电科第三十二研究所就共同发布"华云计划"，以华讯网络和华存数据为协同，目标是将华东电脑打造成中国云计算全价值链解决方案提供商和服务商。

智慧城市、全行业数字化与互联网化转型，正为华东电脑带来新一轮发展机遇

宋晨表示，华东电脑对“互联网 +”的态势和影响非常关注，正全面铺开在系统集成、数据中心、智慧城市、信息安全等方面的机会，并积极探索。作为上海本土最早介入云计算领域的电子信息公司之一，华东电脑凭借自己的诸多天然优势，正加大力度参与上海等地的“智慧城市”建设。

这对华东电脑来说，又是一轮新的机遇。

“舍小家，顾大家” 点亮袖珍岛国“马耳他”

国家电投上海电力股份有限公司（以下简称电力股份）作为上海市主要发电企业之一，在上海改革开放40年来的发展历程中，坚持以建设卓越的全球城市和社会主义现代化国际大都市为己任，坚持认清形势、顺势而为，坚定不移地推进跨国经营发展，在上海市发电企业中率先蹚出了一条境外发展的路子。

截至2017年底，电力股份共有境外公司23个，遍及马耳他、黑山、日本、土耳其、巴基斯坦等国家，境外资产总额约78.2亿元。

近年来，电力股份的境外项目以其稳健的投资回报和持续发展态势，正日益成为抓发展的主战场和增盈利的主力军，也有力促进上海服务、上海制造、上海购物、上海文化在越来越大的国际舞台上传播和推广。

马耳他公司就像自己养育的儿子

在地中海上的袖珍岛国马耳他，凭借其得天独厚的地理位置与秀美风景每年吸引着数以万计的游客到来。然而以旅游业为支柱产业的马耳他，也和其他基础设施薄弱的国家一样，面临着平衡经济发展与环境保护的困境。

史蒂沃来自塞尔维亚，他在10年前来马耳他旅游之后，便深深爱上了这个美丽的地方。近几年，马耳他经济形势好转，史蒂沃来到马耳他寻找工作机会。2016年，他成功应聘到国家电投上海电力（马耳他）控股有限公

马耳他 D3 电厂

司（以下简称马耳他公司）的职位。史蒂沃说，再次来到马耳他时，他看到了更加真实的马耳他。

“三年前，我们身后的烟囱里还冒着黑烟，所以游客们和当地居民都不愿意来到这片区域。尽管这里很漂亮，但人们都很担心污染。”

德利马拉电站矗立在马萨施洛克的海边。电站内的 D3 电厂在建设之初有 8 台燃烧重油的机组，因电路设施陈旧，电力供应无法满足市场需求，停电状况频发。数据显示在 2014 年，马耳他用户平均每年停电 9.69 小时。

维克多在马萨施洛克经营着一家餐馆，他说马耳他多年来一直饱受电力供应不稳定的困扰。“马耳他的夏天非常炎热，为了保证卫生状况我们必须始终开启空调，但过去我们经常性停电。而且当时电价也很贵，我们没有办法为顾客提供最好的服务。”

然而，这一切忧虑都成为了过去。“现在，生意好很多，顾客也很满意。”

马耳他公司成立于2014年11月26日，是电力股份的全资子公司，其以清晰的战略定位，引入电力股份的技术特长和管理经验，按照“1+4”的整体管控模式进行运作。短短三年，马耳他公司顺利实现了扎根马耳他的稳健运营，实现持续稳定的现金流，资产同比增加20%，成为国家电投及电力股份旗下第一家真正在欧洲实现落地运营的海外实体公司。

如今，存量资产投资回报为新项目的开展提供稳健资金支持的模式已初步形成，黑山风电项目的开发也为马耳他公司走向欧洲大陆搭起了第一座桥梁。同时，马耳他公司积极履行当地社会责任，积极参与各项社会公益活动，在马耳他当地顺利树立起国家电投及电力股份的海外品牌形象。

属地化能源合作不仅仅是单纯的人力、资本、技术和管理的输出，同时也是文化、理念的融合和碰撞，作为央企在海外发展中遇到很多“水土不服”。马耳他公司深知企业海外发展的不易，秉持互利共赢的合作前提，在为公司不断创造经济效益的同时，重视企业品牌形象和知名度的建立，坚持

马耳他D3电厂俯瞰图

“走出去，更要走进去”的方针，并将“走入社区，走进民众”作为扎根马耳他回馈社会的目标，通过组织各类公益活动植入品牌形象，为电力股份拓展欧洲新能源市场奠定基础。

多年来，不仅实现电网可靠性显著提高，还成功兑现了马耳他当地电价下降 25% 的承诺，让当地电价从欧盟前三高到倒数第二，停电次数从 2014 年 4.56 次 / 年下降到现在 0.44 次 / 年，综合线损率从 2014 年 14% 下降至现在的 4.7%，用电可靠性达到 99.9%，电网可靠性、安全性、经济性均得到大幅提高。

对于电力股份来说，马耳他公司就像自己养育的儿子。

扭亏为盈的同时不忘撬动国家信用评级上调

这些年，马耳他公司帮助马耳他能源公司扭亏为盈，同时，通过设立预算、风控及技术管理等多个委员会的管理平台，将电力股份在资金、技术和运营管理的成功经验带到马耳他，有效地加强 EMC 的整体管理水平，提高马耳他能源公司电网整体运营能力，投资当年便实现扭亏为盈。

在电价顺利下降后，工商业成本的降低刺激了当地市场的投资，带来了用电量的增加，让马耳他能源公司自 2015 年来连续三年盈利，让这个之前濒临倒闭的国有亏损企业成功转型焕发生机。

不仅如此，电力股份还积极撬动国家信用评级上调，马耳他能源公司稳定的财政表现让其公司信用评级成功从原先的“CCC”上升至了“BB-”。

同时，由于马耳他能源公司的重新盈利，减少了政府负债，改善了投资环境，带动了当地投资，增加了就业岗位，推进了经济发展，最终实现国家信用评级在 20 年来首次上调到了“A+”，也在无形中为执政党工党再次赢得大选增加了获胜筹码。

黑山风电项目

值得一提的是，电力股份还携手马耳他政府共同开拓新能源市场，公司以与马耳他能源公司合资的可再生能源公司为平台，携手马耳他政府共同投资建设 46MW 黑山莫祖拉风电项目。

这个项目是马耳他政府的第一个海外新能源投资项目，是马耳他提升国家影响力的重要举措。同时，这个项目也帮助了黑山增加就业机会，改善能源结构，履行加入欧盟发展绿色能源义务的承诺。

除此之外，国际可再生能源公司也积极在马耳他当地推进本岛电动汽车市场，把可持续发展的理念植入到马耳他未来能源发展规划中，助力马耳他政府在 2020 年实现可再生能源发展目标。

经济效应与社会和环境保护两手抓两手硬

马耳他公司不仅提高了当地的经济效应，还保护了当地的环境、维护了当地的社会秩序。

马耳他公司通过在当地积极开发新能源项目建设，优化了当地的清洁能源结构。同时公司通过机组油改气工程，让原先使用重油发电漏油污染海水的 D3 电厂改用了轻油和天然气发电，有效改善了电厂周边环境，得到了当地居民的称赞。

此外，在 D3 机组完成改造后，全厂效率从原来 46.7% 上调至改造后 50%，氮氧化物排放值从原来 160 mg/m^3 降低至 35.8 mg/m^3，一氧化碳排放值从原来 240 mg/m^3 降低至 3.65 mg/m^3，粉尘排放指数从 50 mg/m^3 降低至 2.16 mg/m^3，远低于欧盟设定标准，处于世界一流水平。2018 年 4 月，D3 发电有限公司正式获得由英国皇家认可委员会授予的 ISO14001 环境管理认证证书。

在保障电力稳定供应方面，D3 电厂改造后投入商运也对马耳他电力供

上海电力股份党委书记、董事长王运丹在 D3 机组改造工程现场指导工作

应起到了巨大的保障作用。2018 年 4 月，海缆跳停造成全岛三分之一城市断电，D3 电厂反应迅速 15 分钟内实现全负荷运转，为马耳他岛提供稳定电力供应作出贡献。

马耳他公司还积极服务当地社会，为当地居民和社区作出贡献。其以文化传播为切入点，在 D3 电厂所在社区组织“中国文化之夜”，让当地居民深刻了解电力股份在环境保护以及居民健康等方面作出的贡献，也通过这一活动进一步加强与当地社区的互动，为居民与电厂搭建沟通平台，了解当地居民对电厂的要求，增进当地居民对 D3 电厂的认知与亲近感。

境外项目是电力股份发展的重要布局，公司所属各单位心往一处想、劲往一处使，为到 2020 年再造一个上海电力而努力奋斗。每一位赴境外工作人员“舍小家，顾大家”为全公司做出了奉献，更为公司“四个转变”的发展作出了贡献。电力股份的发展也始终坚持“以奋斗者为本”，做到“四

2018 年 9 月 23 日第二届中国文化之夜

让”——让想干事的人有机会，让能干事的人有舞台，让会干事的人有待遇，让干成事的人有地位，为每一位作出贡献的职工谋福利，调动大家的积极性，激发大家的创造性，营造出同舟共济，共谋发展的和谐氛围，为公司创造出更辉煌的成绩。

为国造币的骄傲与方寸间的艺术

乘着改革开放的东风，我国造币事业在过去40年实现了跨越式发展：人民币硬币的材质多次更新升级，铜合金、包覆材料、双色合金先后亮相；币种结构更加丰富，贵金属纪念币、投资金币、普通纪念币百花齐放。小小的硬币，将一个个历史瞬间定格为恒久的记忆，从一个侧面映射出中华民族伟大复兴的光辉历程。

除流通硬币和纪念币外，上币公司还制作了许多类钱币衍生品，图为上币公司承担生产的2008年北京奥运会金镶玉奖牌

舞美专业里蹦出个钱币设计师

朱熙华是上海造币有限公司的钱币设计师，刚走进朱熙华艺术设计工作室，就被一整墙的工作室成员照所吸引——十张青春洋溢还略带稚气的面孔、抱负满满的工作室愿景，还有朱熙华那盖满了半面墙的履历：1982年生

于上海，2004 年毕业于上海戏剧学院舞美系舞台设计专业，2009 年赴意大利罗马学习交流，2014 年赴清华大学交流学习并获得优秀学员称号，获中国印钞造币总公司首个行业“最佳设计师”称号，2011—2015 中国印钞造币总公司劳动模范，2011 年第一届中国印钞造币总公司硬币设计大赛一等奖，2009 牛年、2010 虎年以及 2011 兔年纪念币分别获得美国“克劳斯世界硬币大赛”最佳金、银币奖提名；2014 年章牌作品“2011 国际森林年”参展第三十三届国际艺术纪念章联合会大会。

2014 年 2 月，朱熙华接到紧急任务——中国人民抗日战争暨世界反法西斯战争胜利 70 周年纪念币的样币设计。“当时开始做设计，一直到最后竞标完成设计被采纳，期间用了五个月的时间一直在做这个设计，反复修改，无数次推翻，过程是非常的艰苦。”

那么一个方寸间的设计作品到底难在哪？为何像朱熙华说的设计过程如

上海造币有限公司钱币设计师　朱熙华

此反复？朱熙华告诉记者："难点就在于，其实像我们做钱币设计的有一个非常特殊的地方，就是不同于一般的艺术家和那种一般的设计师。钱币设计往往会接触到很多政治题材，这种政治题材，要求设计师具备很强的综合能力，不光是你要有艺术的表现力和艺术创作能力，还要求你学会观察，要懂得站在一个比较高的高度去看，毕竟是为国造币，你得站在一个国家的高度去看待这样的一个行为，它是一个国家行为。"

朱熙华告诉记者，纪念币是一个国家发行的东西，一面是国徽，所以它更加有一种特殊的含义在里面，是国家的名片，"所以我们往往碰到这种政治题材，都觉得蛮考验自己的综合能力的，当时这枚反法西斯主题钱币，也蛮折腾人的。当时耗时半年改了三四十遍，具体多少遍，我也已经记不清了，反正非常非常多。"

"有一版反法西斯战争的钱币的设计，甚至到了最后，以为已经定下来的稿子，都投入制作了，又重新推翻。毕竟做了一定的量，都已经制造出来，放在库房里了，大家都已经觉得'终于大功告成'的时候，想不到后来又被推翻了，因为这个项目它不仅仅是作为一个纪念币的图案，它还成为了国家整个抗日战争、反法西斯战争系列活动的一个官方标志了。"朱熙华边说，嘴里透着一丝小骄傲，"能成为一个系列活动的标识，当时也是觉得很荣幸也很自豪的，自己设计的作品可以被大家所铭记。"

此前，朱熙华还参与设计了熊猫纪念币等作品，然而，一个战果累累的设计师竟然不是本专业出身，朱熙华告诉记者："到目前为止，中国的高等学府都还没有钱币设计这个专业，我们这里所有的设计师都来自不同城市、不同的艺术专业，有中国美术学院等学校，还有油画专业，雕塑专业，平面设计专业等等，都是来自不同专业，我是上戏舞美的，学的是舞台设计。"

"我知道上戏的舞美在全国来说都是领先的，想不到的是，在不同的领域也有这样的成果结出来，所以后来也有同学调侃我说'舞美系出去造钱的，你在上戏算第一个’。”他笑称。

底蕴优秀的企业 必须做优秀的事情

2017 年下半年以来，上海造币有限公司进行了一系列改革创新的实践，有的是在原有基础上强化，有的是对既有程序的优化，有的是开辟新领域。这一切，是以五个碰头会为主线串联起来的。公司在原有的“月度工作例会”“月度党建工作例会”的基础上，先后建立了立足服务生产一线的“月度现场办公会”，围绕经营活动分析的“月度经济运行管理例会”，着眼全面绩效考评的“月度考评会议”，从而以“五会联动”的形式实现了公司管理、党建、生产、经营、激励等工作相互支撑、协调促进的有效机制。

“五会联动”的核心出发点，是强基础、严管理、提质量、增效益。从“为国造币，印制报国”最基础的现场管理、目视管理，到职工的行为规范、绩效管理等工作，都要做到精益求精。要设目标，促协调，铸规范，使各项工作合理有序。

上海造币有限公司执行董事、总经理史仲敏强调：“规范和稳定，都是不可或缺的核心任务。公司新一届领导班子不能因为自身的不作为，或衔接不当，让公司里优秀的人才在底蕴这么优秀的企业里，做出不优秀的事情，达不到优秀的预期。优秀打了折扣，就不叫‘基本优秀’了，而是叫一般或者平庸。这是对人才对企业的不负责任，也是在损耗企业多年口碑积淀下的老本。”

有了这样的出发点，上币公司就很容易地抓住工作重点，即提质增效，重视现场和目视管理，强化基础，以担当精神抓好抓实内部管理。

史仲敏认为，管理是一个循环迭代提升的过程，要想扎扎实实地开展工作，既要有过程又要有结果，更要有绩效提升。“因此我们要‘抓反复、反

上海造币有限公司执行董事、总经理　史仲敏

复抓’，这样才能确保目标管理实现闭环，真正达到解决问题的目的，防止出现‘石沉大海’‘雷大雨小’的情况。”

就这样，这一系列改革措施，并结合“紧抓领导班子的政治建设，引领企业转型发展”“进一步强化新时代的思想文化建设”“加强基层组织建设，推动‘两学一做’学习教育常态化制度化”以及“锻造高素质的干部队伍和人才队伍”等进一步深入推进党的政治建设、廉政建设和群团建设的法子，为上海造币有限公司的转型发展事业奠定坚实的政治基础。

“提速换挡”与“弯道超车”并进

近几年，转型发展已经成为整个印刷行业的“新常态”，上海造币有限公司在行业工作会议中抓住了“积极推动行业转型发展，提质增效、降本增效，实现从数量型向质量效益型转变”的总体目标。

公司围绕这一目标，将降本增效作为企业创利增效和转型发展的重要工作，抓实抓好，立足于全员参与、求实创效，以统筹引导为先，从思想宣导、目标激励等诸多方面予以全力推动，以项目引导为抓手，拉动公司各部门、各岗位立足自身实际，开展技术创新、管理创新及微创新活动。

以此为出发点，仅仅2017年，公司共计报备了48项降本增效项目，全面推动企业的降本增效工作，并积极推进落实，实现了公司前三个季度累计降低成本费用720.07万元。同时，全公司各采集部门及招标部门，严格采购过程和结果管控，按已签合同统计，公开招标节约预算金额16109194元，邀请招标节约预算金额883000元。

“降本”的同时，上海造币还不忘改革工艺，“牵住牛鼻子精准发力”。公司技术中心通过精细化控制电镀工序前各工作槽浓度，降低相关物耗；质

上海造币有限公司协办人民币硬币发行六十周年纪念展上海站首展活动

量管理部优化检测软件模板，对误剔较多图文重新勾勒模板优化工艺，节约抛光损耗以及委外抛光费用。

2017 年，上海造币有限公司荣获“第十八届上海市文明单位”称号。公司认真学习宣传贯彻党的十九大精神和习近平新时代中国特色社会主义思想，传承企业近百年的企业历史底蕴，发扬“为国造币”的优良传统，直面新常态下企业转型发展的新挑战，不断推动思想教育、文化建设、创新管理等方面工作水平迈上新台阶。

正如设计师朱熙华所说，钱币设计虽是方寸间的艺术，但蕴含着国之情怀，“我们不是为自己造币，而是为国造币，这是国家的一张名片，能在历史的长河中留下自己的一丝踪影，无憾了。”

凝聚创新力量　助力中国科创未来

如果说20年前张江吸引人才是靠强而有力的扶持资金，20年后的张江已经显现出了自身的品牌效应，其已然成形的高密度产业优势成为了吸引人才和资本的磁极。张江培养的本土人才开始独当一面，而更多的社会资本也渴望介入。此外，张江承载着自贸试验区和国家创新示范区的国家战略，还具有强大的政策优势。

药品和医疗器械上市许可持有制度，令企业可将资源和精力更多地投入到产品的研发创新上，有利于加快创新产品的推出和落地。同时，也使得初创企业能借助其他企业的成熟管理体系和先进制造能力，提高生产效率、降低成本；委托方和受托方双保险放行的制度，落实企业责任主体，使产品质量也更有保障，由此，各类型医疗企业“慕名而来”。

“有困难就找政府”　科创路上安心暖心

2000年，和记黄埔有限公司在上海成立了和黄中国医药科技有限公司（下称“Chi-Med”），作为Chi-Med的子公司和创新药研发平台——和记黄埔医药（上海）有限公司（下称“和记黄埔医药”）也随后于2002年在张江成立，专注于研发针对癌症和自身免疫性疾病的靶向药物。

“肿瘤细胞在快速增殖的时候，需要大量的氧气、养分，都是靠血管供血来完成的。而呋喹替尼可以阻断或者抑制血管的生成，肿瘤细胞就得不到

和记黄埔医药研发实验楼

充分的氧气和养分，这样它们很快就会出现凋亡。”和记黄埔医药执行副总裁及首席科学官苏慰国博士在接受记者采访时，用尽可能简单易懂的语言向大家阐释了呋喹替尼的作用机理。

呋喹替尼是和记黄埔医药自主研制，与礼来共同开发的新型、口服、高选择性的血管内皮生长因子受体（VEGFR）抑制剂，III 期临床研究显示它可以有效地延长转移性结直肠癌患者的生存期，可将患者的死亡风险降低 35%，疾病控制率达到 62%，且耐受性和安全性良好，有望成为抗血管生成类抗癌药物中的“同类最佳”。尤其值得骄傲的是，在肿瘤治疗领域的主流药物中，呋喹替尼是首个从发现一直到新药上市申请的整个流程都在中国完成的创新药物。

十年磨一剑，从呋喹替尼项目立项到目前的上市冲刺阶段，呋喹替尼研究团队走过了整整 12 年的研发历程。这期间，呋喹替尼及其他和记黄埔医

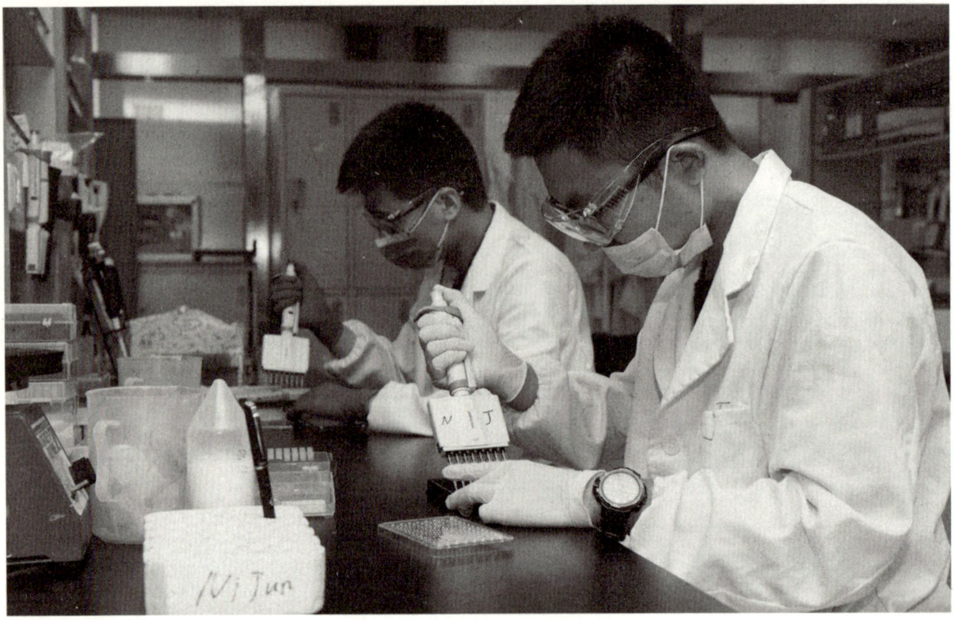

和记黄埔研发团队在药物测试和筛选

药创新项目得到了各级相关政府单位的大力支持，共计获得十余个国家“重大新药创制专项”立项支持、十三个上海市生物医药领域科技专项、一个浦东新区科技发展基金专项以及张江科学城对应的配套资金支持。在公司发展过程中，也曾面临实验和办公空间不足的困境，在张江科学城建设管理办公室的协调帮助下，公司在张江药谷孵化器租用了一部分实验和办公空间，解了燃眉之急。

“在成长过程中不断有新的问题出来，碰到很多瓶颈。不过非常好的是，我们的政府积极响应，为我们排忧解难，给我们创新企业及时地提供帮助。这个环境非常有利于创新，有困难找政府就行。”苏慰国博士如是评论。

“火鹰支架”成为全球行业“金标准”

作为张江的明星企业——截至 2017 年，微创医疗年销售额达到 30 亿元人民币，累计纳税共 26.7 亿人民币，换算后所有物业综合年度销售额平均为 5000 万元 / 亩，每亩土地每年税收 500 万元人民币以上。作为行业领头羊，微创积极参与的行业标准制订，引领和规范了张江药物医疗器械产业的发展，从而积极带动了介入治疗方法在国内的推广普及和相关交叉学科发展。微创专注于自主创新并一以贯之高强度投资于研发，累计研发总投入数百亿元人民币，现已拥有专利 3500 余项，其中国外就有 2000 余项，先后 5 次获得中国国家科学技术进步奖和多个省部级科技进步奖，14 个产品进入国家创新医疗器械注册绿色通道；微创尊崇循证医学，几乎所有核心产品与解决方案的临床应用效果都在全球主流学术杂志上得到了发表。2018 年 9 月，微创医疗的明星产品火鹰支架更是被世界顶级期刊《柳叶刀》收录，是该期刊近 200 年来首次出现中国医疗器械的身影，这也意味着微创在冠脉支架领域已完成了从追随者、并跑者到全球引领者的跨越，成为全球行业新“金标准”。

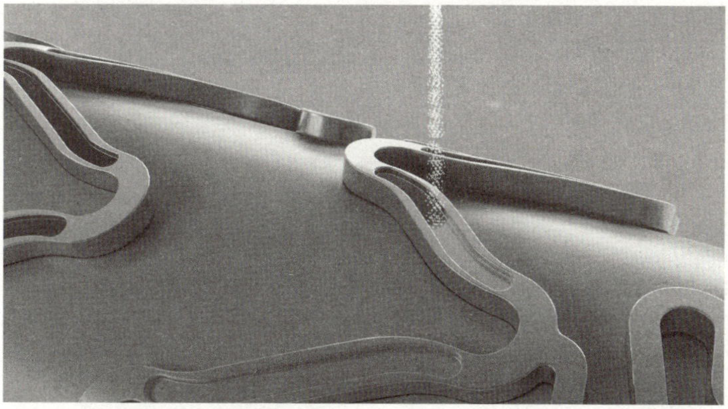

火鹰支架药物喷涂模拟示意图

微创医疗已上市产品约300个，覆盖心血管介入及结构性心脏病医疗、心脏节律管理及电生理医疗、骨科植入与修复、大动脉及外周血管介入、神经介入及脑科学、糖尿病及内分泌管理、泌尿及妇女健康、外科手术、医疗机器人与人工智能等十大业务集群。

目前，微创的产品已进入全球逾8000家医院，覆盖亚太、欧洲和美洲等主要地区。在全球范围内，平均每12秒就有一个微创的产品被用于救治患者生命或改善其生活品质或用于帮助其催生新的生命。不仅如此，在冠心病介入治疗、骨科关节、心律管理及大动脉介入治疗等多个分支领域，微创的市场占有率均位居世界前五。

21世纪初，中国的冠心病介入器械领域还处在被进口产品完全垄断的状况下，微创开发了第一款国产心脏药物支架Firebird（火鸟），迫使同类进口产品大幅降价，使得更多冠心病患者受益，自2004年上市以来，微创冠脉支架持续保持国内市场占有率第一。

微创从零开始，走过一段极其不平凡的创新历程，终于探索出了一套

微创医疗研发工程师探讨工作

民营企业运营模式和创新体系。“微创介入与植入医疗器械关键技术及产业化平台”已被实践证明行之有效，既适合高精尖难的行业特点，也符合多快好省之国情，为实现集团的中长期目标并最终进入全球第一阵营奠定了坚实基础。

微创经过 20 年的发展，无论是其创新理念的进步、工艺创造上的跨越，亦是对政策改革的推动，无疑对张江医药企业们起到了带头促进作用。

张江是科创企业的“名片”

上海傅利叶智能科技有限公司坐落于上海张江高科技园区，致力于智能康复机器人的研发和产业化。目前公司推出了中国首个商用化的下肢外骨骼康复机器人产品，医用版可以应用于医院康复训练，个人版本用于辅助行走从而让瘫痪病人摆脱轮椅，重获行走的能力，回归正常的生活。同时，公司

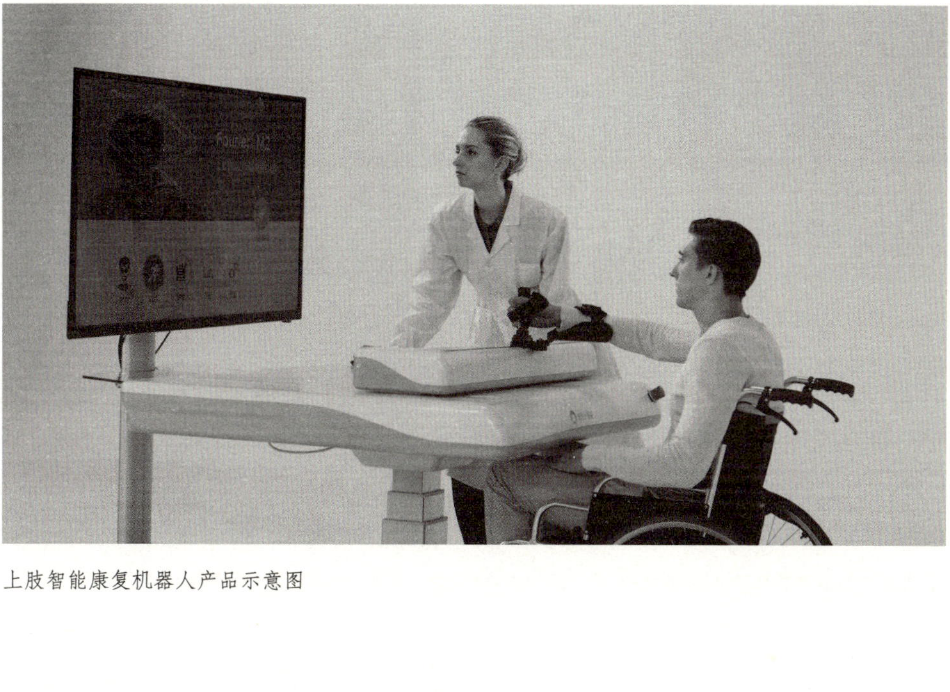

上肢智能康复机器人产品示意图

还推出了首个具有触觉的上肢康复机器人。

傅利叶是中国首个获得美国 FDA 注册，并出口美国顶尖康复中心的医疗机器人公司，这也是国产康复机器人的里程碑。

傅利叶还多次获得国际一流的风险投资基金 IDG 资本，上海张江科投，火山石资本，景旭创投，前海母基金数千万融资，公司核心研发团队是由交大等业内一流的机器人专家和医学专家等组成，并与多个高校及三甲医院建立项目合作关系公司，目前公司估值数亿元。

那么，资本都看重了傅利叶啥？作为一个高科技创新企业，傅利叶智能汇集了来自各个领域的专业技术人才，与英国帝国理工、墨尔本大学、上海理工、上海华山医院等国内外多家医疗机构及高校进行产学研的深度合作，围绕智能机器人应用的核心模块进行不断的技术迭代与创新，获得了来自多方的认可；已推出的业界首款带有“触觉”的上肢康复机器人，可全面涵盖从软瘫期至康复期的训练需求，并已在全国各大医院康复科成功投入使用。

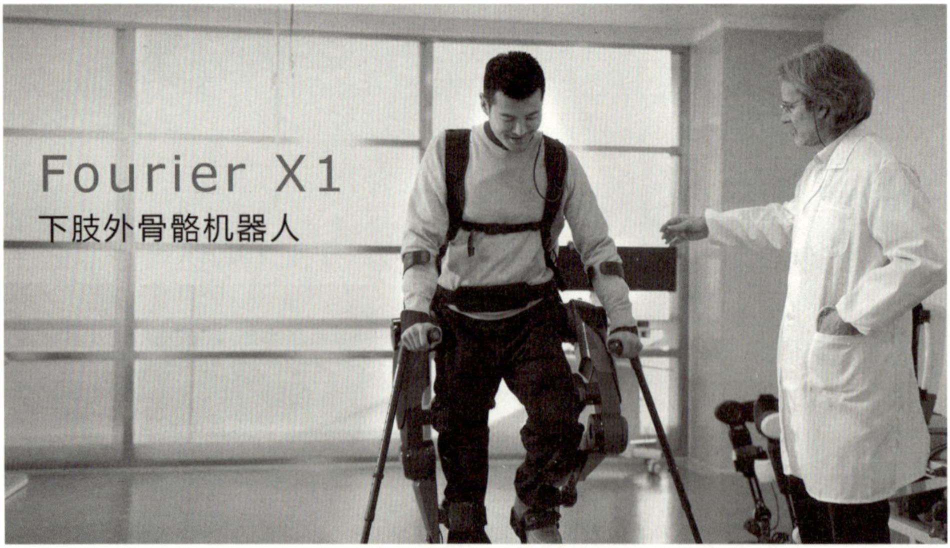

下肢外骨骼康复机器人产品示意图

傅利叶为了能让每个病情不同的残疾人都像正常人一样行走与生活，产品还需要收集更多患者的试用数据与技术迭代，企业目标是成为全球智能康复机器人领导者，通过对上下肢康复机器人系列产品的产业化，预计在国内对应市场占有率可达到70%以上，国内行业排名第一，同时逐步将机器人产品出口到国外地区，打破国外产品垄断市场的格局，并打造中国最大的智能康复机器人产业化基地，组建中国首个康复机器人智能网络，建设面向8000万患者的训练数据库。也就是说，残疾人像正常人那样行走，已经不再只是电影里的情节了！

创始人兼CEO顾捷认为，上海的创业环境很好，尤其是在政府的办事效率、法制环境，以及创新企业的税收优惠等方面。“在上海创业，无论是工商税务和各个方面，从来没有受到过刁难欺负，制度环境公正透明，社会治安也很好，创业过程中受到了各个政府部门很多的关心和帮助。”

此外，上海本身就是一张很好的城市名片，可以提升公司的品牌形象。顾捷说，“如果说一个产品是上海制造或者上海研发的，在全中国，都是非常值得骄傲的，城市名片和品牌形象对创新企业也是非常重要的。”这同时也可以吸引到一流的人才，以及为企业提供良好的社会资源，如顶尖的医院作为客户，而好的员工和客户资源都可以帮助企业迅速成长。他希望，未来上海能够进一步放开对人才的门槛，成为国内年轻人创业和工作的首选地，吸引更多的创新创业人才。“而上海创业，在张江。”

用“眼睛”和“大脑”重新定义人工智能

随着互联网、物联网、云计算、大数据、移动终端技术的快速深度融合发展，商业日益变得智慧、高效和便捷。不同于医药企业，在张江，小蚁科技的崛起走着一条与众不同的路。

传统零售业正面临着前所未有的变局。一方面，房租、物流等硬成本的飙升需要经营者通过周密的计算实现效益和效率的最佳配比；另外一方面，作为零售行业的核心要素——你我他，我们每一个人，也发生着前所未有的变化，对零售终端也有了前所未有的严苛要求。在这个层面，传统零售业面临两大痛点：顾客和员工，他们需要每一个从业人员去关爱，去了解。

2018 年，中国的新零售开启了智慧零售的新发展，零售行业正以摧枯拉朽之势发生变革。智慧零售的关键就是，如何利用技术来实现门店的数字化升级以及用户体验的优化，如何成功转型智慧零售，让智慧零售概念落地是整个行业需要迫切探讨的核心问题。

小蚁的智能摄像头是物质世界可视化的"眼睛"，以人为本，实现全场景的覆盖。每一个场景都可以成为图像，通过人脸算法，形成更精准的数据传导致人工智能端"大脑"，进行数据的进一步处理。在这个过程中，人工智能用飞速发展的深度学习算法不断完善自身，学会自己"思考"。几年前，深度学习算法可以说是造价不菲，通常应用于航空航天等高精尖领域。

但是过去几年，随着技术的飞速发展和成本的降低，深度学习算法已经逐步进入到商业领域，在某些场景下已经可以代替人工，基本已经达到或优

小蚁团队

于真人智能的效果。正是因为有深度学习算法的不断进步，使得数据处理的人工智能化成为可能。

现如今，小蚁科技为客观世界的可视化重新定义人工智能能力模型，为智慧出行、智能家居、智能零售等场景提供在线即时智能决策，具备全球普惠价值，可实现大规模部署和可持续发展模型。

小蚁还拥有全球最完整的智能影像系统产品线，通过视频前端设备客群采集、人脸识别、人流等智能计算和分析，覆盖智慧出行、智能家居、智能零售等场景。

小蚁科技的愿景是让每一个人和企业受益于计算机视觉，同样，小蚁也致力于用先进的计算机视觉技术，让世界更安全和更高效。

20 年前，张江用资金吸引人才，施的是“苦肉计”，打的是感情牌；20 年后，张江厚积薄发，成为了一张“金字招牌”！

昔日滩涂崛起智造新城　为上海高端制造“代言”

临港位于浦东最东南。2002 年，临港开始投入开发建设，这是上海继浦东开发开放后作出的又一项重大战略决策。2003 年 11 月，临港新城管委会正式挂牌成立，以“港为城用、城以港兴”为建城宗旨的临港新城迈出了它崭新的步伐。

2018 年是临港地区开发建设的第十五个年头，如今的临港，早已摆脱了“荒芜”的刻板印象，宽阔整洁的马路沿线开满了各式各样的商铺，临街的车位上也停满了车，浓厚的生活气息油然而生。这里不再是人们印象中的滩涂，而是一座由装备产业区、物流园区、主产业区、综合区、临港奉贤园区、南汇新城六大功能板块组成的一座产城融合的“未来之城”。

目前，临港正朝着“科创中心主体承载区”和“开放创新先行试验区”

滴水湖全景鸟瞰图

上汽车身生产车间

的使命和目标，打造“国际智造城”“滨海未来城”。不仅如此，临港还在互联网汽车、工业机器人、集成电路、人工智能等高端制造领域集聚了一批具有国际竞争力的企业和产品。在这片曾经的滩涂上，已经诞生了一个又一个的“中国第一”和“世界第一”……

临港制造——上海制造中的“高端”代名词

在 20 世纪 80、90 年代，“上海制造”一直是一块金字招牌。当时，这四个字真正地诠释了“高端、大气、上档次”：当时的“三转一响”即手表、自行车、缝纫机和收音机是结婚彩礼标配。尽管国内除了上海还有很多地方也生产这“三转一响”，但新婚家庭最认的还是“上海制造”。如果能集齐海鸥牌手表、永久牌自行车、蝴蝶牌缝纫机和上海牌收音机，那在邻里之间绝对是为家里挣足了面子。

在上海全力打响“四大品牌”的今天，“上海制造”再度被赋予重任。其中，临港作为上海面向未来的战略空间，在全市经济发展中更肩负着特殊使命。自开发建设以来，临港始终坚持产业开发、基础设施、城镇建设、生态环境、产城融合“五位一体”全面发展，目前已初步建成了“体现国家战略、体现上海优势、体现国际竞争力”的先进制造业产业基地。实现了一系列国家重大技术突破，诞生了一个又一个的“中国第一”和“世界第一”：世界最大缸径的低速大功率柴油机及配套船用曲轴、世界最大的350吨汽轮机转子高速动平衡试验站、世界最先进的JU2000E型自升式钻井平台、全国首套百万千瓦级核电站堆内构件、全国首根300毫米硅晶棒、全国首台自主知识产权的C919大飞机发动机……这些代表了全国和全世界最先进的技术成果，均诞生于临港。不仅填补了国内的技术空白，更用“临港制造”的肩膀，推动了“中国制造”的国际竞争力。

据临港管委会介绍，截至2017年末，临港已累计完成固定资产投资2575亿元，引进产业项目400多个；工业总产值累计完成5485亿。党和国家领导人在视察临港时，都对临港地区产业发展给予充分肯定，习近平同志更是指出：“在这里看到了什么是国产的世界一流。”

集装箱堆场

与临港共成长：留住人才就是留住未来

如此多的高端制造项目愿意扎根在临港这个远离市中心的开发区，不仅是看中了这里完善的产业体系，更得益于临港完善的人才保障体系。上汽集团和上海电力是最早入驻临港的企业，也最先享受到了临港人才保障的政策红利：临港已形成限价商品房、“先租后售”公共租赁房、人才公寓、人才租房补贴“四位一体”的人才住房保障体系，符合标准的人才在临港企业交金满一个月、六个月和一年后，都可享受不同的住房保障待遇，解决了他们在临港工作的后顾之忧。

如今，上海电气的集约化核电设备制造基地已经是全球规模最大、业务

上汽车身机器人

最集中、能力最完整的先进的核电主设备制造基地；上汽集团的自主品牌荣威汽车在临港已累计生产逾 5 万辆，仅 2016 年，上汽临港基地就完成了产值近 200 亿元。

制造业的发展，核心在技术，关键靠人，没有人力资源的支撑，就不会有制造品牌的树立。因此，临港在人才落户、实习、就业、交通出行等各方面都出台了大量优惠政策：院士工作站、博士后科研工作站可以让职场新人迅速成长为一线骨干；针对经营管理型、创业型等不同类型的领军人才，临港还推出“临港英才”评选活动，对入选的人才给予 30 万元的奖励。

除了工作和居住，临港的生活也是留住人才的重要手段。临港现有的小学、中学和高校，为小朋友们解决了求学问题；大型商场超市让购物不再是难题；位于临港新城中心的滴水湖，一到周末便游人如织，是人们休闲放松的好去处。现在，在临港工作的年轻人越来越多，优质的生活配套和工作配套，让他们扎根这里，彻底变成了“临港人”。

滴水湖湖边一角

肩负双重使命 临港发展未来可期

明天，临港将是怎样一番前景？

目前，上海正在全力打响“四个品牌”，作为国家级智能制造示范区、国家级战略性新兴产业基地、上海建设具有全球影响力的科技创新中心的主体承载区，同时又是上海制造业发展的核心承载地，临港肩负着集聚高端产业和建设高水平新城的“双重使命”，承担着前所未有的重任和期望。

未来，临港将是上海建设具有全球影响力的科技创新中心的主体承载区，是以自贸试验区创新、产业发展创新、政府职能创新为特色的开放创新先行试验区。还将打造成为以世界级先进制造业产业集群为支撑的“国际智造城”，以产城深度融合、生态美丽、智慧宜居、海洋文化繁荣为内涵的“滨海未来城”。

2018 年，计划在临港新增和续建的产业项目多达 107 个，临港又将迎来一个制造业的“井喷时代”。未来，年轻的临港还将大有可为。

临港主城区全景

九天揽月　让“中国星”璀璨绽放

2008年，神舟七号伴星顺利上空；2016年，天宫二号伴星，记录下“天宫神舟”组合体在太空的惊艳一瞬；2016年，力星一号飞向太空，这颗世界上轨道最低、速度最快的卫星，开辟了人类在过渡流区飞行的新纪录；2015年，上科大二号，中科院最小巧的立方体卫星研制成功；2016年，宽幅高光谱微纳卫星诞生，这颗高功能密度卫星在轨开展宏大的“光谱中国计划”……

从21世纪初开始，世界卫星发展就出现小型化趋势，出现了重量1吨以下的小卫星，几百、几十公斤的微纳卫星，甚至只有一个餐巾纸盒大小的立方星。5年，6颗微纳卫星设计发射，国际领先！殊不知，背后“造星人”——中科院微小卫星创新研究院微纳卫星研究所团队，绝大部分是80、90后，平均年龄31岁。

目前，这支科研团队正在研制中国第一颗软件定义卫星“天智一号”；另外还获得了中科院第一份商业卫星订单……

这群“造星人”究竟有着什么样的魔力？能在浩瀚无垠的深蓝宇宙中，让一颗颗中国造的“微纳卫星”，璀璨绽放？

航天科技处女地　创新对纸上谈兵说“NO”

力星一号，首次实现了过渡流区全球飞行，将人类的飞行技术，从飞

力星一号卫星研发团队

机所在的连续介质流区和卫星所在的自由分子流区，拓展到大气层边缘的过渡流区，开辟了新的飞行空域。并且获取了珍贵的全球稀薄大气密度分布数据。更为可贵的是，这颗卫星从设计、制作、测试全部是世界首创，没有任何的案例参考。

大气层越低的地方，空气摩擦阻力就会越大，卫星表面温度急剧上升，卫星会随时爆炸。力星一号突破了极端温度热防护、大纵深自主轨道转移、气动姿态稳定、过境智能数传等多项关键技术。

吴会英所在组主要承担轨道设计和轨道测量任务。“轨道控制，就是让卫星运行到你所需要的位置。类似用方向盘控制汽车，包括速度和方向。”吴会英笑着打了个比方。

原理听上去简单，但实际情况却非常复杂。“卫星上天可不像地面，有充足的电和高性能 CPU 去支持！可能算法理论很完美，但在太空没办法实施。”所以，吴会英她们做的大部分工作，就是怎么能在星上有限资源前提下，更好地利用现有资源去简化一些理论推导的东西，然后去实现工程的应用。

“超级完美的理论如果没有办法去实施，这个东西只能是纸上谈兵！”吴会英说。

当时，力星一号要运行在109到130多公里的轨道高度，航天器进入大气层的时候会被烧毁，这个高度很难有卫星长期停留。吴会英清楚记得，“当时，大概有35公斤燃料，来维持在轨运行。三圈（约4.5个小时）低轨维持就完成任务了，但我们整整运行了四天，超额完成任务，燃料还剩1/3。”

为什么燃料留这么大余量？“卫星上天后不可能去补充燃料！设计时就要考虑充分。过渡流区大气密度的不确定性、运行过程中可能遇到的姿态气动力问题，需要我们按照近十倍的大气阻力去做大量仿真……”吴会英解释。

“结构模块化是微纳卫星重要特点！”专门负责模块化卫星结构的吉彦超介绍，“火箭发射成本非常高，尽量一箭多星。大卫星里可以主结构分仓，但微纳卫星要尽量小，里面就必须模块化。根据任务需求，选择不同类型模块进行叠加！商业卫星考虑成本，如此一来，微纳卫星成本可以控制在6000万左右。”

吉彦超的面前，乐高设计的微纳卫星模型，看起来似乎相当简单，“如今，可以叠加深度达到7层，确实以后就会像搭建乐高那么简单！”

团队中，负责微纳卫星控制系统之一小伙容建刚也是个90后。“微纳卫星要商业化，控制系统尽量集成化、智能化，还要小型化！”在他看来，近年来，微纳卫星的研发任务确实和以前不一样。以前做大卫星，单机研制配套单位基本固定，单机基本是成熟的产品，经历多年在轨验证，比较可靠，只要拿过来做测试、集成就可以组装上星，不需要卫星总体对单机做过多研制把控工作。而现在不一样了，现在卫星做小了，也要把所需的设备做小，就需要在全球寻找和匹配性价比较高的单机，而单机的兼容性、接口匹配、可靠稳定性都需要我们自己做大量的测试验证工作，不断摸索和积累经验。

容建刚记得，当时，姿控组四个人同时做四颗卫星。有一次，连续五天五夜都在做一个“基于地磁场模型的星载磁强计高精度剩磁感磁解耦补偿”试验。传统大卫星足够大，对于整星磁强计测量要求比较宽松，所以对整星磁干扰的补偿都比较简单粗暴，仅把剩磁粗略补偿就行，不需要精确地进行补偿，节省很大的人力物力。但微纳卫星很小，各单机和载荷在空间布局上非常紧凑、导致整星的磁环境比较恶劣，星上磁强计容易被各单机的各工况工作时产生干扰；而且磁强计对于微纳小星的定姿、控制都有影响，尤其是磁控的偏置动量卫星，所以对于星上磁强计提出较好的补偿方法显得尤为重要。

北京 511 所是全国知名通过建立零磁环境进行磁干扰补偿专门磁环境试验研究机构，拥有高精度仪器设备条件可以实现高精度磁补偿目的，“但费用很高，为了增加中科院微纳所在商业化卫星上竞争力，在保证精度的前提如何节省经费、能够快速、大批量进行卫星研制是我们团队不断奋斗目标。自力更生!”容建刚回忆，团队里的姿控小组临危受命、攻坚克难，在组长刘善伍老师的带领下，基于长期在磁试验过程中积累的经验，进行理论推导工作，结合实际工程提出了比较完美的解决方案“不依赖零磁空间的地磁下高精度整星磁强计剩磁感磁解耦补偿”在经历紧张一次次试验不断反复修改模型及验证，终于在不依赖高精密磁环境设备的约束下，就能达到了高精度设备里的效果!“这算是我 2016 年做的最成功的一件事吧!”成功申请的创新型专利，这段奋斗的经历让容建刚无比自豪与难忘!

不一定特别聪明 但绝对需要工匠精神

认识是螺旋式上升的，不做二维平面上的蚂蚁！坚持在一个方向不断深入，就可以成为专家！

“星上轨道模型推导的位置、速度和地面推导的不能差别太远，否则卫星跟踪就是大问题，也就是地面会不知道卫星飞到哪里了！”吴会英她们还有项任务，就是与地面系统共同测算卫星何时过地面测控站，而这不能有太大偏差！

设计中，吴会英组内成员吴宅莲不知道和西安卫星测控中心做了多少次沟通，一起调试软件，一起比对数据，甚至有时候比对到小数点后面六七位。就怕在轨时，出现由模型差造成的误差。

要走批量生产这条路，组装就要像乐高积木一样简单。但力学试验会出现位移，变化不可控。若变化大，就会影响到在轨任务。比大卫星难度大，小卫星需要精巧，对工艺设计要求相对更高，偏差一毫米，电路板就很难安装进去。

“要求整个平面非常平，平面度达到 0.05 mm，头发的一半。安装时，基本完全靠操作人员铲刮研磨，要非常耐心！从 0.5 修整到 0.1 很快，但从 0.1 修到 0.08 就非常慢了，前期可能需要一天，后面可能需要两、三天。体积小，但内部电缆也要整理得非常干净。”吉彦超觉得，自己都有点强迫症了，“这就是所谓的工匠精神吧！”

2016 年 10 月 23 日天宫二号上天，把天宫二号与神舟十一号交会对接的场景拍摄了下来的“摄影师”——高分辨率全画幅可见光相机，搭载的正是那颗 TG-2 伴随卫星。

“神舟十一号载有航天员，对航天员应该保证绝对安全，所以离她一

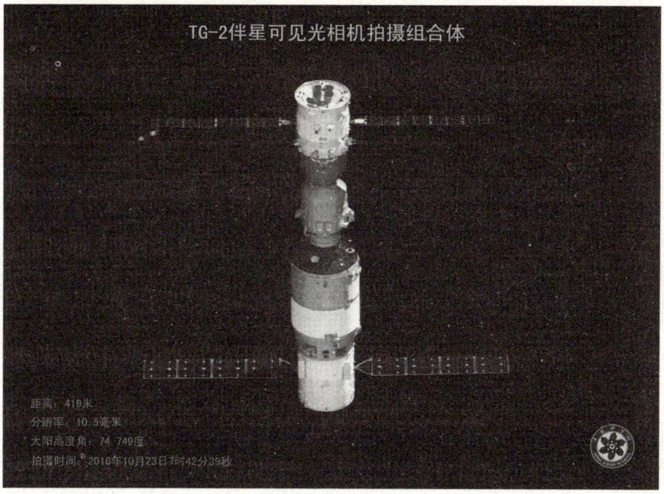

TG-2 伴星可见光相机拍摄的主航天器组合体

定要远一点；但太远了，成像不清晰，所以最后定了上方 1.4 km 的适合高度。”吴会英解释，考虑安全性首当其冲。

吴会英形容测试工作有点像纺织女工。技术含量虽然不高，稍微培训一下都能上岗，但需要非常细心认真，需要格外仔细的分析每一次的数据，然后需要百看不厌！

“对于航天科技这个工作，不需要特别聪明，但需要非常强烈的责任感和使命感！需要特别的勤奋和超乎寻常的认真！另外需要绝对的不怕吃苦精神！”吴会英很谦虚。

如果出现问题，谁也不知道到底是哪个单机或者哪个负责人的问题，就要一一去排查，大家都是“嫌疑分子”！没有被排除嫌疑前，谁都不能离开测试岗位！合格的测试人员不会推卸责任，而是主动与大家一起排查问题！

在轨飞行期间，力星团队日夜不停的监看力星反馈回来的数据并随时准备着对可能出现的故障进行应急处理。

力星一号从立项至发射总共经历了 20 个月，期间，团队工作屡遭困境，技术方案经历了无数次确定、推翻、重新确定的过程，解决了一个又一个看似无解的技术难点，与兄弟单位联合攻关、共同努力，圆满地完成了卫星的研制。

力星一号的成功，是对这个年轻团队的肯定，更是一种褒奖。

"特战队"24 小时待命 "九天揽月"的家国情怀

天宫二号伴随卫星成功完成使命的背后，是整个团队四年来的拼搏与奋斗。

伴星（2015 年初）发射提上议程后，提前一年，2014 年大年初二，团队成员便被一个命令紧急召唤回了研究院。

大年初二，食堂没有开门。万家新年团圆时，他们的午餐只有简陋的盒饭，甚至连餐桌也没有，就在门口站着、蹲着吃。

投入一年精力后，由于国家战略调整，伴星被推迟了发射日程。其他新项目缺人，团队成员陆续被调入其他科研组。但型号工作得照常进行，人员不足，需要一人做多人的工作，加班已是家常便饭。

为了能记录下航天员的风采和航天器对接的精彩画面，新方案决定要让这颗卫星从航天器上方飞越，同时进行摄影，改变原先远距离拍摄计划。原先设定的飞行路线以及相关计划要全部推倒重来。

工作强压下，他们毫不含糊，这是航天人的责任和使命，更和祖国荣誉挂钩。

2016 年是三颗星并行研发的一年，发射前期，吴会英不断往返于酒泉、西安和北京之间，为卫星的最后研制阶段冲刺。那半年，吴会英爱人腰椎间盘突出，一度下床困难差点手术；而自己由于工作重压带来的咳嗽似乎一直都好不了，只能通过中药慢慢调理！背着中药出差的日子终生难忘！

2016年10月26日是母亲做心脏搭桥手术的日子，其实到老家保定高铁只要49分钟，但那会儿卫星刚刚入轨，关键时刻吴会英不能走。所以，别人都在休息的时候，吴会英还要和弟弟一直联系，时刻关心着母亲那边手术的方案和实施，而当时母亲的血管已经堵塞了95%。

2016年5月8日，母亲节那天也是周日，团队4位年轻的妈妈没有回家与孩子团聚，而是在厂房里熬夜做实验解决问题。

“有人牙疼，有人失眠，有人高血压，有人肚子疼……吃多少药也好不了。”吴会英说，卫星发射成功后，不用吃药，大伙全都好了，好神奇！

“我喜欢把工作当做兴趣，如果当成义务的话，我觉得很难熬下去，可能每天都会过得非常痛苦。”吉彦超说。

发射前40分钟，吉彦超要把卫星的一个插头装到火箭上。“我觉得我是最后见它的那一个人！等到我出来，火箭那窗户就被彻底关上了，然后就再也没人能看到它了！”吉彦超觉得，那仿佛是自己的孩子，每次手都忍不住微微颤抖。实际上，从火箭发射的楼梯11层走下去，时间绰绰有余。

在酒泉，火箭顺利升空后，团队做的第一件事，立马跑到测试间，看能不能收到微纳卫星的信号。首先星箭分离，大家就非常开心，因为这说明团队做的结构是可靠的，翻板展开，获取了能源，会特别开心。接下来，彻夜不眠等着卫星最新消息传来，才能如释重负。因为，一个环节失败就意味着心血白费。

“我也曾经挣扎过要不离职！”团队要求24小时待命！吉彦超就算难得和女朋友约会，把手机开了静音，但是看到工作电话还是忍不住会接。工作已经融入了他的生活，他的生活离不开卫星，微纳卫星也离不开吉彦超这样的工匠。

“可能有点死脑筋，有点情结！对于国家，我觉得一定要做点东西才能体现自己价值！”十年一日，吉彦超心甘情愿去打磨那些“小星星”。

超越自我不服输 银河中璀璨星辰“中国造”

“一进来，就可以接受国家一个任务，很有挑战也很刺激！”容建刚特别佩服所里肯用年轻人、而且重视培养年轻人的那种魄力和信任！

立方星包含一颗三单元立方星（STU-2A）和两颗二单元立方星（STU-2B、STU-2C），A星质量2.9千克，B星质量2.2千克，C星质量1.7千克。小型光学相机——用于基地观测，星载船舶自动识别系统接收机——用于船舶信息采集，星载广播式自动相关监视系统接收机——用于飞机信息采集。STU-2A在国际上首次搭载了MEMS冷气为推进器，并开展立方星编队绕飞等技术试验。

研制过程中，所用推进器是进口的，国内没有相关的研发。不服输！研制立方星同时，这群年轻人研发出了完全可以替代进口推力器的产品，并成功让卫星发射升空。

立方星的成功发射标志着中国皮纳卫星在产、学、研结合的创新平台上迈出了与国际接轨的重要一步，开拓了中国航天产业的新格局。

光谱微纳双星是同等功能光谱遥感卫星中重量最小的现代微纳卫星，总

极地影像对比图（深色区域为任务图片，底图为modis影像）

重量仅为43公斤，主载荷高光谱相机成像技术突破传统成像能力，148个通道光谱分辨率均可以达到纳米级（5 nm），单星幅宽达到102千米，对地推扫观测范围16天可实现全球范围的光谱覆盖。

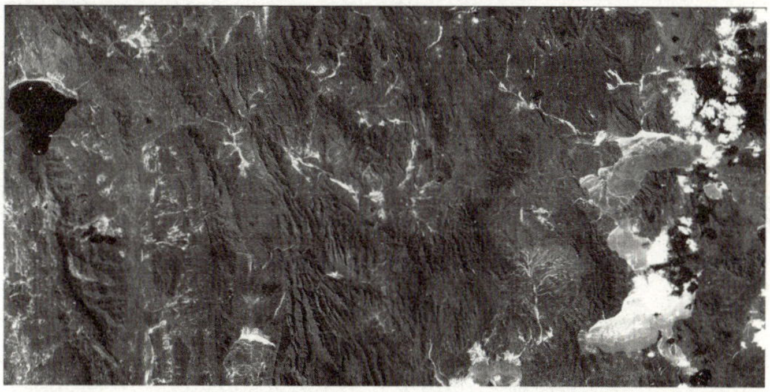

2016年12月23日拍摄的我国西藏地区兹各塘错附近的高光谱图像

与我国8年前发射的同类卫星相比，光谱微纳卫星拥有5倍高的载荷指标、1/5的研制时间、1/5的重量、1/20的价格成本……

光谱双星成功发射，有效填补了国内商业高光谱遥感市场空白，开创了我国低成本、高性能商业化航天光谱遥感研制和运营的新模式。这就是创新的力量！

之前，这支平均年龄仅有31岁的团队已经研制了伴星、力星、立方星等4颗卫星。通过详细的论证与设计，反复的测试与仿真，不仅攻克了研制过程中出现的各种技术难题，并基于“模块化、网络化、智能化”的设计原则，创新性地提出并实现了“乐高”积木式模块拼装工业结构、无冲击型热刀熔割凯夫拉解锁机构、大面积太阳能帆板二次复合展开机构、插槽扩展/结构一体/高集成综合电子系统、卫星任务姿态在轨智能自主规划、一线网温度场敏感器等多项新技术。

“没有做过并不代表不行，每个人都有第一次。如何确保第一次成功，

光谱微纳双星飞控团队

是要建立在对这个事情分析与想得十分透彻的基础上！不停学习，才能跨越式的成长，精力投入最多之处必然是回馈你最大之处！”容建刚说。

“创新研究院已具备一年研制 15 至 20 颗卫星的能力。在中国卫星发展历史上创造出了 30 多个‘第一’，成为我国航天领域广泛认可的微小卫星总体单位。”微纳卫星研究所副所长、天宫二号伴星主任设计师曹金介绍。

新血液、新思维！中科院微小卫星创新研究院微纳卫星研究所团队亲手打造的一颗颗“中国星”不断刷新纪录。随着一颗颗微纳卫星飞向浩瀚的宇宙，中国航天产业也不断释放越来越强烈的光芒。

让天下没有难做的药、难治的病

“让天下没有难做的药、难治的病。”这是药明康德的美好愿景。

“长期以来，新药研发都面临壁垒高、投资多、风险大、周期长的效率瓶颈。”药明康德化学技术部副总裁、首席化学家马汝建博士表示，“想要让病人获得更好的治疗，唯一的办法就是降低新药研发门槛，让更多的人可以参与创新，加速研发的进程。”

正因为此，18 年来，药明康德一直致力于通过其打造的能力和技术赋能平台，降低开发新药和健康产品的门槛和成本，让最广大的创业者创新者都参与进来，把每个人的知识和经验都有效地利用和传承。

“化学工匠”的执着　高考志愿全填化学

想要实现赋能，就要时刻站在新能力和新技术的最前沿。在药明康德，马汝建博士对化学的痴迷人尽皆知。“我从初中开始就特别喜欢化学的基础知识和动手实验。想一想吧，简单的原材料通过巧妙多变的反应路线设计和合成，衍生出无数种纷繁复杂的产物。在我看来，化学合成一直充满了新奇与魅力。”

时隔三十多年，已逾不惑的马汝建依然清晰记得，初中的一次化学实验中，他在帮老师配硫酸溶液时，不小心溅在衣服上，衣服洗涤后全是洞，不明原因的父母以为衣柜里进了老鼠。他还喜欢在教室里抓住化学老师不放，一个劲儿问问题，被老师笑称“全班问化学问题最多的同学”。

高考时，马汝建所有志愿全部填报化学相关专业。“我最想学的首先是化学，其次还是化学，再次依然是化学。”就是这么执着。

2001 年 3 月底，马汝建从日本德岛大学博士毕业回国，怀着对化学的无限热爱，加入了当时刚刚成立的药明康德。

“我是作为公司第三个研究人员加入的药明康德。”马汝建笑言，当时公司刚刚起步，主要为国外大型生物制药公司提供新药研发服务。“一开始我们的知识和经验都还存在不足之处，大家摸着石头过河，经常加班到深夜。”从公司所在的外高桥保税区到浦西光大会展中心附近的住处，实在有些远，马汝建也就经常在办公室的沙发上凑合着过夜，这样的工作强度持续了近四年。

“任何时候，做出的产品都要超过客户的期望值。”这是马汝建多年来一以贯之的坚持。

“新药研发服务对从业人员有着很高的专业要求，我作为技术部门领导，一定得是行业内的专家。只有自己在行业内做到高精尖，才能为创新合作伙伴提供更高品质的解决方案。”即便现在需要负责公司大量的管理工作，马汝建一如既往痴迷着化学合成研究。

“化学工匠”是马汝建对自己的定位。加入公司 18 年来，他仍然坚持每天在化学研究上投入大量的时间和精力，其在各类化学文献检索平台的使用量，一直居于该数据库个人使用者的前茅。据统计，2008 年著名的贝尔斯坦数据库（全球最大的有机化学事实数据库）全球个人使用者中，马汝建个人账号检索量是全球最高。在工作期间，他是 135 个专利申请的共同发明人，并在国际刊物上发表了 8 篇研究论文。

诚实敬业 与药明康德“共苦共享”

因公司业务拓展，2007年，药明康德决定成立天津分公司，从事化学研发服务。马汝建因为出色的业务能力和管理能力，被委派到天津参与分公司的筹建工作。2012年，要在武汉成立分公司，马汝建再次被派到武汉组建管理团队。马汝建也因此被同事们笑侃为公司的“组织部长”。

马汝建坦言，筹建团队的关键是找人，找到合适的人并发挥其所长并不是一件容易的事。

用马汝建的话说，自己用人的原则是“不唯学历论”，而是“唯结果论”。“不管本科，还是硕士、博士，只要你项目完成得好，结果让客户满意，能够带团队，那就可以重用。”

2007年到2012年之间，马汝建绝大部分时间都是在天津和武汉两地奔波。如今，两个分公司都已发展成为拥有1800人以上的大型研究分部。

2014年开始，马汝建负责的化学服务部经过三年时间也扩展了近一倍，超过1300人。今年3月，马汝建被任命为“首席化学家”，负责新成立的化学技术部，并负责全球化学合成相关的最新技术方法的引进及推广使用。2015年，马汝建获得了“上海市劳动模范”的荣誉称号，彼时，正是他在药明康德的第十五年，在这十五年中，马汝建也早已从一名高级

在2016药明康德年会上，马汝建博士被授予“15年忠诚员工奖”

研究员成长为化学服务部的副总裁，同时也见证了药明康德成长和发展的全过程。

药明康德已由创业之初的 4 人增长至 17000 多人，成为了全球领先的医药健康产业的赋能平台。

药明康德：打造新药研发的“黄埔军校”

药明康德经过多年发展，其覆盖全产业链的一体化研发服务平台，常常被誉为培养医药研发人员的“黄埔军校”。对此，马汝建深有感触，他认为优秀的人才培养机制，是药明康德快速发展的基石之一。

从高级研究员成长为管理者的过程中，马汝建的下属团队人员呈现几何级数增长。他逐渐意识到，除了业务能力的培养与积累，更为重要的是团队能力的建设、项目管理效率的提升以及客户服务质量的保障。

药明康德实验室

“我加入公司两三年后，有一个项目团队在短期内从 25 人扩增至 50 多人。起初我周一总是加班到凌晨以保证报告高质量地完成，但后来发现流程的优化才能保证制度的成型和项目的高效推进。”马汝建说，从那时起，他不断要求组长们设计更合理的流程步骤，既给自己留出更多检查的时间，也通过有效互动促进了组长的培养。

“除了培训之外，我们在 2005 年就组织编写了《有机合成经典反应操作》，选编基本化学单元操作方法，减少员工日常查找文献的繁琐工作。目前，我们正在组织编写第二版，会收集整理更多高效实践经验，提供更加完善的操作指南，这也是对新时代医药产业‘黄埔军校’人才培养的最好诠释。”马汝建说，希望这些宝贵的知识和经验能够在全产业范围内快速同步，提高大家的研发效率。正是大家群策群力，才能不断优化服务质量，老员工愿意将知识经验毫无保留地传递给后辈，年轻人也能在融洽单纯的氛围中不断提升综合能力。

“他对工作要求很严格，日常各级化学技术技能考试，他都亲自动手编写教材、总结题库。”化学服务部组长王大海告诉记者，“不过，谁有难题也都可以发邮件直接去问他，马博可是公司的‘百科全书’。”

“的确是这样，不仅‘百科’，还能有捷径，”药物研发国际服务部主任李金鹏与马汝建共事多年，谈起马汝建，他连连竖起大拇指，“有时候我觉得自己做出的线路已经很好了，但他总能找到更简捷的。”

只有最卓越的能力，最前沿的技术，才能赋予合作伙伴更好的能力，助力他们成功。所以，药明康德平台输入和输出的每一项服务、技术和能力都在力求达到卓越、极致。

正是因为药明康德人有了这样的精神，公司的研发质量和声誉与日俱增，获得了合作伙伴们的一致认可，化学研究能力很快超过客户的内部标准，平台能力和规模不断提升。

药明康德上海外高桥总部行政楼

如今，药明康德已经拥有3000多家客户，其开创并实践的“药明康德模式”——一体化研发服务外包模式和新药研发的赋能平台模式——被业界公认为不仅变革了全球新药研发的产业格局，提升了新药研发的产率和效率，也带动了中国的新药研发服务产业的形成和快速发展，积累了中国自主创新能力，帮助中国逐渐成为全球瞩目的创新药物研发中心。

“2014—2017年美国FDA批准上市的新药中，70%来自我们的合作伙伴。”马汝建自豪地说，“你只要有一张信用卡，一个想法，一张纸，一杆笔，我们就可以帮助你实现新药研发的梦想。”

后　记

上海，是国资国企重镇，蜚声海内外的“上海制造”品牌更是不胜枚举。受篇幅所限，本书选取了上海部分企业、行业和园区代表，历时近一年采访编写。

本书作品内容涵盖航空航天、海洋工程装备、汽车、电子信息、石油化工、生物医药、智能制造装备等不同行业。作品强调可读性，通过对关键人物、历史瞬间的深度挖掘，以讲故事的方式来展现上海产业和信息化领域的首创精神、品牌历史，为读者勾勒出“上海制造”40年的“精气神”所在。

在本书的编著过程中，我们得到了上海有关企业、行业、园区等单位的大力支持和帮助。本书所有图片均由各单位提供，在此表示感谢！同时有下列同志参加本书汇编相关工作，他们是（按姓氏笔画顺序排列）：

马义顺、王丛歌、王　波、王春雷、王彦杰、王　琨、

乔　强、刘营超、汤如冰、杨　丹、李瑞英、李　颖、

吴锡合、吴　瑶、何紫竹、何　椿、沈　婷、沈　睿、

沈　瑾、张　扬、陆　杰、陈一铭、陈　华、陈丽霞、

陈　序、陈宏宇、陈　容、陈　瑛、武建英、郁　蓉、

周　方、周　凌、郑　成、承　娟、胡　彬、姜锦婷、

祝　峰、顾群鹤、钱琦璇、徐益诞、黄　新、龚煜茗、

崔彭生、董茂芬、惠　文、蔡　茜、蔡勤宏、管熠中。

在此，我们表示感谢！

由于水平所限，难免存在一些错漏，期待广大读者提出宝贵意见。由于篇幅所限，文中引用的资料没有全部注明出处，未尽之处也请谅解。

著者

2018 年 12 月

图书在版编目(CIP)数据

上海制造:新时代　新征程/中共上海市经济和信息化工作委员会,人民网编著.—上海:上海人民出版社,2019
ISBN 978-7-208-15651-7

Ⅰ.①上…　Ⅱ.①中…　②人…　Ⅲ.①区域经济-产业发展-研究-上海　②信息化-研究-上海　Ⅳ.①F127.51　②G203

中国版本图书馆CIP数据核字(2019)第002041号

责任编辑　鲍　静　刘　宇
封面设计　谢定莹

上海制造:新时代　新征程
中共上海市经济和信息化工作委员会
人民网
编著

出　　版　上海人民出版社
(200001　上海福建中路193号)
发　　行　上海人民出版社发行中心
印　　刷　常熟市新骅印刷有限公司
开　　本　720×1000　1/16
印　　张　24.75
插　　页　2
字　　数　321,000
版　　次　2019年2月第1版
印　　次　2019年2月第1次印刷
ISBN 978-7-208-15651-7/F·2576
定　　价　88.00元